高橋芳郎

黄勉斎と劉後村 附文文山

南宋判語の訳注と講義

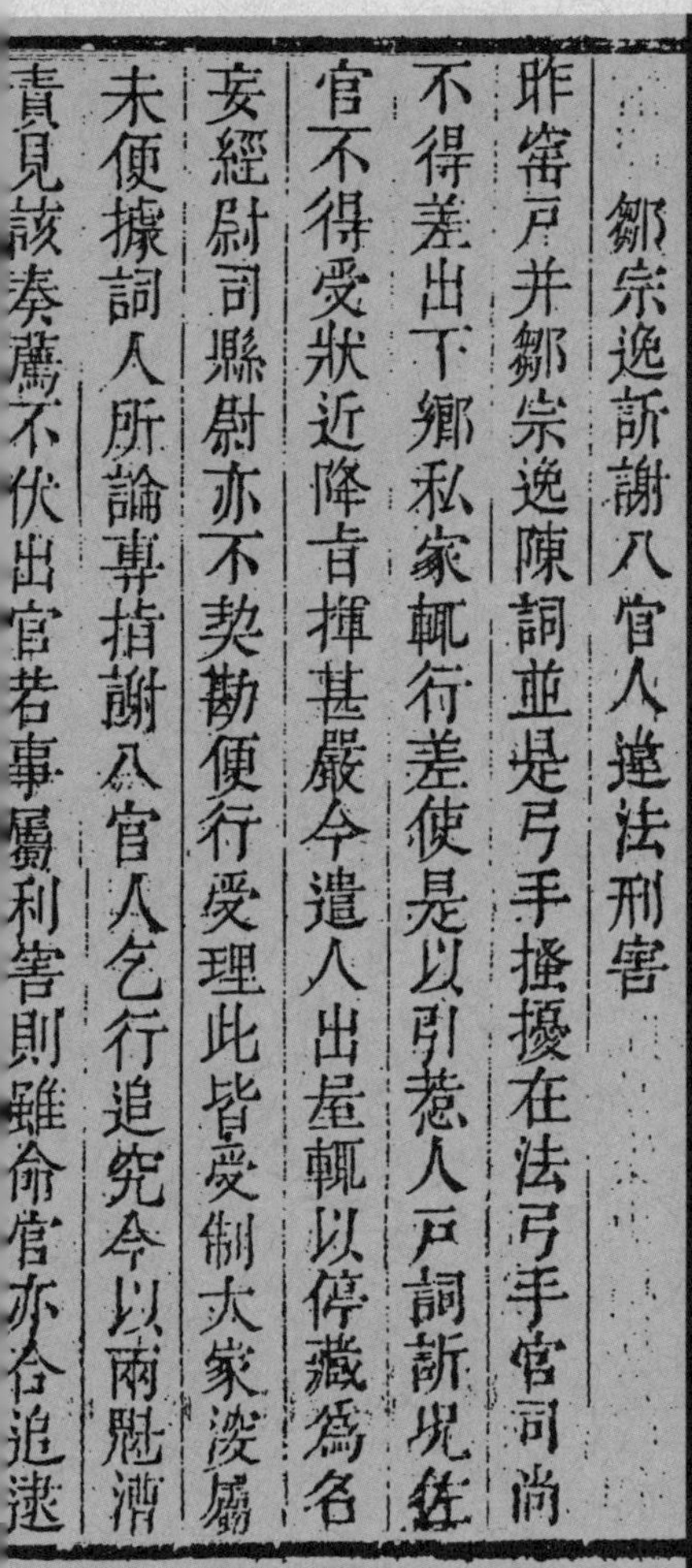
鄒宗逸訴謝八官人違法刑害
昨寄戶并鄒宗逸陳詞並是弓手搔擾在法弓手官司尚
不得差出下鄉私家輒行差使是以引惹人戶詞訴况在
官不得受狀近降旨揮甚嚴今遣人出違輒以停藏爲名
妄經尉司縣尉亦不契勘便行受理此皆受制大家淩屬
未便據詞人所論專指謝八官人乞行追究今以兩狀潰
責見該奏薦不伏出官若事屬利害則雖命官亦合追逮

北海道大学出版会

はしがき

本書は南宋代の判語史料三種の現代語訳と注釈、およびいくつかの判語史料の持つ意味を講義したものである。南宋代の判決集としては『名公書判清明集』（撰者は不明、幔亭曾孫なる号が記されるのみ）が最も有名だが、ほかにも本書に収めた黄榦と劉克荘の文集中に少なくない判語が、文天祥の文集中に五条の判語が収録されている。『名公書判清明集』には劉克荘の判語数条が重複して収録されているが、なぜか黄榦のものは一条も収録されていない。

明清代に親民官（＝州県官）にとって重要な職務は銭穀と聴訟、すなわち徴税と裁判であったと言われるが、それは宋代とて同じである。かつては吏事に属す卑俗な文章と考えられてきた判語が、士大夫の文集中に採録され始めるのが南宋代である。その間の事情は本書に訳出した劉克荘の跋文からも窺える。これ以降、明清の士大夫の文集その他には多くの判語が見られるようになる。その概要は『伝統中国判牘資料目録』（三木聰・山本英史・高橋芳郎編、汲古書院、二〇一〇年）を参照されたい。

大学の教職に就いて後、名古屋大学大学院と北海道大学大学院の両文学研究科で南宋判語史料を講読する機会があった。とりわけ北海道大学ではやや長きにわたって院生諸氏と判語史料を読んできた。それらを承けて、私は先に『名公書判清明集』の戸婚門、ついで官吏門・賦役門・文事門の訳注を公表したが、本書の出版をもって南宋判語の訳注作業は終了する。大方の教示と批正を待ちたいと思う。

目次

判語目次

第一部　黄勉斎の判語

勉斎先生黄文粛公文集

巻第三十八　判語

（臨　川）

巻第三十九　判語

巻第四十　判語

第二部　劉後村の判語

後村先生大全集

巻之一百九十二　書判　江東臬司

巻之一百九十三　書判　江東臬司

附　録　文文山の判語

文山先生全集

巻之十二　文判

凡例

一　史料の底本として用いたのは、『勉斎先生黄文粛公文集』は中国国家図書館所蔵元刻本の景印本（『北京図書館古籍珍本叢刊』第九〇冊所収）、『後村先生大全集』は『四部叢刊』所収本（上海涵芬楼蔵賜硯堂鈔本）、『文山先生全集』は『四部叢刊』所収本（嘉靖三十九年張元諭刊本）である。

二　『名公書判清明集』（中華書局、一九七八年版）附録三、および『全宋文』（上海辞書出版社・安徽教育出版社、二〇〇六年）には『後村先生大全集』が排印標点本として収められ、各々校勘も附されている。その校勘は本書でも多くを採用した。各々（名）、（全）と記すのがそれである。特に『全宋文』は清鈔本を用いて校訂している点で貴重である。

三　断句すなわち句読点等の施し方はわが国の通例に従った。原文の《　》の箇所は、割注二行書きの部分であることを示す。

四　史料原文、校勘引用文、訳文、注釈、および講義には主にわが国の常用漢字を用いた。

五　参照の便宜を考え、各文集の判語には通し番号を振ってある。

六　訳文に＊印を附してある語句は、すでに前の箇所で説明ずみであることを示す。初出の頁は巻末の索引を参照されたい。

解説

【宋代の裁判制度】

宋代の裁判について検討し、あるいは判語史料を読んでいると、研究も残存史料も豊富な明清代の裁判や判語史料と共通する部分が少なくない、と感じられる。例えば制度面で言えば、宋代にあっても司法と行政とは不可分であり、裁判は行政の一部として行われていた。黄榦は知県や知府という地方行政区の長官であったし、劉克荘や文天祥は提点刑獄公事という路（監司）の部局の長官であった。彼らは行政官でありつつ、かつ裁判官でもあったのである。

つぎに、当時の裁判には刑事と民事の区別が存在しないという特徴があった。黄榦の判語や劉克荘の判語を見ればただちに知られるように、彼らが扱った事案には、今日の私たちから見れば民事的なものもあれば刑事的なものもある。機構上も手続き上も民事と刑事とは区別されることはなかったが、しかし他面、刑事と民事の区別が存在したかのごとき裁判実務上の界限がないわけではなかった。それは各級行政機関の上下に応じて与えられた刑罰の執行権と、同じことだが事案の重要度に応じて各級の審理を重ねる必要的覆審制とによって導き出される。

親民官・父母官と呼ばれ直接民衆と接触する最下級の行政府の長官、すなわち宋代ならば知県、明清代ならば知県や知州は、徒罪に満たない事案に対して判決し刑罰を執行する権限が与えられていたが、審理の結果科すべき刑罰が徒罪以上ならば判決原案（「擬」と言われる）を付して関係者を上級へと送付する必要があったのである。ここでの徒罪未満、すなわち杖一百以下の案件とは、その多くが現今の民事的な案件であり、徒罪以上の案件とはその多くが刑事的な案件なのである。最下級の行政府で判決が言い渡される案件は、当時の人々にも「婚田債負」(宋代)や「戸婚田土の案」(明清代)と言われ、家族関係や土地取引また債権債務など民事的な案件が多くを占めていた。こうした民事的案件が黄勉斎の判語に、刑事的案件が劉後村や文文山の判語に多く見えるのは当然である。民事的な案件は県で決着する場合が多く、刑事的な案件は多く上級へ送られるからである。しかし同時にそのすべてではない。その相互に対応しない案件に対する処理や、案件の性格について考究してみれば、なかなかに面白いところがあるが、それは本文について見ることにし、ここでは深くふれない。

裁判の性格という面に着目して言えば、そこにも宋代と明清代との共通点が現れる。その第一点目は、判決が一度言い渡されるとそれは一旦確定し、同じ機関では更正が不可能であるという、現今の私たちにとっては当然とも言うべき原則が存在しなかったという事実である。当事者が判決に承服しない限り、訴状は何度も出され、同一の機関や同じ裁判官の下であるいは別の機関や上級で、審理は繰り返し行われ判決も繰り返し出される。こうした事例も本書の判語には枚挙に暇がないほど多い。したがって裁判が終わるとは、当事者が納得しこれ以上争わなくなった時点なのである。刑事的な事件の場合であっても容疑者が糾問に承服し罪を認める自白をしない限り裁判は終わらなかった。自白を得るために一定の限度を設けて拷問が許されていたのはそのためである。当時の裁判が判定ではなくして調停的性格を帯びると言われる所以である。

裁判の性格に関する第二点目は、裁判における普遍的な判断基準が、「情(人情)」「理(道理)」「法(国法)」の三者であったという点である。事案ごとに三者のいずれかに重心は動くが、そして宋代には民事に関する法律が多く制定され、民事的な裁判でも法に依拠する傾向が強いという特徴があるが、しかし裁判の基準が先の三者を勘案して行われたことに変わりはない。そうしたことも本書の判語から見てとることができよう。

【撰者の略歴】

黄　榦　『勉斎先生黄文粛公文集』の撰者である黄榦は、南宋の高宗紹興二十二年(一一五二)六月、福建路福州閩県(現福建省福州市)に生まれた。諱は榦、字は季直また直卿、号は勉斎である。若くして朱熹に学び、朱熹の娘を娶った。父親の黄瑀は朝散郎(正七品)、監察御史に至った。母は葉氏。寧宗慶元元年(一一九五)恩蔭により迪功郎を授けられ、監台州戸部瞻軍酒戸となった。これが最初の官である。

以下本書に関連する官歴を記せば、開禧三年(一二〇七)に知臨川県に任じられ、翌嘉定元年(一二〇八)一月に赴任(四年二月まで)、同四年(一二一一)知剣浦県(赴任せず)、五年(一二一二)四月に知新淦県を命じられ、五月に赴任(六年春まで)、六年(一二一三)九月通判安豊軍として赴任(翌年二月まで)、同七年(一二一四)五月に権知太平州、同年九月に権発遣知漢陽軍事を命じられ、十月赴任(同八年十二月まで)、同九年(一二一六)に権発遣知安慶府事に任じられ、翌十年(一二一七)四月赴任(十一年二月まで)、十一年(一二一八)四月再び知安慶府(同年七月まで)となった。黄榦は嘉定十四(一二二一)年三月に七十歳で卒した。諡は文粛。

生前多くの著作があったが、現存するのは本文集四十巻のみ。『宋史』巻四三〇に伝があり、また門人の鄭元粛録、陳義和編『勉斎先生黄文粛公年譜』が元刻本の文集に附載され、呉洪沢・尹波主編『宋人年譜叢刊』(四川大学出版社、二〇〇三年)にも収録されている。なお黄榦の事跡と当時の彼の置かれた時代的環境に関しては、近藤一成「宋代の士大夫と社会――黄榦における礼の世界と判語の世界――」(同『宋代中国科挙社会の研究』汲古書院、二〇〇九年、所収)が詳しい。

劉克荘　『後村先生大全集』の撰者である劉克荘は淳熙十四年（一一八七）に生まれた。祖籍は福建路興化軍莆田県（現福建省莆田市）である。字は潜夫、号は後村。詞、詩、文章の大家として著名であった。嘉定二年（一二〇九）に郊恩で将仕郎に補せられると同時に江南西路隆興府靖安県主簿に任じられ、翌年任に赴いた。これが最初の官である。その後真徳秀に師事し、またいくつかの官を歴任した。宝慶元年（一二二五）から紹定元年（一二二八）まで福建の建陽県で知県を、嘉熙四年（一二四〇）正月には広東提挙に、八月には広東転運使となり（翌年八月まで）、本書の判語が書かれた江南東路提刑の職に任じたのは、淳祐四年（一二四四）十二月末（西暦では翌一二四五年一月）から同六年七月まで、年齢で言えば五十八歳から六十歳までである。淳祐六年（一二四六）には理宗から特に同進士出身を賜り、景定五年（一二六四）秋に致仕、咸淳五年（一二六九）に八十三歳で卒した。謚は文定。

劉克荘の伝記は彼の文集の巻一九四に林希逸の「後村先生劉公行状」と洪天錫の「後村先生墓誌銘」があり、また近くには程章燦編『劉克荘年譜』（貴州人民出版社、一九九三年）や呉洪沢・尹波主編『宋人年譜叢刊』所収の李国庭編『劉克荘年譜簡編』がある。なお、前掲近藤氏の研究と同じように劉克荘の事跡とその時代的環境を論じた、中砂明徳「劉後村と南宋士人社会」（『東方学報』京都六六冊、一九九四年）がある。

文天祥　『文山先生全集』の撰者である文天祥は宋朝に忠誠を尽くした人物として夙に有名である。江南西路吉州廬陵県（現江西省吉安市）の人で、端平三年（一二三六）五月二日に生まれた。原名を雲孫、字は天祥と言ったが、後に字を名とし、字を履善また宋瑞とした。号は文山である。宝祐四年（一二五六）弟の璧とともに進士に及第、天祥は第一名状元であった。福建提刑、知寧国府等を歴任し、咸淳九年（一二七三）湖南提刑となった。その時の判語が本書に収録したものである。徳祐元年（一二七五）に伯顔率いる元兵が長江を渡って侵攻、翌年二月臨安は陥落した。徳祐元年（一二七五）に文天祥は江西安撫使、江西安撫大使等に任じられ、翌二年に右丞相兼枢密使、ついで左丞相、太子少保となり各地を転々としながら抗戦したが、祥興元年（一二七八）元兵に建康府（現南京市）で捕らえられ大都へ連行された。元朝に仕えることを拒否し至元十九年（一二八二）十二月に殺された。四十七歳であった。諡は忠烈。『文山先生全集』がある。

文天祥の伝記は多く、『宋史』巻四一八に伝があり、また自らが俘虜となった獄中で記した『紀年録』は文集と『宋人年譜叢刊』にも収録されている。また近年は李安撰・王雲五主編『宋文丞相天祥年譜』（台湾商務印書館、一九八〇年、『新編中国名人年譜集成』第一〇輯）がある。また一般向けの伝記には、梅原郁『文天祥』（人物往来社、一九六六年、『中国人物叢書』七）がある。

【版本について】

私は書誌学を専門に勉強したことはなく、本書を著すに際しいずれの版本を底本とすべきかを考え、いくつかの版本を実見し、また先学の研究成果を参照したにすぎない。主に導きのもととなったのは、吉田寅・棚田直彦編『日本現存宋人文集目録』（汲古書院、一九七二年改訂版）、四川大学古籍整理研究所編『現存宋人別集版本目録』（巴蜀書社、一九八九年）、祝尚書『宋人別集叙録』（中華書局、一九九九年）、厳紹璗『日蔵漢籍善本書録』（中華書局、二〇〇七年）である。

『勉斎先生黄文粛公文集』　本書では『勉斎先生黄文粛公文集』の底本として中国国家図書館所蔵元刻本の景印本（『北京図書館古籍珍本叢刊』第九〇冊所収）を用いたが、わが国静嘉堂文庫には陸心源の皕宋楼旧蔵の、かつては宋版本とされ現在は明版本に分類されているものがある。静嘉堂蔵本には国家図書館本と同じく版心に「延祐二年刊補」と書かれた箇所がいくつか見られ、陸心源は『皕宋楼蔵書志』巻八八で宋刊元修本と述べ、傅増湘『蔵園群書経眼録』巻一四では元刊元修本と言う。国家図書館本と静嘉堂蔵本は字体や行数、字数とも同一で脱字や版面の壊滅箇所、および「延祐二年刊補」と書かれた箇所も多く共通する。ただ静嘉堂蔵本は明らかに異なる版面(これは宋版の残部ではないか)をいくつか使用している。注目すべきはその異なる版面の箇所を比較対照すると、国家図書館所蔵の元刻本とほぼ同じであるという点である。おそらくは同一のテキストをもとに同じ刻工の手で元刻本全体が版刻され、後に従前の版面を一部差し替えたのか、あるいは従前の版面で使用できるものを再利用しつつ全体を補う形で版刻されたと考えられる。時間的な前後関係で言えば、延祐二年(一三一五)に静嘉堂蔵本がまず版刻され、それをもとに延祐二年より後に、従前の版面使用部分を再度刻字して国家図書館本が版刻されたのではなかろうか。この推定が成り立てば、国家図書館所蔵本が元刻本なら静嘉堂所蔵本も元刻本となろう。

台湾の中央研究院歴史語言研究所には、潜采堂旧鈔本の『勉斎先生黄文粛公文集』四十巻附集一巻があり、また西圃蔣氏手校鈔本と言われる『宋儒文粛公黄勉斎先生文集』四十巻がある。黄彰健氏の考察によれば(「跋北京図書館本〈勉斎先生黄文粛公文集〉」『国立中央図書館館刊』二七巻第一期、一九九五年)、前者は北京図書館本よりも遅く出た版本に拠ったものであり、後者は四庫全書本と同じ底本に拠ったものであろうとされている。

『後村先生大全集』 劉克荘の文集には宋刻本五十巻や明清代の鈔本・刻本などいくつかがあるが、判語を収録し、かつ容易に見ることができるのは『四部叢刊』所収の『後村先生大全集』一百九十六巻本である。これは賜硯堂鈔本により、欠葉を孫氏小緑天蔵愛日精廬鈔本で補ったものである。祝尚書『宋人別集叙録』によれば、范氏天一閣にはかつて景宋の鈔本一百九十六巻があり、それらの伝録中、張金吾が蔵していたものは現在南京図書館にあり、陸心源が蔵していたものは静嘉堂にあると言う。私はいずれも未見。ただ近年四川大学古籍整理研究所編『宋集珍本叢刊』(綫装書局、二〇〇四年)第八〇冊から八三冊に清鈔本の『後村先生大全集』一百九十六巻(「解題」は所蔵機関を説明しないが、内容から中国国家図書館所蔵、佚名校・清翁同書校注本であろう)が収録され、本書でもそれを参照しかつ校勘も施した。

また『全宋文』巻七五三四から巻七五三五に劉克荘の判語が収録され、清鈔本に拠って校勘も注記されている。なお『全宋文』は清鈔本に拠りつつも、標題の末尾にすべて清鈔本にはない「判」字を附している。

『文山先生全集』　文天祥はその宋朝への忠節に対する評価のゆえに明清代の版本がすこぶる多い。本書が用いたのは凡例に記したように嘉靖三十九年（一五六〇）張元諭刊本『文山先生全集』を底本とする『四部叢刊』本であるが、「文判」に関して言えば、わが国の内閣文庫所蔵康熙刊本と比較しても文字の異同は少ないようである。また景泰二年（一四五一）刻本、嘉靖三十一年（一五五二）刻本、雍正三年（一七二五）刻本、道光二十五年（一八四五）刻本など各種版本との対照を行った排印本に、熊飛等校点『文天祥全集』（江西人民出版社、一九八七年）がある。本書はその校勘記をも参照した。

【地域と地図】

本書の主な舞台は当時の呼称で主に江南東路と江南西路、現在の江西省と安徽省、および浙江省・江蘇省と湖北省の一部地域（漢陽）である。ここでは、黄榦の判語の主要な舞台である臨川県を附郭の県とする明初の「江西撫州府城図」（『永楽大典本地方志彙刊二』所収、中文出版社、一九八一年景印）を掲げておく。

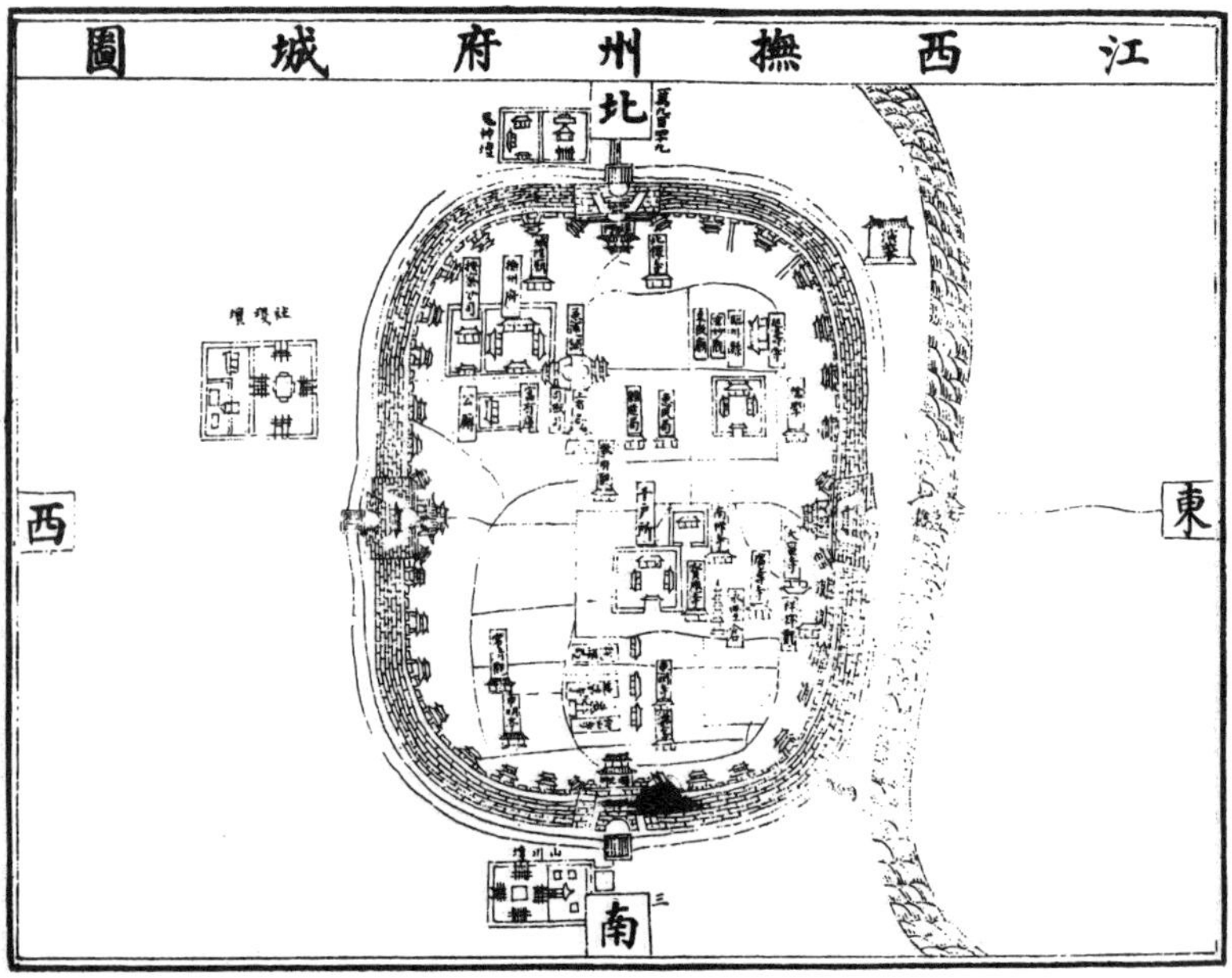

明初の「江西撫州府城図」(『永楽大典本地方志彙刊二』所収，中文出版社，1981 年景印)

第一部　黄勉斎の判語

(臨　川)[1]

（1）　危教授論熊祥停盗

危教授被盗、論盗者数人。続拠尉司解到陳九自供、為盗是実、又供係是熊祥教令為盗。饒細乙・舒九両名亦供、熊祥尋常実是停盗、累嘗使人為盗。当庁審問、与尉司所供無異。又各人称、尉司人不曾拷打、危教授不曾計囑。及追到熊祥、再喚人供対、都与前所供全然相反、並称、係是弓手黄友・徐亮在龍舟院打縛、又係危官人自行打勘。本県照得、陳九為盗、并饒細乙・舒九供熊祥停盗、若非受打受賂、豈肯到官自行供通。及喚上医人験陳九被打痕損、果是曾経用椎打傷踝骨、并夾損手指分明。停人為盗与執人為盗、利害非軽。陳九傷損病患、且押下本保着家知管。饒細乙・舒九本無罪犯、特以所供前後不同、三名併押下本保着家知管。熊祥雖未知停蔵着実、然前後詞訴不一、必是郷里豪横。徐亮・黄友輒将陳九等殴打、並寄収対、引追龍舟院僧行供対、併牒催未獲人、陳百乙放。

昨拠危教授陳論被盗。本県以寄居之家寓居村落、為盗所擾、不容坐視、遂牒官根捉。未獲間、又偶出捕蝗、親至危教授之家、見其所説被盗蹤跡、因及隣人有熊祥者、平日豪横、又与之互争山地、意為盗之人乃熊祥教使。本県又厳切行下尉司根捉。続拠危教授指名陳論之人三名、陳九等自出官辨析。本県遂将三名押下尉司、根捉正賊。本県所以厚於寄居、厳於馭盗、可謂至矣。尋拠尉司解到所押下三名具申供通因依、当庁審問、三名者歴歴通吐、略無隠諱。問之以尉司曾有箠楚、則曰無、問之以危教授曾有計囑、則又曰無。陳九親為盗者也、饒細乙・舒九不曾為盗、而言熊祥停盗者也。既無箠楚、又無計囑、何苦歴歴通吐如此。所以不能使人無疑也。再押下尉司審実、未幾而熊祥出官陳詞、遂就尉司取上所押下三名供対。尉司自合即時申解、却執留所押下人、反申県乞押下熊祥、就尉司根究。尉司捕盗官、而承勘乃属於県道、豈有反押詞人下尉司之理。此又所以不能使人無疑也。及本県再専人追尉司承行人、監解所押下三名、方始解到。及三人到県、而所供尽与前日不同。又見陳九者羸痩将死、令医人看験、則十指皆被夾損、脚踝亦被椎損。問三人前日所以吐供之由、則曰、危四官人并弓手徐亮・黄友綳縛箠打、不勝其苦、而使自誣服、非其本情也。観陳九之痕損、則箠楚之下、亦何求而不得耶。此又所以使人不能無疑也。又拋熊祥供、危教授因強奪其山地不得、遂欲以停盗之罪加之。此邦之人以産業与人正行交易、及其起意誣頼、則是特抵当、非正行交易也。立契交関、領銭管業、経隔年歳、豈得無故謂之抵当。陳如圭先以山売与熊祥、今又将売与危教授、乃陳詞于県、以為抵当。以此観之、則危教授委是与熊祥有争山之隙也。夫無所争而論人以停盗、猶可也。有所争而以停盗之罪加人、此又甚使人不能無疑者。危教授之所恃以論熊祥者、但有三人可以為証。今三人皆已変其前説、則官司又何以見其果為停盗乎。危教授必欲遍走諸司、置熊祥於囹圄、以重困之、張官置吏、亦止得拋情按法、平理曲直、又豈敢以罪状未明之人、置之囹圄、以快寄居之意乎。大抵此間之俗、凡居郷者必須雑用覇道、以陵駕郷閭、然後有以自立。雖士大夫未免為習俗所移。但県道固難助人為覇道者也。熊祥停蔵未明、押下本保知管、牒尉司追捉正賊。侯圏五・陳細乙両名、到日喚上。黄友・徐亮輒将陳九殴打、各先勘杖六十、放。備申提挙使司及使州。《已具申後、因陳寿哩状、経県陳論、称、父陳九因被危教授宅捉縛打損身死、乞検験追究。備詞申解陳哩赴州供対、及具公箚具申後、熊謙・熊漸共状訴各居兄熊祥被危教授装事加誣事、奉判于後。》

熊祥之事、三尺童子皆知其冤。便使真是教唆、亦因危教授誣告停蔵、屈抑不平而発。況又未必非獄吏鍛錬之辞。其奔走憲台、亦求脱免耳、情亦可憐。況二人乃其弟姪、罪不相及。恩赦之後、使府豈不寛宥。特以吏輩抑塞、未必為検挙。今既有詞、身為県令、不敢坐視。備申使州、乞照赦疏放。《又拠艾勝状訴田圭、熊祥被危教授計嘱尉司弓手、囲屋勾追。見今大禾成熟、乞監割事。奉判。》

引差范慶・王亨、同本保監収割、仍別備詞幷公状、再申使州。

【校勘】

［1］ 原文には「臨川」と記してはいないが、ここから(7)条までは知臨川県事の時の判語である。以下知新淦県以降の判語には任地が記してあるので、臨時に補っておく。黄榦が実際に知臨川県事の任に当たったのは、【略歴】に記したように、嘉定元年(一二〇八)正月から同四年(一二一一)二月までであった。

【訳文】

知臨川県事(の時の判決)

「危教授が、熊祥が停盗(1)したと訴えた件」

危教授が窃盗に遭い、盗賊とされた者が数人いる。続いて県尉司が身柄を送ってきた陳九は、自ら「泥棒をしたのは事実です」と認め、また「熊祥が泥棒をするよう命じたのです」と自供した。饒細乙・舒九両名もまた「熊祥は平素から実際に停盗であり、何度か以前にも人に泥棒をさせました」と供述した。私は直接訊問したが、県尉司での自供と異なるところはなかった。また各人は「県尉司の者は拷問しなかったし、危教授はこれまで賄賂で頼みごとをしたことはありません」と言った。

熊祥を召喚し、再度(陳九等の)人を呼んで供述させたところ、すべて以前に供述したことと全く相反しており、みな「弓手(2)の黄友・徐亮が龍舟院で縛り上げました」、また「危官人(3)が自ら訊問しました」と述べた。

本県が照得したところ、陳九が「窃盗をしました」(と自供したこと)と、饒細乙・舒九が「熊祥は停盗(4)です」と自供したこととは、もし拷問され賄賂を受けたのでなければ、どうして官司に到って進んで陳述するだろうか。医者を呼んで陳九が拷問された傷跡を調べたところ、はたしてかつて棒で足の骨を打ち砕かれ、手の指を挟み折られたことが明白であった。人を匿って泥棒をさせることと人を捕まえて泥棒だと言うこととは、その利害は軽くない。陳九は傷を負い病となっているので、しばし地元に護送して自宅待機(5)とする。饒細乙・舒九はもともと罪を犯しておらず、ただ前後の供述が異なるだけなので、三名は一緒に地元に護送して自宅待機とする。熊祥は停蔵が事実かどうか分からないが、しかしこれまであれこれと訴えられており、きっとこの地域の豪横であるに違いない。徐亮・黄友は陳九等を殴打したので、ともに身柄を拘束して供述させ、文引(6)で龍舟院の僧侶・行者を召喚して供述させ、併せてまだ身柄を確保していない者を牒文で確保するように督促し、陳百乙は放免する。

先ごろ危教授が窃盗に遭ったと告訴した。本県は寄居(7)の家が村落に居住し、窃盗の害を被ったとあっては坐視できないと考え、(県尉司の)官に牒文して根こそぎ逮捕しようとした。まだ(泥棒の)身柄を捕らえないうちに、たまたま蝗を捕まえる件で外出したので、自ら危教授の家に到り、その言うところの泥棒に遭った痕跡を見たが、その際に(危教授は)「隣人に熊祥なる者がおり、普段から豪横で、また危教授《じぶん》と互いに山地を争っています」と言い及んだが、その心は泥棒は熊祥がやらせたのだということにあった。本県は重ねて県尉司にしっかりと捕まえるよう厳命した。続いて危教授が名指しで告発した三名、陳九等が自ら官司へ出頭して辯論した。本県は三名の身柄を県尉司へ送り、正犯を捕らえようとした。本県が寄居官を厚遇し、盗賊を捕らえることに厳格であることは至れり尽くせりと言うべきである。

ついで県尉司が三名（の身柄）を送り返し、（彼らが）供述した事柄を具申してきたので、私が直に審問すると、三名は次々と自白し、ほぼ隠しだてすることがなかった。これに「以前に県尉司で拷問はなかったか」と聞くと、「ありませんでした」と答え、これに「危教授は以前に賄賂で頼みごとをしたことはないか」と問うと、また「ありませんでした」と答えた。陳九は自ら泥棒をした者であり、饒細乙・舒九は泥棒はしていないが、熊祥が停盗だと言った者である。拷問がなく賄賂による請託もないのに、何の苦しみがあって次々とこのように自供するのか。人に疑いを抱かせる所以である。

再び県尉司へ（三名を）護送して事実を調査させたが、ほどなく熊祥が官司へ出頭して陳述するというので、県尉司から護送した三名を連れ戻して供述させようとした。県尉司はただちに送り寄こすべきなのに、護送した人を留め、逆に県に対し熊祥を連れて来て県尉司で徹底究明したいと願い出た。県尉司は泥棒を捕まえる官であって、取り調べは知県の権限に属す。どうして逆に訴えた人を県尉司へ護送する道理があろうか。これまた人に疑いを抱かせる所以である。

本県が再び専人(8)を派遣して、県尉司で本件を担当している者を呼び出し、護送した三名を送り返すように強制したところ、やっと送り届けてきた。三名が県に到ると、自供するところは尽く前日とは異なっていた。また陳九なる者を見ると、痩せ衰えて死にかけており、医者に診察させたところ十本の指はみな挟み折られ、足の骨は叩き潰されていた。三人が前日自供したわけを問うと、「危四官人ならびに弓手の徐亮・黄友に縛り上げて鞭打たれ、その苦しみに堪えきれず出鱈目を言いましたが、本当のことではありません」と言った。陳九の傷跡を見れば、拷問の下ではどうして求めて得られないものがあろうか。これまた人に疑問を抱かせる所以である。

また熊祥の供述では、「危教授は山地を強奪しようとして得られなかったことから、停盗の罪を私に加えようとしたのです」と言っている。この地方の人は産業《ふどうさん》を人に与えて正しく取引した後に、誣頼《かたり》をしようと思い立つと、あれは抵当で(典当や売買のような)正しい取引ではなかったと言う。契約をして証文を遣り取りし、銭を受領して管業した後、何年かを経てから、どうして理由もなくこれを抵当と言うことができようか。陳如圭は先に山を熊祥に売ったが、いままた危教授にも売ろうとし、そこで県に訴え出て(熊祥との取引は)抵当だったとしている。このことから見ると、危教授は実際に熊祥と山を争う間隙《たいりつ》があったことになる。争いがなくて人を停盗と言うのは、なおよしとすべきであるが、争うところがあって停盗の罪を人に加えるのは、これまた甚だ疑いなしとはしないのである。

　危教授が熊祥を告発する際に恃みとするのは、ただ三人が(危教授のために)証言できるということだけである。いま三人はみな以前の証言を変えており、そうであれば官司は何によって熊祥が停盗だと見なすことができようか。危教授はきっとあちこちの官庁を走り回り、熊祥を囹圄《ろうや》に置き、ひどく彼を苦しめようとするだろうが、張官置吏《おかみ》は情に依り法を調べて、曲直を正しく裁くもので、どうして罪状がはっきりしない人を囹圄に置き、寄居官に思いを遂げさせることがあろうか。およそこのあたりの習俗では、郷村にいる者はあれこれと力ずくで押さえ込み、地元民を凌駕し、その後で勢力を誇示することが普通である。士大夫であってもこの習俗に染まらないわけにはゆかない。ただ県政府はもとより人が覇道をなすのを手助けすることはできない。熊祥が停蔵したかどうかは不明なので、地元に護送して自宅待機とし、県尉司に牒文して正賊を捕らえさせる。侯圏五・陳細乙の両名は県庁に到った日に召喚する。黄友・徐亮は妄りに陳九を殴打したので、各々先に杖六十を科し、放免する。詳細に提挙使司および知州へ上申する。《すでに具申した後、陳寿哩が訴状を県に提出し、「父の陳九は危教授宅が捕縛し、打擲したので死にました。どうか屍体を調べて犯人を追究して下さい」と言うので、訴状とともに陳(寿)哩を州に送って供述させることとし、また公箚を書いて具申した後に、熊謙・熊漸が連名の訴状で各々の兄熊祥が危教授に問題を捏造によって誣告されたと訴え

たことについては、後文の判決を奉ぜよ。》

熊祥のことは三尺の子供でもみなそれが冤罪だと知っている。もし本当にこれが教唆であったとしても、危教授が停蔵と誣告したからで、屈抑不平から出たことである。ましてやまた間違いなく獄吏が拷問で言わせたものではないか。(熊祥が)提刑司へ走り込んだのは罪を逃れようとしただけであり、その情は憐れむべきである。ましてや(熊謙・熊漸の)二人はその弟と姪《おい》で罪は及ばないのだから。恩赦の後で、知府はどうして寛恕しないことがあろうか。ただ吏輩が隠し立てし、それを調べて示さないだけなのだ。いますでに訴状が出されたからには、県令たる身としては坐視することはできない。州に詳細に上申し、恩赦に照らして釈放してもらう。《また艾勝が田圭を訴えた訴状では、「熊祥は、危教授が県尉司の弓手に贈賄・請託し、(熊祥の)住居を囲んで連行させました。現在水稲が稔っているので、収穫を監督させていただきたい」と言う。判を奉ぜよ。》

范慶・王亭を文引で派遣し、本保とともに収穫をさせ、なお別に書状と公状とを再度知州へ上申する。

【注釈】

(1)「停盗」という語句は「停人為盗」(原文五行目に見える)「居停盗賊」を省略した言葉で、盗賊を匿っておく、盗賊の溜まり場とするという意味である。「停蔵」も同じ意味で、元の徐元瑞『吏学指南』賊盗では、「宿止曰停、隠匿曰蔵」と解説する。また当時「正行交易」と言われるのは典当と売買だけで、抵当は違法な取引とされていた。それはこの判決からも窺える。抵当が禁じられていたのは、不動産の取引には業の移動が行われるべきだという原則があり、その原則は税役の賦課と結びついていたと思われる。抵当は業の移動がなく、また貸借は貸借として不動産取引とは別個に行えという考えを反映していた。

(2)「弓手」とは、県尉司の下にいた捕り手である。当初は職役の一種であったがやがて専業化し、この時代にはすでに専業職となっていた。

(3) 以下「官人」という語句が多く出てくるが、これは男子に対する尊称で、多くの場合官戸の子弟に対して用いられる。官人の上につく数字は輩行を表す。

（4）原文「供通」とは供述を言うが、書面に書かれたものを指す。『漢語大詞典』（漢語大詞典出版社、一九九七年）では、「謂上繳、交出」と説明し、また「呈報、上報」という意味をも加え示す。
（5）原文「着家知管」とは、呼び出しがあった場合にすぐ対応できるよう自宅待機また自宅謹慎することを言う。
（6）「文引」とは、官司が吏人や衙役また民衆に対して指示・命令を発する際に用いる文書一般を言う。なお吏人（＝胥吏）や衙役につき詳しくは、周藤吉之『宋代経済史研究』（東京大学出版会、一九六二年）第十一章「宋代州県の職役と胥吏の発展」、王曾瑜「宋朝的吏戸」（『新史学』四巻一期、一九九三年）を参照。
（7）原文「寄居之家」（また「寄居官」）とは本籍地以外の土地で生活する退職、ポスト待ち、休暇中などの官僚を言う。朝廷の職事に就かず私居・閑居する者をも含む場合があった。詳しくは、竺沙雅章『宋元仏教文化史研究』（汲古書院、二〇〇〇年）第三部第八章「宋代官僚の寄居について」を参照。
（8）「専人」とは、特定の任務を帯びて派遣される者を言う。
（9）「艾勝が田圭を訴えた」とあるが、艾勝は熊祥家の幹人か佃甲（小作人頭）であろう。

【講義】

黄榦の文集元刻本の巻末に附された門人の鄭元粛録、陳義和編『勉斎先生黄文粛公年譜』の嘉定元年（一二〇八）の条には臨川の地域性に関して、「臨川地大民繁、素号難治」「臨川風俗強勁負気、小有争訟、雖破家亡身、皆有所不暇恤、由是事務繁劇、有微事而数年不決者、紛至沓来」と記す。

本条は時間的に前後する四条の判語がつなぎ合わされている。原文に段落を付した箇所がつなぎ目と考えられる。この判語と関連して上司へ提出された公箚が黄榦の文集中に収録されている。巻二八・公箚「申撫州辨危教授訴熊祥」、「申安撫司辨危教授訴熊祥事」、巻三〇・公状「申撫州辨危教授訴熊祥」である。これらを参考までに掲載しておく。内容からして、いずれも第三番目の判語が書かれた後に上申されたものであり、熊祥や陳九を庇い、危教授を非難する内容となっている。

なお、判語には「照得」という言葉がしばしば出てくる。辞書を見ればいくつかの訳語が出ているが、結局のところ証拠や証言などから当面の（すなわち最終的ではないところの）判断を言い渡す時の常套句なのでそのまま書いておくことにする。

申撫州辨危教授訴熊祥

榦窃見、使府委巡尉追逮熊祥、急於星火、以其不合教使陳九之子告危教授之子殴殺其父、事属使府、有非県道所宜与者。然守令之職均於字民、臨川之民有受害者、不容自黙。自古為政詢之芻蕘、況其僚属豈敢自外。榦窃謂、聴訟之道、固当執法、亦当原情。熊祥教人告危教授之子殺人。実縁危教授使人誣告熊祥停蔵而起、危教授使人誣告熊祥停蔵、実縁危教授欲呑併熊祥地産而起。夫身為士夫、不守三尺、欲白奪郷民之産業、奪之不得、而欲以停蔵之罪加之、使之枉被追擾、人非木石、豈能無不平之心乎。故於陳九之死也、雖非危教授之子所殺、而実因危教授之子所殴、故熊祥得以泄其不平之気、而諭其子以興訟。其於法不為無罪、皆因危教授而起、是豈可不原其情、而深察之乎。今聞其身奔竄、其親属繫累、其家業破蕩、豈可不深憫耶。蓋向者危教授之誣告熊祥、以停蔵也。藉尉司諸彎之力、以鍛錬無辜之百姓、而文致其罪。本県見其無理、遂将尉司之人断治。今使府又遣此曹、以追逮熊祥。彼亦何所不至耶。危教授雖士大夫、熊祥雖百姓、実皆王民也。危教授白奪人之地、誣告以停蔵。官司不敢加以毫毛之罪、熊祥一語之失、遂至破蕩其家。危教授之誣告熊祥、既不免追擾、熊祥之告危教授、熊祥亦不免破蕩。如此則為士大夫者無所往而不勝、為百姓者無所往而不得罪。国家張官置吏、豈専以庇無状之士大夫、而不復為百姓地耶。況以法論之、亦有可察者。陳九之子告其父之死、不過以危四官人所殴、亦不曾言有致命痕傷。陳九之被危四官人所殴、則本県嘗行根究、暁然甚明。以一衰老朝不謀夕之百姓監繫累月、復加箠楚之毒、十指両踝皆有痕損。夫安得不死。雖無致命痕傷、其由危四官人而死、則無疑者。以此而聞於官、亦豈得謂之誣告耶。陳九之子発於至痛、熊祥之心発於不平、又豈可与尋常誣告者例論之乎。危教授以高科自負、以高材自居、居於村落、人畏如虎。当啜菽飲水之時、為健訟珥筆之事。今又一聴其説、而百姓受困。如此則継此以往。凡臨川之東無非危教授之服属奪人之田。拠人之屋、不復敢伸冤於父母之前矣。危教授以堂堂之容・行行之気・灑灑之辨、祥祭之後、曳裾修門。必将移其所以治熊祥者、而治臨川。榦以二百指之累、而仰五斗之禄、亦豈不知顧惜以為受天子之命、而牧養此民、則痒痾疾痛、無非在我。又豈敢顧一己之利害、而置百姓於度外哉。雖得罪而去、是有命焉、不足畏也。前日誣告停蔵之訟、本県已為之辨明。今日所告殴打之訟、使府乃不為之深察、是使誉帰県道、而怨帰州府。此則小吏之所不能安者也。欲乞台慈将榦此箚、発下僉庁、具申監司、特与蠲免熊祥之罪、使強梁者不敢逞、冤抑者有所伸、則千里之内無不感生成之賜矣。

申安撫司辨危教授訴熊祥事

榦疏繆不才、望軽資浅、冒昧試邑、日懼曠瘝。窃謂、為政之道、抑強扶弱、不宜有偏安富恤貧、要当両尽。至於形勢侵漁郷民、毒害很鷙、如虎狼蝮蝎、蕩人家産、以覇郷閭、則字民之官、亦不忍安坐而不恤。窃見、本県有教授危者。寄居郷落、去城四五十里、所居之旁有山林陂塘、乃郷民熊祥家之産。其始多方迫脅、必欲得之、熊祥亦已少従其欲、而蚕食不已、不満其意。危教授之家偶被鼠窃、所盗不過米塩瑣屑之物。榦因捕蝗偶過其家、危教授以為熊祥之家実為窩蔵。榦以寄居之故、行下尉司、差人根緝、已而解至三人。皆歴歴供吐、以為熊祥之家実嘗停盗。及追熊祥与之供対、則三人者尽変其説、両人以為危教授者賂之使言、一人以為実被危教授之子箠楚誣服、即而聴之、則一人者拾指皆被夾損、両踝皆被椎損。又熟問之、則危教授者実与尉司数人、肆其惨毒如此。本県見其既無実跡、而熊氏之家已不勝其擾、被箠之人亦已傷重、遂従而釈之。未数日、而被箠之人卒以傷重而死、死者之子以聞于官、訴其父之死乃為危教授之子所殴。州委官験之、委有殴傷痕損、但非致命致害耳。危教授者復訴于州、以為熊祥実教死者之子使之妄訴、必欲追治熊祥。州郡官吏畏其形勢、牒巡尉両司、囲熊氏之屋、如捕大盗。一族数家尽室逃竄、室廬器用・鶏羊狗彘、百十年家業掃蕩無餘。遂執其異居之弟姪、繫累箠撻、不勝其毒、卒致死者之子於囹圄、年方十六七、鞭笞鍛錬。何所不可、必欲以流罪加之。熊祥方是時、榦適以職事趨大府稟議、及帰而獄已成矣。遂亟以公箚力稟太守、方得少寛。而無辜之弟姪拘繫巡検司、猶未得釈也。因其陳詞、復為備申本州、方得脱免。継而郊祀之赦既下、巡尉両司尚復追捕熊祥不已。因熊祥之子陳詞、又為備申、方得追回承捕之人、而数家之被禍、已不啻如冦盗之至矣。今危教授者又復訴于使府、必欲重困其家、使之流離転徙、尽拋其産業而後已。若此之人不復顧士大夫廉恥之節、而無復惻隠之心、真所謂虎狼蛇蝎者也。榦嘗断斯獄、以為熊祥教人之子告其父之死、虚実未可知。仮令有之、亦因危教授誣告熊祥而発也。已死之人雖無致命痕傷、亦因危教授之子所殴而死、則危教授父子之与熊祥亦当均分其罪。豈得倚恃官勢、蔑視赦恩、而健訟不已乎。窃見、危教授専事唇吻、日与城中破落把持士人数輩、控脅本州官吏。今者帥閫取索文案、吏輩未必不掇移改換、以惑有司之聴。故因其子陳詞、備録本県文案、具状申使司、併具短箚、仰瀆台聴、欲乞併送清強官看定、使形勢之家不得侵害閭里遠県、郷民実荷生成之賜。

申撫州辨危教授訴熊祥

本県照得、危教授熊祥之争、起於危教授倚恃官勢、白奪熊祥山地不従、遂因其家偶被鼠窃、乃欲誣以停蔵之罪、庶幾熊祥怕懼、自献其地。本県見其用心不臧、欺凌小民。又将陳九鏁縛殴打、以致病患飢餓、遂将誣告人疏放。其後陳九果因此致死。其子不勝其憤、遂陳詞乞検験、獄司却以為熊祥教唆陳九之子、熊祥畏懼危教授之勢、遂逃匿不出。其教唆之実亦未可知、然陳九雖非危教授之子所殺、亦因危教授之子所殴而死、情状甚明。熊祥固未必是教唆、若果是教唆、亦因危教授誣告停蔵而起、原情定法、実有可憐。今熊祥巡尉司已得泄其所憾、痛加搔擾。吏輩又於台判之外、別出引牒、脱漏台判。併差尉司人追擾。如此則熊祥之家必至於破蕩、靡有孑遺矣。危教授身為士夫、不顧公議、殃害郷民、如此其極。所仰望者、但有州県為之理直耳。榦身為県令、目覩其冤、不容坐視。欲望使府台判将熊祥照赦原免、追回巡尉司承差人、仍根究吏人於台判之外、又脱漏台判、差尉司人下郷搔擾情罪、庶幾千里之内実感父母生成之賜。

（2）　曾知府論黄国材停盗

転運司送下黄景信論曾知府誣執其父黄国材停盗事、委本県下州院[1]監勘。尋引追上黄国材、囚繫而神形鬼状、去死無幾。又有黄四・李石五両之贓、在州院身死、遂亟申州、取下本県医治。遂未見問、並称所供皆出吏手、全無実情。拖照案拠、又覆参考、乃有大可疑者。罪人入獄、事雖至微、必待推抵而後乃首服。豈有数人入獄、歴歴吐実、如出一口、略無異辞。一可疑也。数人為盗、銭・銀・官告直数百千、阿曾指蹤嚮道、乃独得一中衣。二可疑也。黄国材果停盗、則必庇其所停之人、今乃自停而自捕之。三可疑也。楽安県獄能使数人歴叙其為盗之跡、而繫縲数月、卒不得其的実銖両之贓。四可疑也。阿曾、自首者也。郡追阿曾而与之対、乃逃匿不肯出者幾両月。敢於自首、而不敢於供対。五可疑也。阿曾以九月初四日出官、未嘗言黄国材停盗。黄四之徒以十九日至尉司、始供留贓以供其主人。曾知府幹人乃以十八日経州訴黄国材停盗、度其離楽安之日、乃十四五間也。阿曾之所不言、黄四之徒之所未言、曾知府幹人何所見而執黄国材以為停盗。大(六)可疑也。聴獄而有以尽其情、雖置之死地而無憾。今其可疑者如此、又豈可堅執之以盗耶。加之平人、猶且不可、況其継母之女之夫耶。以直為曲、以無為有、箠楚之下、何求不得。今観、黄景信初疑曾知府之以書請嘱也、与呂檜数人互争、以至県庭、事之至微者也。呂檜之詞則曰、黄三十男為見李元励未敗、乗勢統帯五十餘人、直入県郭、各執器仗、分屯駐箚、作乱謀反、公吏・百姓不敢行往。其敢於誣人乃至於此。白昼市廛之中、尚敢加人以不軌、則昏夜無人之地、欲誣執人以為盗、尚何憚而不為耶。知後之所告者為非、則前之所告者可知矣。以事迹考之、黄国材之在郷曲、決非善良、数人者亦皆破落之徒。曾知府之家亦委是被盗、顧其所失者不多、乃張大数目、以眩惑観聴、又買求阿曾、以証実其事。然後堅執数人、加之以為盗之罪、卒之的実之贓既不可得、阿曾逃匿、不敢出官、則適以自見其為虚妄也。況此数人者、使真如曾知府所訴、亦不過窃盗耳。其事亦已該赦宥。今黄四・李五[2]贓証未明、死於囹圄、黄国材・龍二十之徒繋縲者半年、幸而得脱、死生未可知、而生計已蕩然。是亦足以快曾将仕誣告之志矣。張官置吏、亦豈敢曲徇寄居之意、而卒置数人於死耶。合将各人並押下楽安県着家知管、帖県根索真贓、方得着実。六名並召保。申転運使司、取指揮。仍備申諸司及使州。照得、五月初一日、承準転運司判下黄景信状訴曾知府宅先誣告父黄国材停盗事、令本県監勘。本県引上見禁人、及拖照案牘。見得顕是誣告分明。黄国材与曾知府係是親戚、平時往来、不応一旦如此誣執。此是曾知府在郷、平時倚恃豪横、多有不法事件、毎為黄国材所持、以致積怨、不知自反、乃因小小被盗、遂買誘婦人阿曾、誣執黄国材地客数輩、而因以併及其主人、把持楽安県獄、必欲鍛錬、寘之死地。本県既承上司旨揮監勘、見其委是無理。然以其係是寄居之家、不欲痛言其無状、且為無辜之人略行開拆、已於五月初一日辰時具申転運司及諸司訖。今来曾知府父子慮本県従公勘断、無以遂其誣告之志、乃占先復経転運司、妄称黄国材之男黄景信時復前来本県謁見、先以私意相干。其敢於蔑視上司、肆行誣罔如此、以監司委送、尚敢如此把持、則其在郷曲、尚何忌憚。今観其前後状詞、一則曰近上寄居、二則曰近上寄居。此在他人言之則可、豈有父母之邦、輒自呼為上寄居、以陵駕父兄族党乎。黄国材之妻、曾知府継母艾氏前夫之女也。在礼、継母如母、父母之所愛亦愛之。艾氏雖再嫁、曾知府之父豈不愛其前夫之女乎。況黄国材与曾知府認為親戚、情義不薄、今乃一旦誣以停盗、而欲置之死地、則不復有念其継母之心矣。今観其豚犬不肖之子画為宗枝図、曾知府之父有九子、乃別而言曰、四位董夫人所生、五位艾夫人所生。蓋知府欲別其非艾氏所生也。如此則真有不母其継母之心矣。又曰継母艾氏先嫁編氓胡家、而生阿胡、嫁黄国材為妻。編氓云者、以其不得歯於士大夫之族、賤之之辞也。娶所以配身也。曾知府自以其父娶編氓之妻、則亦自賤其父矣。夫為人子、而不母其母、不父其父、士大夫所為、恐不如是。使古之君子断斯獄也、将以停盗者為重乎。抑以不孝於父母者為重乎。況如本職前状申述、則数人者決非為盗、而黄国材決非停盗者也。雖曾知府状詞、皆称幹人、而其豚犬不肖之子、亦嘗出官供対、然嗾之者、乃曾知府也。今乃恐其蹤跡敗露、妄以為黄景信屢来本県相見、先以私意相干、又足以見其専以誣告把持為事也。今欲乞台判立厳限、行下本州、追上自守人阿曾、窮究其妄告為盗之罪、追上曾将仕、窮究其妄称黄景信曾来相見之跡。如使両人情願出官、所告得実、則黄国材自当断配、本職不合与外人交通関節、亦甘伏按治。如阿曾・曾将仕懼罪不出、所告非実、亦欲乞将曾知府父子申奏朝廷、重加懲戒、以為士大夫敢於陵駕郷里者之戒、而黄四・李五無辜致死之冤、庶得少伸於地下矣。申本州及諸司。

【校勘】

［1］「下州院」の三字は衍字か。原文二十行目にはこの語句がない。

［2］「李五」は、原文二行目に「李石」と出ており、他の版本でも「石」とあるから、李石の誤記であろう。最終行の「李五」も同様である。

【訳文】

「曾知府(1)が黄国材の停盗*を訴えた件」

黄景信が、曾知府が父親黄国材は停盗だと誣告したと訴えた一件を、転運司が送り、本県に委ねて（州院に下し）審理させた。ついで文引*を出して黄国材を召喚したが、獄に繋がれていたのでその有様は鬼神《ばけもの》のようで、ほとんど死にかけていた。そのうえ黄四・李石に五両の贓があり、（それを取り調べた）州院(2)で死んだということなので、急ぎ州に上申し、本県での医療を許可してもらった。結局のところ（本県の県尉司では）実際に尋問することなく、（国材が）自供したとされていることは、みな吏人が勝手に捏造したもので、全く実情を語ってはいなかった。

一件書類を参照し、反覆・考察したところ、大いに疑わしいことがあった。罪人が獄に入れば、問題はきわめて些細であっても、必ず拷問して後にはじめて屈服するものである。どうして数人が獄に入り、次々と事実を述べたことが一人の口から出たようにほぼ違いがないということがあろうか。第一の疑問である。

数人が泥棒となり、銭・銀・官告(3)の値は数百貫であるが、阿曾は手引きをしたのに一枚の中衣《したぎ》を得ただけである。第二の疑問である。

黄国材が本当に停盗なら、必ず匿った人を庇うはずだが、いま自ら匿ったのに自ら捕まえている。第三の疑問である。

楽安県(4)の獄ではすでに数人の者に盗みに入った様子をしっかりと白状させたが、数ヵ月も獄に繋ぎながら、結局正確な数量の贓物を把握できなかった。第四の疑問である。

阿曾は密告した者である。州は阿曾を呼んで供述させようとしたが、逃げ隠れしてほぼ二ヵ月官司に出頭しなかった。密告しておきながら供述しようとしない。第五の疑問である。

阿曾は九月四日に官司に出頭したが、これまで黄国材の停盗には言及しなかった。黄四の仲間は十九日に県尉司に到り、贓物をその主人に提供したとはじめて自供した。曾知府の幹人《しつじ》は十八日に州に黄国材の停盗を訴えたが、楽安県を離れた日を考えるとすなわち十四五日の間である。阿曾が言わず、黄四の仲間がまだ言わないのに、曾知府の幹人は何を見て黄国材を停盗だとしたのであろうか。第六の疑問である。

裁きを行ってその実情を究めれば、被告を死なせたとしても憾むところはない。いま疑わしいことがこのようでは、どうして泥棒だと主張できようか。これを平人に加えてもなお不可であるのに、継母の娘の夫に加えるとあってはなおさらである。直を以て曲と為し、無を以て有と為すことは、拷問さえすればどうにでもなることである。

いま見たところ、黄景信が当初、曾知府は書状で（官司に）請託したと疑い、呂檜等数人と互いに争い、県の訟庭に来たことはきわめて小さい問題である。呂檜が言うには、「黄三十の息子（＝黄景信）は李元励(5)がまだ敗れていないのを見て、勢いに乗じて五十餘人を引き連れ、県城に到り、各々武器を手にして、分かれて駐屯し、反乱・謀反を起こそうとしたが、公吏・百姓は畏れて通りを往来しませんでした」とのことである。人を誣告することはここにまで至っている。白昼の商店街で、なおあえて人に反乱罪を加えるということは、夜間に人がいないところで人を泥棒だと誣告することなど、なお憚って行わないことがあろうか。後で述べたことが出鱈目だと分かれば、前に述べたことも知れたものである。事跡を考えると、黄国材は郷里にあって決して善良ではなく、この（泥棒をしたという）数人の者もみな落ちぶれた輩である。曾知府の家も実際は窃盗に遭ったのだが、失ったものは多くないのに、その数目を大きく吹聴して周囲の注意を引き、また阿曾を買収してそのことを証言させたのである。その後、数人の身柄を確保してこれに盗みの罪を着せたが、結局、正確な贓物の数目は把握できず、阿曾は逃げ隠れして官司に出頭しないということは、自ずからそれが嘘偽りであることを表明しているのである。ましてやこの数人がたとえ曾知府が訴えるとおりであったとしても、窃盗犯であるにすぎないのである。そのこともまたすでに恩赦に該当する。

いま黄四・李石の贓に関する証拠は明らかでないのに囹圄で死に、黄国材・龍二十の徒は半年獄に繋がれ、幸いにして脱することができたが、死・生は知ることができず、生計は破産している。これまた曾将仕郎の誣告の意図を満足させるものであろう。張官置吏《おかみ》はどうしてあえて寄居官*の意に無理に従い、にわかに数人を死に追いやるということがあろうか。まさに各人を楽安県に護送して自宅待機*とし、県に帖文(6)して本当の被害額を調査させたならば、はじめて事実が分かるであろう。六名はみな保釈する。転運司に上申して指示を取れ。なお諸司および知州に詳しく上申せよ。

照得*したところ、五月一日、父黄国材が停盗したと曾知府宅が誣告したことを、黄景信が訴えた件に対する転運司の判を承けたが、本県に審理させるとあった。本県は以前から拘禁している人を呼び出し、また一件書類を調査した。その結果、明らかにこれは誣告であることが分かった。黄国材と曾知府とは親戚で、普段往来しているのだから、突然このように誣告すべきではない。これは曾知府が地元で普段から豪横を恃んで、多くの不法な事件を起こしていたが、常に黄国材に牽制され、それで彼に怨みを重ね、自らは反省もせず、些少の窃盗被害に託け、ついには阿曾を買収して黄国材の地客数人を誣告し、それによって併せて主人の国材に累を及ぼし、楽安県の獄を牛耳り、必ず拷問を加えてこれを死地に置こうとしたのである。

本県はすでに上司の指示を得て審理し、曾の側にはまことに道理がないと考える。しかし寄居官の家であることから、その非道を厳しく指摘しようとは思わないが、しばし無実の人のためにいくらか冤を晴らすこととし、すでに五月一日の辰の刻(午前八時ころ)に転運司および諸司へ具申した。いま曾知府父子は本県が公平に判決を行ったことで誣告の意図を実現できないと考え、先んじて転運司へ訴えて「黄国材の息子黄景信がまた本県に来て拝謁し、先に思いのままに干渉しました」と言った。あえて上司を蔑視し、このように好き勝手に出鱈目を言い立て、監司(7)が委託したことをもあえて牛耳るとは、その地元では何の忌憚もないのであろう。いまその前後の訴状を見るに、ひたすら「陛下側近の寄居官」と言うだけである。これを他人が言うのならよいが、どうして父母がいる土地で自ら陛下の側近の寄居官と言い、父兄・族党を凌駕することがありえようか。

黄国材の妻は、曾知府の継母艾氏の前夫の娘である。礼では継母は実母と同じであり(8)、父母の愛するところはまた愛するのである(9)。艾氏は再婚ではあるが、曾知府の父はどうしてその前夫の娘を愛さないことがあろうか。ましてや黄国材と曾知府とは親戚と認め合っており、情義は薄くはないのだから。いま一たび停盗と誣告して、これを死なそうとすることは、また継母を思う気持ちがないということである。いまその豚犬のような不肖の息子が書いた宗枝図《かけいず》を見ると、曾知府の父には九人の息子がいるが、分けて言うと、四人は董夫人が生んだもので、五人は艾氏が生んだものである。おそらく知府は艾氏が生んだのではないと言おうとしているのである。そうであればまことに継母を母としない気持ちがあることになる。また継母の艾氏は先に庶民の胡家に嫁入りして阿胡を生み、(阿胡は)黄国材に嫁入りして妻となったと言っている。庶民云々はそれが士大夫の族と肩を並べられないことをもって、これを卑しめていう言葉である。娶るとは連れ添うということである。父が庶民の妻を娶ったと曾知府が自ら言うことは、その父を自ら卑しめていることになる。そもそも人の子でありながら、その母を母とせず、その父を父としていないが、士大夫のなすところはおそらくこうではあるまい。もしも古の君子がこの事件を裁いたならば、停盗の者を罪が重いとしたであろうか。それとも父母に不孝な者を罪が重いとしたであろうか。ましてや私が前状で申し述べたように、数人の者は決して盗みを行っておらず、黄国材は決して停盗ではないのだから。

曾知府の訴状では(原告は)みな幹人であると言っており、その豚犬のような不肖の子もまたこれまで官司に出頭して供述しているが、しかし息子を唆しているのは曾知府である。いまその実態が暴かれるのを畏れ、妄りに「黄景信がたびたび本県に来て拝謁し、事前に思いのままに干渉しました」と言うが、(曾知府が)もっぱら誣告・把持を行っていたことは十分に明らかであろう。

いま(転運使の)台判で期限を決め、本州に命令し、密告した阿曾を召喚して、出鱈目に盗みの罪を告発したことを追究し、曾将仕郎を召喚して、黄景信がかつて県に来て(私に)拝謁したと(曾知府が)妄りに言った事実を究明していただきたい。もし両人が官司への出頭を願い、供述が事実なら、黄国材は自ずと配軍刑(10)に充てるべきであり、私も不届きにも外の人と往来して贈収賄を行ったことになるから、甘んじて弾劾に服そう。もしも阿曾・曾将仕郎が罪を畏れて出頭せず、供述が事実でなければ、その時は曾知府父子を朝廷に上奏し、重く懲戒を加え、士大夫であえて地元の民を凌駕している者の戒めとなせば、黄四・李石が無実で死んだ冤罪は少しくあの世で晴らすことができよう。本州および諸司に上申する。

【注釈】

(1)「曾知府」とあるのは、ここではかつて知府の職にあった人物をこう呼ぶのであって、現在知府であるという意味ではない。

(2)「州院」とは、州の録事参軍また知録事参軍が管轄する刑獄名で、府ならば府院、軍ならば軍院と呼ばれ、司理参軍が管轄する司理院(獄訟や勘鞫を担当)の獄と対をなす。拙著『訳注『名公書判清明集』——官吏門・賦役門・文事門——』(北海道大学出版会、二〇〇八年)八頁、「南宋地方行政組織表」を参照。

(3)「官告」とは、「告身」・「告命」・「誥」・「誥命」などとも呼ばれ、官員や命婦(称号を与えられた婦人)に対して給付された委任文書で、姓名、年齢、籍貫、先祖三代、昇級改官の職階等が綾紙に書かれていた。

(4)「楽安県」は、撫州庁から見れば撫州管内の南西に位置する県。現在も楽安県と言う。

(5)「李元励」は、嘉定年間に湖南・江西で起こった反乱の首謀者である。この反乱に関しては少なからぬ史料と研究がある。当時の反乱の状況と経緯については、李栄村「黒風峒変乱始末」(『中央研究院歴史語言研究所集刊』四一—三、一九六九年)、劉馨珺『南宋荊湖南路的変乱之研究』（国立台湾大学文学院、一九九五年）を参照。史料として、例えば『宋史』巻四〇五、王居安伝には、次のように見える。

初盗起郴黒風峒、羅世伝為之倡、勢張甚、湖南所在発兵扼要衝、義丁表裏応援、賊乏食、少懈、主兵者稍堅持之、則就禽矣。会江西帥欲以買降為功、遣人間道説賊、餽塩与糧、賊喜、謀益逞、帥以病卒、継者蹈其轍、賊陰治械、外送款、身受官峒中、不至公府。義丁皆恚曰作賊者得官、我輩捐軀壊産業、何所得。於是五合六聚、各以峒名其郷。李元励・陳廷佐之徒、並起為賊矣。放兵四劫、掠永新、撇龍泉、江西列城皆震。朝廷調江・鄂之兵屯衡・贛、而他兵駐龍泉者命吉守節制焉。吉守率師往、幾為賊困、池兵援失利。朝廷憂之、遂以居安為帥。

（6）「帖」または「帖文」とは、統摂関係がある官庁間で、上級から下級へ出される文書を言う。逆に下級から上級へは「申」「申状」と言う。また平行関係ないしは統摂関係がない隣県から隣州といった間での文書の遣り取りは前掲の（1）条にもすでに出ていたが、「牒」「牒文」と言う。なお、本書中には「榜（牓）」「榜（牓）文」が頻出するが、これは官司が出す公開の告示や指示、教示文書である。

（7）「監司」とは、路の転運司、提刑司、提挙常平司を言う。詳しくは、青木敦「宋代の監司の語義について」（『歴史学研究』七五三号、二〇〇一年）を参照。

（8）『儀礼』巻三〇、喪服に見える言葉。

（9）『礼記』巻二八、内則に見える言葉。

（10）宋代の配軍刑とは地方軍である廂軍に配属することで、廂軍には労役の軽い順に本城軍、牢城軍、重役軍の三種類があり、配せられる距離とその環境によって、本州、隣州、五百里、一千里、二千里、三千里、遠悪州などの区別があった。配軍の際にはそれらが指定される。辻正博『唐宋時代刑罰制度の研究』（京都大学学術出版会、二〇一〇年）第六章「宋代の配流刑と配軍刑」を参照。

【講義】

曾知府父子を戒める黄榦の面目躍如たるものがある。朱子学・道学の徒はこうでなければならなかったということだ。黄国材は楽安県に居住していたのであろう。曾知府もそうであったかもしれない。おそらく楽安県では公正な裁判ができないと見た転運使が臨川県に本件を移送したのであろう。

さて、これから以降もしばしば拷問の事例が出てくるが、何とも見聞きに堪えない非道さである。中国史における暴力の問題は、『歴史評論』誌上でもかつて論評されたことがあるが(六八一号、二〇〇七年)、それ自体研究の意味がありそうである。暴力の問題は何も中国に限らないが、日常における暴力的支配の問題と、革命時における暴力的対抗とは中国の場合に連続した同一性がありそうで、歴史的に形成された対立と紛争とを緩和し解決する社会的な構造や仕組みと、人々の心性のあり方との関係は興味深い研究主題である。

（3）　曾适張潜争地

使府送下曾安撫宅二承務名适・幹人周成、并金谿県百姓張潜、并干証人張四九等共六名、委本県勘究買地掘墳事。内有陳四一・饒大両名、監繫日久、羸病欲死、已差医人李才鼎看験監医、併求陳四三・彭六三二名、各召保、周成・張潜寄収。尋拖照案牘、参酌事情、委是曾适妄状誣頼、意在擾害張潜等人。今張潜被害、已破蕩、而干証之人亦被監繫、病患危篤、深可憐念。且曾适以掘墳論訴、情若甚切。然自開禧三年三月估売園地、張潜以銭就買、若果有掘墳情節、何為当時並無詞訴。此其虚妄一也。張潜買地之時、曾経官陳詞、曾适幹人陳先等并隣甲数人供状指証、皆以為並無墳墓。何為曾适略無一詞与之争辨。此其虚妄二也。曾适嘗於開禧二年十二月、論郭謙侵占屋地、屋地之与墳墓、孰緩孰急。豈有先論屋地、経隔両年、而論掘墳。此其虚妄三也。曾适執出関書、登載受分園地有祖墳三所。其後所供称是二女一乳母之墳、何其先後之相戻耶。豈非自有祖墳、恐為人所証、故遂亟変其説。此其虚妄四也。開禧二年正月未抄估之前、有曾宅幹人朱端陳詞称、産業係三位均分、有朱契・砧基簿表照。即不言有関書。今乃旋造関書、以為表証。此其虚妄五也。関書之末、具載曾适令幹人熊富聴状印関。嘉泰三年、曾儒林尚無恙、何不為状首、而独於曾适。此其虚妄六也。既曰穿関、則兄弟三人各有三本、今但以一本出官、則是本無穿関。此其虚妄七也。園地得産於智大夫及陳成、亦合有上手契字。今以其自称三墳係是淳熙年間、恐与上手年月牴牾、故遂不敢齎出此契。此其虚妄八也。買園之時、是乃知府尚在之日、日渉之名、是乃知府宴遊之所、既有力以辦宴遊之園、独不能求隙地以葬其殤女・乳母、而置之園中、乃朝夕宴遊於壚墓之間乎。此其虚妄九也。日渉之園、而乃在県郭之内、亦非埋葬之所。此其虚妄十也。有此十妄、暁然易見。反覆参考、然後知曾适者真豪横健訟之人也。方曾儒林侵盗官綱之時、朝旨行下、抄估家産、急如星火、為子弟者当知乃兄之罪不可逃、朝廷之命不可忽、傾其家貲以輸之、可也。今乃以已売廃契、欺罔県道、又以西昇不可売之産、偽称義遜。使県道官吏日受督責、不得已而将別項産業根括估売。張潜之徒既得其産、而曾适乃敢脱漏丞庁、偽印関書、妄訴不已。今日之訟、自始至終、皆曾适為之也。今省部行下給還産業、使人戸虚納価銭、而曾适坐得旧業、亦可已矣。又欲加之掘墳之罪、不惟逞其忿憾、而又欲肆其邀求。使張潜之家張六二嘗経安撫使司陳詞、台判以為抛所陳請買曾家園、節次勘験、曾家幹人妄訴不已、送本県照祖究実。如周成妄状論擾、重行断治。可謂明白簡切、而得其情矣。今曾适者騎従甚都、言辞甚辨、進退甚詳雅、出入台府、揚揚自得、動以権勢脅持上下、官吏相顧、莫敢予決。若不為之明辨、数月之後、被論之人不待刑憲、而銜冤入地矣。所有人案申解使州、乞詳本県所陳、先将被論及干証人召保、放帰着業、乃備申朝省諸司。今後曾适更敢妄状、厳行追治。庶幾無辜之民不至被害、而健訟之人稍知畏戢。

【訳文】

「曾适と張潜が土地を争う件」

知府が、曾安撫宅の二番目の息子(1)で名が适という者と幹人《しつじ》の周成、ならびに金谿県(2)の百姓張潜、ならびに証人(3)張四九ら一行六人を送り下し、本県に委ねて土地売買と墳墓発掘の件を審理させた。中に陳四一・饒大の両名がいて拘禁期間が長く、病気で死にかけていたので、医者の李才鼎を派遣して診察・治療を命じ、併せて陳四三・彭六三の二名に頼んで(陳四一・饒大を)各々保釈(4)し、周成・張潜は獄に入れた。

ついで一件書類を調査し、事情を参酌したが、実際にこれは曾适が出鱈目な訴状で(相手を)陥れようとしたもので、その意図は張潜等の人を擾害することにあった。いま張潜は害を被り、すでに破産しており、証人となった者もまた拘禁され、病気で危篤となっており、深く憐れむべきことである。そのうえ曾适は墓を発いたことで訴え、その心情は甚だ切迫しているようである。しかし開禧三年(一二〇七)三月に園地を売り、張潜は銭を支払って買ったのであるが、もし本当に墓を発いたという事実があるのなら、なぜその時に全く訴えがなかったのか。これが出鱈目の第一である。

張潜が土地を買った時、かつて官に訴え出たが、曾适と幹人陳先等ならびに隣人数人は書状で証言し、みな全く墳墓はないと言っている。なぜ曾适は一言も彼らと争論しなかったのか。これが出鱈目の第二である。

曾适はかつて開禧二年(一二〇六)十二月に郭謙が屋地を侵占したと訴えたが、屋地と墳墓とではどちらが緊急でなく、どちらが喫緊であろうか。どうして先に屋地を訴えて、二年を経てから墓を発いたと訴えたのか。これが出鱈目の第三である。

曾适は家産分割書を持ってきたが、相続した園地には祖墳が三ヵ所あると記載されている。後で供述したところでは二人の娘と乳母の墳墓だと言うが、どうして前後の言い分が矛盾するのか。自ら祖墳を持っておらず、他人が証言するのを恐れ、それで結局はすぐさまその言い分を変えたのではないのか。これが出鱈目の第四である。

開禧二年（一二〇六）正月、まだ値づもりする前に、曾宅の幹人朱端が訴え、「産業《ふどうさん》は三人が均分したもので、朱契と砧基簿で証拠立てられます」と言ったが、そこでは家産分割書があるとは言っていない。(5) いまにわかに家産分割書を捏造して証拠にしようとしている。これが出鱈目の第五である。

家産分割書の最後に、「曾适が幹人の熊富に命じて官に届けて印を押させた」と書いてある。嘉泰三年（一二〇三）、（曾适の兄）曾儒林郎がまだ元気だった時に、どうして彼が状首とならず、曾适独り（の署名がある）だけなのか。これが出鱈目の第六である。

すでに「家産分割書を作った」と言うなら、兄弟三人で三本あるはずだが、いまはただ一本を官に持ってきただけであり、ということはもともと家産分割書は作っていなかったことになる。これが出鱈目の第七である。

園地は智大夫(6)および陳成から買ったので、上手契(7)があるはずである。いま「三墳は淳熙年間（一一七四～八九）のものです」と称しているが、おそらくは上手契の年月と齟齬があり、ゆえにこの契約書を持ってこないのである。これが出鱈目の第八である。

園地を買った時、（父親の）知府はまだ生きており、日渉の名は知府が宴遊するところという意味で、宴遊の園地を用意できるだけの資産があるというのに、わずかな土地を買い求めて夭逝した娘と乳母を葬ることができず、これを園地に葬り、いつも墓のあたりで宴遊したというのか。これが出鱈目の第九である。

日渉の園地は県城の中にあり、また埋葬を行う場所ではない。これが出鱈目の第十である。

この十の出鱈目があれば、はっきりと見てとれる。何度も参酌考究し、しかる後に曾适なる者は実に豪横健訟の人(8)

であることが分かった。曾儒林郎が官の綱運品目を盗んだ時に、朝廷の命令が下り、没収のために家産を計算したが、非常に急なことで、子弟たる者はまさに兄の罪が逃れられず、朝廷の命令は忽せにできず、その家の全財産を傾けて輸納するほかないと知るべきであった。いましかるにすでに売却して効力のない契約書で県を欺き、また西昇の売ることができない資産を、義によって献上したと偽って言っている。もし県の官吏が日々督責を受ければ、やむを得ず別項の産業を根こそぎ括って売却せねばならない。張潜の徒はすでにその(没収された)産を得たが、曾适はあえて県の丞庁に不当に取り入って家産分割書に官印を押してもらい、出鱈目な訴えを起こして止むことがなかった。今日の訴訟は始めから終わりまで、みな曾适が捏造したものである。

いま中央政府は命令を出して(没収した)産業を返還することにしたが、それでは(没収地を買った)人戸に虚しく価銭を納めさせ、曾适は何もせずにもとの産業を手にすることとなるが、やんぬるかな。そのうえ(曾适は他人に)墓を発いた罪を加えようとしているが、それはただ私的な恨みを逞しくするだけでなく、また好き勝手に欲望を遂げることになる。

張潜の家や張六二にかつて安撫司へ訴えさせ、その時の台判では「訴えるところの曾家の園地を買った件は、何度も調べたが、曾家の幹人が出鱈目な訴えを止めないので、本県に送って文書に照らして事実を糾明させる。もし周成が出鱈目に訴えて騒ぎ立てれば、重く処罰せよ」とある。明白・簡明でその実情を得ていると言うべきである。いま曾适なる者は従者が甚だ多く、辯舌も甚だ巧みで、作法も甚だ優雅であり、官庁に出入りして、大いに満足げであり、ややもすれば権勢で上下を脅えさせ、官吏は互いに顔を見合わせ、あえて判決を出さない。もしこの件につき明らかに辨じておかなければ、数ヵ月後には、訴えられた人は刑罰を扱う官庁の判断を待たずに冤罪に陥ってしまおう。関係する人と書類は知州へ送り届け、本県が述べたところを審査して、まずは被告および証人を保釈し、解放して仕事に就かせ、なお詳しく中央政府の関係部局へ上申する。今後も曾适があえて出鱈目な訴えを行うなら、厳しく追究・処罰する。そうすれば無辜の民は被害に至らず、健訟の人もやや畏れ慎むであろう。

【注釈】

（1）この「安撫」もかつて安撫使であった者。安撫使は一路の軍務と治安を担当し、多くは最大州府の長官が兼任した。その治所を「安撫司」と言う。原文「承務」とは、貴人の家の息子を言う。曾家ではおそらく祖父が安撫使、父が知府、息子三人がいて、長男か次男が曾儒林郎、曾适はその弟で次男か三男である。

（2）「金谿県」は、撫州庁から見れば撫州管内の東南に位置する県。現在も金谿県と言う。

（3）原文「干証人」とは、事案に関連して証言する人、すなわち証人を言う。

（4）原文「召保」とは、身柄の保証人を招いて釈放すること、すなわち保釈することを言う。

（5）「朱契」とは、売買や典当の契約書に朱肉を用いた官印を押したものを言い、「印契」とか「赤契」、明代以降は「紅契」とも言った。官印を押していない契約書は「白契」と言う。「砧基簿」とは官が作成した土地台帳で、土地の形状や面積などを描いてある。また原文「関書」とは、家産分割の際に作られた文書を言う。分割に与る者全員が各々一本を持つ。

（6）「大夫」とつく官名は甚だ多く、例えば文官の寄禄官名の朝奉大夫以上はみなこの文字がつき、ここで何を指すかは定かではない。

（7）「上手契」とは、上手すなわち前の所有者が持っていた契約書を言う。不動産に対する権利の主張は、以前の所有者から正当に引き継いだということを各種証文で辨証することによって果たされる。それゆえ上手契は重視される。

（8）「健訟」ないし「健訟の人」とは、出鱈目な訴訟をでっち上げたり、故意に訴訟沙汰を行うことを通じて利益を得、また誰かを陥れようとする者を言う。訴訟ゴロである。

【講義】

ここでは祖墳か否かを問題にしている箇所があるが、乳母と二女を埋めた土地であることを理由に祖墳とは認定していない。これは滋賀秀三『中国家族法の原理』（創文社、一九六七年）四五九頁以下に指摘があるように、未婚の女および異姓者は祖墳に葬られることがないことの実例である。

（4）　曾濰趙師淵互論置曾挺田産

使州送下曾濰・趙師淵両家互論置買曾挺田産事。趙僉判已行看定、断還趙師淵管業。其曾濰幹人不伏所断、再行論訴。使州遂委本県審定。縁本職与曾濰委是二十年故旧、恐有妨嫌、遂申乞回避、再蒙使州発下、不敢有違。拖照案牘、曾濰幹人所以不伏趙僉判所定者、蓋亦未得其情。趙僉判以為空頭契字、乃是曾挺之契、再立之契、乃曾濰偽契、既不曾追出曾挺供対、如何見得便是偽契。此間人交関、亦多有不将正契投印者、亦安知再立之契果為偽乎。既以再立之契為偽、遂併以門僧之書為通同旋写。既不曾追到門僧供対、亦何縁見得是通同旋写。又称曾挺若果得上期銭、又不敢与別人交関、世間将田産重籠交易、脱瞞人銭物者甚多、亦何以知曾挺之必不敢乎。不得其情、而欲決其曲直、亦無怪曾濰幹人之不伏也。大抵此訟、只要見得曾挺曾与不曾交領得曾濰上期銭耳。若交得曾濰銭、則業当還曾濰、若不曾交得曾濰銭、則業当還趙師淵。今曾濰之所恃、以為已曾交銭者、以有曾挺所与三制幹親書耳。今以曾挺親書観之、若果曾交得曾濰銭、必須言逓到若干銭、已交領訖。今皆無此語。但云所諭旋交一百千省、家兄書中且乞更支一半、而更字乃経塗改、尋繹字画、乃是将先字改作更字。又覚更字筆画係是塗改、恐為人所疑、遂又多改数字以乱之。而不知便改一先字作更字、亦不妨其為交銭也。曾濰幹人之詞、以為交去官会一百道、而曾挺書中乃作一百千省。豈有得人一百道会、乃自認作一百千省之理。曾濰在臨川、若於状詞作一百千省、則見銭一百千省、無縁担得到建昌。故於状詞変作官会一百貫、親書既与状詞不相合。則又豈可執親書以為拠乎。以此観之、則曾挺実不曾交得曾濰銭、無可疑者矣。又詳書中所言、有田労経画之久、契字已稟媽媽僉往、尊叔可逗留至月初、同在着押。又言下期銭後月中旬為約。曾濰幹人遂以媽媽僉往、幷下期銭後月中旬為約両語、遂以曾挺為已交上期銭。若非已交上期銭、何縁有媽媽着押、幷何縁及下期銭。然以文勢考之、曾挺初立空頭契字、将此産業託三制幹召人承買。曾濰既欲就買、遂別立契字、遣人先取其母着押。曾挺与曾濰為至親、故先請其母着押発回、而門僧亦有押一字之書。然曾挺有月初同在着押之語、則実不曾親着押、則亦不曾交銭可知矣。書之首先言上期銭之太少、書之末又慮下期銭之太遠。此豈足以為已領上期銭之証乎。然則再立之契非偽契、門僧之書非偽書、但曾挺実不曾交得曾濰之銭、無可疑也。趙僉判以為偽契・偽書、故曾濰之幹人不伏。然僉判之所定、有曰曾挺窘乏、急於求售、則曾五官人不惟酬価不平、又且支打上期銭数不多、不旨揮使用、及有其他沮抑、所以不願、遂別与趙運幹宅交易。曾五官人後来知得、所以陳詞。此数句者可謂尽得両家心術之微矣。曾濰名家之子、其所交遊、皆当世賢士、亦欲改過遷善、以克世其家、然所以為此者、豈亦念祖業之重、不忍使他人得之乎。或者幹人白起誣頼、而非曾五官人之本意乎。然不敢以朋友之私情、而反以重曾五官人之過也。備申使州。

【訳文】

「曾濰と趙師淵が互いに曾挺の田産を買ったことに関して訴えた件」

知州が曾濰と趙師淵の両家が互いに曾挺の田産を買ったことに関して訴えた件を送付してきた。趙僉書判官はすでに検討し、趙師淵に帰属して管業させると判定した。曾濰の幹人は判決に承服せず、再度論訴を行った。そこで知州は本県に委ねて審理・判定させた。本職と曾濰とは二十年来の旧知の仲で、嫌疑をかけられるのを心配して、結局はこの事件は回避(1)したいと上申したが、再度、知州から回避するに及ばずとの指示を受けた。

一件書類を取り出して参照すると、曾濰の幹人が趙僉書判官の判定に服さない理由は、おそらくまだその間の事情を尽くしていないからである。趙僉書判官は(書くべきところに)空白のある契約書[2]は曾挺の契約書で、二度目に立てた契約書は曾濰の偽契であると考えたが、これまで曾挺を召喚して供述させていないからには、どうしてこれを偽契だと見定めたのであろうか。この地方の人々が取引を行う時に、正契を官に届けて官印を押さない者が多いのだが、ならばどうして二度目の契約書が本当に偽契だと知ったのであろうか。二度目の契約書は偽契だとしたので、結局は門僧[3]の書も結託して捏造したものとしたのである。これまで門僧を召喚して供述させていないのに、どうして結託して捏造したものと見定めたのであろうか。また「曾挺がもし本当に上期銭《てつけきん》を得ていれば、それ以上はあえて別人と取引はしないはずだ」と言っているが、世間では田産を重複取引して他人の銭物を不当に騙し取る者は甚だ多く、どうして曾挺はきっとそうはしないと知れようか。その間の事情を尽くさずにその曲直を決しようとした以上、曾濰の幹人が服さないのも無理はない。

およそこの訴訟はただ曾挺がかつて曾濰の上期銭を得たかどうかを見極めればよい。もし曾濰の銭を手にしたのなら、土地は曾濰に帰属させ、もしこれまで曾濰の銭を手に入れていないのなら、土地は趙師淵に帰属させるべきである。いま曾濰がすでに銭を手渡したことの恃みとするところは、曾挺が三制幹[4]に与えた親書だけである。いま曾挺の親書について(銭の受け渡しの有無を)見てみると、もし本当に曾濰の銭を受領したのなら「いくばくかの銭を手渡され、すでに受領しました」と言うはずである。いま全くこうした言葉はない。ただ「諭すところはただちに一百貫省を渡すように」と言い、家兄の手紙でも「更に半分を支払わせるように願います」とあり、「更」の字は手直しされ、ついで字画が書き加えられており、ということは「先」の字を「更」の字に書き改めたということになる。また「更」字の筆画は書き改められたもので、人に疑われるのを心配し、ついにはまた多くいくつかの字を改めて文章を乱している。よいか、「先」の字を書き改めて「更」の字にしても、銭を渡したことの妨げにはならないのである。

曾滙の幹人の言い分では、官会《しへい》一百道を支払ったということだが、曾挺の手紙では(銅銭)一百貫省と書いてある。他人の一百道の会子を手にしながら、自ら(銅銭)一百貫省と認める道理があろうか。曾滙は臨川でもし訴状に一百貫省と書いたのなら、現銭一百貫省は(重すぎて)建昌県まで担いでゆけるはずもない。(5)ゆえに訴状では官会一百貫と書き改めたのであり、親書と訴状とは一致していないのである。そうであれば親書を根拠とすることはできない。このことからすれば、曾挺がこれまで曾滙の銭を受領していなかったことは疑いない。また手紙で言っていることを調査すると、「田に関しては長く苦労してきました。契約書はすでに母に頼んで署名してもらいましたが、叔父さんは月はじめに至るまで逗留するでしょうから、一緒に押字を書いて下さい」とあり、また「下期銭《あとばらいきん》は翌月中旬に約定しています」とある。曾滙の幹人は「母親に署名してもらう」ならびに「下期銭は翌月中旬に約定しています」という両語から、結局曾挺はすでに上期銭を受領しており、もしまだ上期銭を手にしていないのなら、どうして母親の押字や下期銭に言い及ぶことがあろうか、と考えたのである。(6)

文章の勢いから考えると、曾挺ははじめは空白のある契約書を立て、この土地を三制幹に託して人を招いて買ってもらおうとし、曾滙が買いたがっていたので別に契約書を立て、人をやって先に(曾挺の)母の押字を取ったのである。曾挺と曾滙とは近い親戚で、それゆえに先にその母親に頼んで押字した後に送り返してもらい、門僧にもまた「一字を押字する」という書があるのである。しかし曾挺には「月はじめに一緒に押字する」という言葉があるが、実際はこれまで自ら署名・押字したことはなく、またこれまで銭を受け取ったこともないことが分かる。手紙の最初に「上期銭は甚だ少ない」と言っているが、手紙の末尾では「下期銭は甚だ先のことになる」と心配している。これはどうしてすでに上期銭を受領した証拠とできようか。そうであれば二度目の契約書は偽の契約書ではなく、門僧の手紙も偽の手紙ではないが、曾挺が実際に曾滙の銭を受領していないことは疑いない。

趙僉書判官は偽の契約書、偽の手紙と考え、それゆえ曾滙の幹人は承服しなかったのである。しかし僉書判官の判定には、「曾挺は窮乏して売ることに急であったが、曾五官人(＝曾滙)は価格が満足ゆかないだけでなく、さらに支払った上期銭も多くはなかったので、指示して実行させずにいたが、曾滙の阻止・遅滞があるに及んで(曾挺は曾滙との)取引を願わず、結局は別に趙運幹宅(7)と取引を行った。曾五官人が後にそれを知って訴状を出したのである」とある。この数句は両家の心術の微を尽くしていると言うべきだろう。

曾滙は名家の子で、その交遊の相手はみな当代の賢士であり、過ちを改めて善に遷し、その家を代々保つようにと願っているであろうが、しかしこうしたことを行うことは、どうして祖先が残した土地の重さを考え、他人がこれを得ることに忍びないことがあろうか。あるいは幹人が根拠なく誤魔化そうとしたのであって、曾五官人の本意ではなかったというのか。しかしあえて友達の私情でもって逆に曾五官人の過ちを重くしたというわけではない。詳しく書いて知州に上申する。

【注釈】

(1)「回避」とは、親嫌すなわち親属や親戚また官僚としての統摂関係などがある場合(これを妨嫌と言う)に裁判を担当しないことを言う。『慶元条法事類』巻八、職制門五、親嫌にいくつかの勅と令が見える。

(2)原文「空頭」とは、契約書には既定の形式や文言があるのが普通で、売買取引なら通常は面積・数量や所在、契約当事者名、価格、日付などが異なるにすぎず、その部分を空白にしている状態の契約書を言う。

(3)「門僧」の意味、未詳。『宋史』巻三八四、葉義問伝に「前枢密徐俯門僧犯罪、義問縄以法」と見え、『東坡志林』巻二、朱氏出家に「朱氏子出家、小名照僧、……不出十年、名聞四方。此参寥子之法孫、東坡之門僧也」と見える。お抱えの僧侶という意味か。宋代には質庫で労働する者を「庫僧」と呼ぶ例もある(『名公書判清明集』巻七、戸婚門「房長論側室父包併物業」)。いずれも宋代に特有の言い方のように思われる。

(4)「三制幹」とは、「制幹」すなわち制置使司や制置大使司の幹辦公事で、一族内の排行が三番目の者であろう。なお制置使司は路や州・府に置かれた軍職名で、官位が高く重要な地域に置かれた場合は大の字を加えた。
（5）「建昌県」は、江南東路南康軍管下の県で、鄱陽湖の西に位置する。
（6）銅銭は一枚が三、七三グラムであるから一貫では三、七三キログラム、一百貫では三七三キログラムにもなる。なお一百貫省の「省」とは省銭・省陌のことで、銅銭七十七枚で百文と数える方法を言う。省陌で計算しても一百貫は二八七キログラムを超える重さである。
（7）「運幹」とは、もと転運使勾当公事と呼ばれた転運司の属官であったが、南宋の高宗の諱を避けて転運司幹辨公事と改称された。その略称である。

【講義】

ここには当時の土地取引、手付けと後払いなどと、会子、銅銭などの様子が窺われ、実に興味深いものがある。また裁判の際に友人関係においても回避すべきと考えられていた形跡が窺える点も注目すべきであろう。

趙師淵は趙運幹（三制幹）の族人で、あるいは趙運幹と曾挺の母は姉と弟であろう。

なおここには、「曾潍は名家の子」とあるが、北宋の曾鞏など江西および江西撫州には曾姓の者が多い。また判語にもこれまで曾知府など曾姓の者が多く現れる。これについては、青木敦「宋元時代江西撫州におけるある一族の生存戦略」（井上徹・遠藤隆俊編『宋―明宗族の研究』汲古書院、二〇〇七年、所収）を参照。

（5）白蓮寺僧如璉論陂田

金谿県白蓮寺僧如璉、経転運司論金谿県尉看定薛家陂田、不還本寺耕種、仍将行者勘杖一百、在県身死、所断不当事、送本県看詳。今将案牘参照、初係白蓮寺論佃客蔣某擅於本院未曾開墾田内強栽禾稲。続係蔣某称是盧将領宅耕種。金谿県遂将蔣某勘断、又続係盧将領宅於貴渓県論白蓮寺争占自己所栽木、又続係盧嘉猷於本州府判庁・提挙使衙論強塞水圳、有妨水利、遂行下金谿県丞庁看定。偶金谿県尉・権丞遂将白蓮寺所訟田不得耕種、仍将行者某人従杖一百勘断。以本県丞尉親至地頭、必須究見事理、合得允当。而寺僧如璉不能無辞者、亦以其間有不得其平者有二事。其一謂田乃寺田、不応不得為主、其二謂行者従杖不当。今照得、上件争訟、本県県尉何不索出両県干照、従実打量。若盧家所置薛思恵産、不曾推流、則不応越港占白蓮之田。僧寺之田若畝歩見在、則亦不応並縁沙漲、輒行開墾、阻遏水勢。如此則不待辨而自明矣。今不行打量、而妄空便行理断。此不可暁一也。盧嘉猷初得於貴渓県争白蓮寺之田、次則経通判庁、又次則経提挙司争水圳、而帯及田事。其前後詞反覆不同。此不可暁二也。盧嘉猷之田在港東、白蓮寺之田在港西。若盧嘉猷委是田被水衝没於東、而復生於西、亦当経官標扦、豈得径自栽種、而反行論訴。此不可暁三也。又田在港東、而論港西水圳、又別無干照。見得、有古水圳処来歴、白蓮寺乃有薛家借圳干照、若盧家得薛家産、亦港西下流、則借圳可也。豈可訟乎。此不可暁四也。盧嘉猷所論者水圳、県尉乃不定奪水圳、而反及水港。此不可暁五也。若謂不合将遺洲開田衝破港東之田、則栽田者乃盧嘉猷、初非白蓮寺之罪。何故却将行者勘断。此不可暁六也。両家之訟、初争田、次則捨田而争水圳、其終又捨水圳而争水港。及所種田以阻遏水勢、乃盧嘉猷、而非行者、乃将行者勘断一百。既欲聴贖、斯可已矣、何至必加之杖、而使之抑鬱以死乎。此不可暁七也。観其所看定如此、則其所論田之形・水之勢、亦恐未能尽当事情。提挙寺丞於所申之後、判令両家並不得耕種、則亦已覚尉司所以右盧嘉猷者太過、而未必尽得其実也。今已断者不可復贖、已死者不可復生、而吏輩受財曲断。其事已在赦前、皆可勿問、而所争之田、欲乞上司再委官前去地頭体究、方見着実、庶絶詞訟。申都運・提挙使衙、取旨揮。

【訳文】

「白蓮寺の僧如璉が陂田につき訴えた件」

金谿県*の白蓮寺の僧如璉が、金谿県の県尉が薛家の陂田を調査したが、本寺へ還して耕種させず、そのうえ行者を杖一百に処し(行者を)県衙で死なせたのは、断ずるところが不当であると転運司のところへ訴えたことに関し、この臨川県に送付して審理させた。

いま一件書類を参照すると、最初に白蓮寺は、佃客《こきゃくにん》蔣某が本院がまだ開墾していない土地に水稲を植えたことを告発した。ついで蔣某はこれは盧将領宅(1)が耕種している土地だと証言した。金谿県は結局蔣某を処罰したが、続いて盧将領宅は貴渓県(2)で白蓮寺が自分が植えた木を占拠したと訴え、また続いて盧嘉猷が本州の府判庁と提挙使の衙門で、水圳(3)を塞ぎ水利を妨害したと告発したので、結局、金谿県の県丞庁に命じて調査させた。たまたま金谿県県尉と県丞代理は白蓮寺が訴えている田を耕種してはならないとし、そのうえ行者某人を杖一百に処した。

思うに、本来、金谿県の県丞と県尉が自ら現地に到り、必ず事理を究めようとしたのは妥当なことである。しかし寺僧の如璉が主張せずにおれなかったのは、そのことに関して公平ならざる二つのことがあったからである。その一は土地が寺田であるからには寺が持ち主とならねばならず、その二は行者が杖罪とされたのは不当であるという点にある。

いま照得*したところ、上件の訴訟に関して、本県の県尉はどうして両県の証拠文書を取り寄せ、実地に測量しなかったのか。もし盧家が買った薛思恵の田がかつて水害で押し流されなかったのなら、港(4)を越えて白蓮寺の田を占拠すべきではない。僧寺の田は(本来の)面積が現に存在するのであれば、沙張したことを理由に開墾して水勢を阻害すべきではない。このようなことは辯論するまでもなく自明である。いま測量を行わず、根拠なく裁きを出したのである。これが不可解の第一である。

盧嘉猷ははじめ貴渓県で白蓮寺の田につき争ったが、ついで通判庁へ訴え、そのつぎには提挙司へ訴えて水圳を争い、併せて土地をも争った。その前後の言い分はそのたびに異なっている。これが不可解の第二である。

盧嘉猷の田は港東にあり、白蓮寺の田は港西にある。もし盧嘉猷が本当に田が水に押されて東に没し、再び西に生じたのなら、またまさに官へ届けて標識を打つべきであり、どうしてただちに自ら耕作し、逆に訴えることができようか。これが不可解の第三である。

さらに(盧嘉猷の)田は港東にあるのに、港西の水圳を争っているが、また別に証文があるわけでもない。見たところ、古い水圳のところには来歴があって、白蓮寺は薛家が水圳を借りたという証文を持っており、もし盧家が薛家の土地を得たとしても、港西の下流であるから圳を借りればそれでよいのである。どうして訴えることがあろう。これが不可解の第四である。

盧嘉猷が問題にしているのは水圳なのに、県尉は水圳に決着をつけずにかえって水港に及んだ。これが不可解の第五である。

もしけしからぬことに残された川洲を開墾し、(その結果)港東の田が水で押し流されたと言うのなら、田を耕作しているのは盧嘉猷であり、決して白蓮寺の罪ではない。何故に行者を処罰したのか。これが不可解の第六である。

両家の訴えははじめは田を争い、ついで田を捨てて水圳を争い、最後はまた水圳を捨てて水港を争った。耕作した田が水勢を阻んだのはすなわち盧嘉猷であって行者ではないのに、行者を杖一百に処した。贖罪させようとすればそれで終わらせられたものを、どうして必ずこれに杖罪を加え、抑鬱のうちに死なせるに至ったのであろうか。これが不可解の第七である。

調査したところから見ればこうであり、問題となっている田の形、水の勢いについても、おそらくはいまだすべての事情を尽くしているわけではないであろう。提挙寺丞(5)は上申を受けた後に、両家はともに耕種してはならないと判じたが、それは県尉司が盧嘉猷に肩入れすることが甚だしく、いまだ必ずしもすべての実情を得ていないと悟ったからである。いますでに処断された者はまた贖罪できず、すでに死んだ者もまた生きかえらないが、吏輩は賄賂を受けて不正に断じたのである。それは恩赦の前にあったことなのでみな問題とはしないが、争うところの田は上司が官に委ねて現地へ行き、実地に調査していただければはじめて事実が見えるであろうし、そうすれば訴訟を終わらせることができよう。都転運司(6)・提挙司の衙門へ上申し、指示を取る。

【注釈】

(1)「将領」とは、路を単位としていくつかの将が率いる軍隊編成が置かれたが、その長官を言う。時期によってその数は異なる。

(2)「貴渓県」は、江南東路信州管下の県だが、州境を挟んで金谿県と接する。

(3)「水圳」とは、細い水路を言う。

(4)「港」とは、河水が流れる本流を言う。

(5)「寺丞」とは、かつて太僕寺丞、太府寺丞、大理寺丞などのいずれかを経て提挙常平公事となった者を言う。

(6)「都転運司」とは、都運台とも言い、中書門下ないし尚書省の五品官以上の者が転運使に任じられた場合、重要な地域の転運使、数路を兼ねる転運使の衙門を言う。

問題の土地と河川は次のようであったかと推測される。

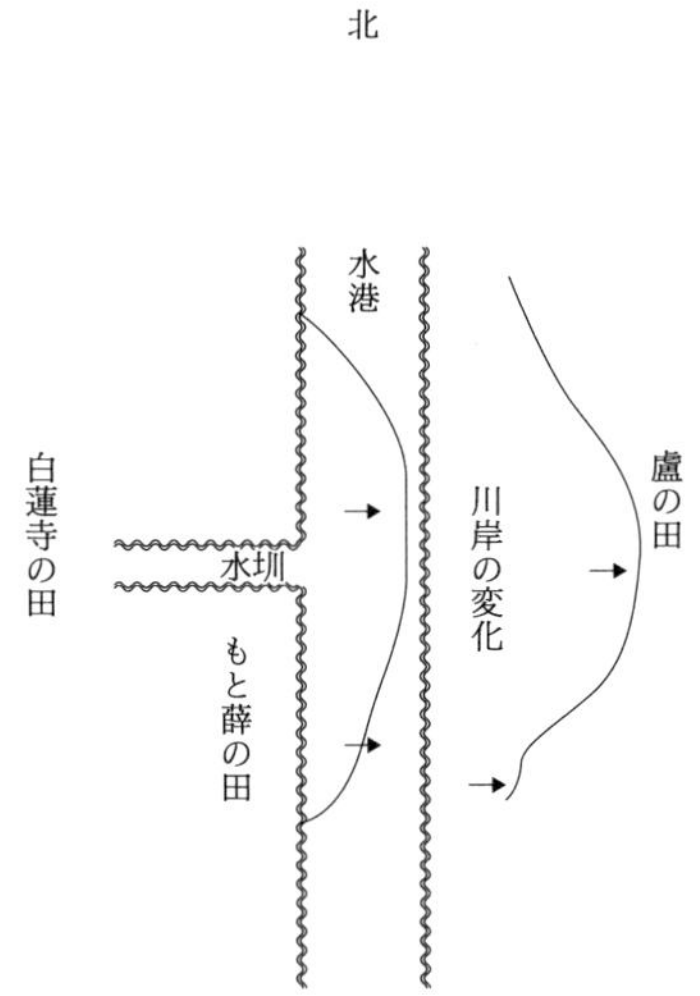
北
水港
盧の田
川岸の変化
白蓮寺の田
水圳
もと薛の田

（6）陳如椿論房弟婦不応立異姓子為嗣

使府送下陳如椿論房弟婦劉氏不応立異姓子為嗣、委本県照条看定、申。本県参攷案牘、又有見任辰渓知県陳敏学申州公状、亦与陳如椿之詞一同。劉氏以為、其夫寧郷知県陳卲、於甲寅年在潭州、抱養同官遺棄之子、立名志学、経今十六年、即非今方立為嗣。辰渓知県陳敏学及陳如椿却称、知県不曾立外人為嗣。今考陳如椿之辞、以為知県癸丑年離任、志学甲寅年始生、則是在潭州時猶未生此収養之子。據劉氏齎出印紙、陳知県乃是癸丑年冬十一月方満、亦安知其尚留潭州両月間収養志学、以為子乎。又考陳如椿之辞、以為知県但有庶生子六三哥、即無収養之子。據劉氏却称、六三哥亦是収養之子。及再令陳如椿供対、却是収養呉博士之子、其言詞又自反覆。則其所告志学非収養之子、亦是虚妄可知。又據劉氏齎到自童蒙以来読書学字十数巻、皆積年陳旧文字。問其所従之師、則在撫州者、見有先生姓饒。及請到饒先生供対、則又称去年陳知県已送志学相従読書、豈得以為身死之後、旋立十五六歳異姓之子乎。陳知県年五十有七而亡、其妻劉氏亦年五六十歳、其相処不為不久。何其夫身死之後、乃信幹僕之言、立十五六歳素不相識之子、以為嗣乎。則陳如椿之虚妄、無可疑者。陳如椿自称挟術為生、則其為人乃破落。把持起倒劉氏銭物而不得、遂扶陳敏学論訴、意欲立敏学之子為陳知県之嗣、異日併有劉氏物業、此市井破落之常、不足深責。辰渓知県陳敏学身為士夫、不顧義理、不念劉氏乃其叔母、亦敢移文本州、与破落陳如椿挟同妄訴、欲以呑併叔父之業、廉恥道喪、莫此為甚。今據劉氏所供、辰渓知県陳敏学之父一機宜、亦是陳安撫収養遺棄之子。今乃罪劉氏不合収養為不当、是責其祖、辱其父也。為人子者、責其祖、辱其父、誣其零丁孤寡之叔母、罪莫大焉。合将陳如椿重行勘断、念其於劉氏之子有族伯之親、申解使府、乞将陳如椿責戒励、放。仍牒辰渓知県知委、庶其少知改悔、以全士大夫之名節。餘人放。

【訳文】

「陳如椿が、房弟(1)の妻は異姓の子を立てて嗣子とすべきではないと訴えた件」

知州が、陳如椿が房弟の妻劉氏は異姓の子を立てて嗣子とすべきではないと訴えた件を送り下し、本県で法に照らして結論を出し、結果を上申するよう命じてきた。

本県は一件書類を参照・考察したが、さらに現任の知辰渓県陳敏学(2)が州に上申した公状があり、それは陳如椿の申し立てと全く同じ内容であった。劉氏は夫の知寧郷県陳卲(3)が甲寅の年(紹熙五年、一一九四)に潭州(4)で同僚の官僚が遺棄した子供を養い、志学と名づけ、いまに至ること十六年にもなるが、すなわちいましがた立嗣したのではないと言っている。知辰渓県陳敏学および陳如椿はかえって「知県はこれまで親族以外の者を立てて嗣子としたことはありません」と言っている。いま陳如椿の言うところを考えてみると、知県は癸丑の年(紹熙四年、一一九三)に離任し、志学は甲寅の年に生まれたので、潭州にいた時にはこの収養した子は生まれていなかったことになる。劉氏が持ってきた印紙(5)では、陳知県は癸丑の年の冬十一月にはじめて任期満了となったのであるから、潭州になお留まっていた二ヵ月の間に志学を養って息子にしたと言えないであろうか。また陳如椿は「知県には庶生の子六三哥がいるだけで、養子はいません」と言う。劉氏はかえって「六三哥もまた養子です」と言っている。再度、陳如椿に供述させると、「呉博士の子を養子にしたのです」と言い、その言い分も自ずから反転している。すなわち志学は養子ではないと彼が言っていることも出鱈目だと知れよう。

また劉氏は志学が子供の時から読書し、字を学んだという十数巻を持ってきたが、みな長い年月を経た古いものであった。誰に学んだかを問うと、撫州にいる人で現在も生きており、姓は饒であると言う。饒先生に来ていただいて供述させると、「以前に陳知県は志学を送り寄こして私に読書を学ばせたのだから、どうして死んだ後に、にわかに十五六歳の異姓の子を立てたなどということがありましょう」と言う。陳知県は五十七歳で死んだ。その妻劉氏もまた五六十歳で、夫婦で居たのは短い時間ではない。なぜ夫が死んでから幹人・下僕の言うことを信じて、十五六歳のもとより知らない子供を立てて嗣子とすることがあろうか。であれば陳如椿が出鱈目であることは疑いない。

陳如椿は自ら術をなして(6)生活していると言っているが、もとより人となりはならず者である。劉氏の銭物を牛耳り、好き勝手に扱おうとして叶わず、ついには陳敏学を擁して訴え、敏学の子を立てて陳知県の嗣子とし、将来、劉氏の財産を手に入れようとしたのだが、これは市井の悪賢い者の常套手段で、ここでは深く責めないでおく。

知辰渓県の陳敏学は士大夫でありながら義理を顧みず、劉氏が自分の叔母であることを思わず、またあえて本州に移文し(7)、ならず者の陳如椿と一緒に妄りに訴訟を起こし、叔父の財産を手に入れようとした。廉恥を失うことがこれ以上のことはない。

いま劉氏が供述するところでは、知辰渓県陳敏学の父は一機宜(8)で、これまた陳安撫が収養した捨て子とのことである。いま劉氏が捨て子を収養するのは駄目だと言うことは、その祖父を責め、その父を辱めることになる。人の子たる者がその祖父を責め、その父を辱め、一人息子しかいない寡婦の叔母を誣告したのであり、その罪はきわめて大きい。陳如椿を重く処罰すべきだが、劉氏の子にとっては族伯に当たる親族であることを思い、知府のもとに身柄を送り、陳如椿から戒励状(9)を取り、釈放としたい。なお知辰渓県に牒文*して知委状(10)を取ることにすれば、少しは悔恨し、士大夫の名節を全うできよう。他の者は釈放せよ。

【注釈】

（1）「房弟」とは、親属の中の、同じ世代で年齢が下の男性を言う。

（2）「辰渓県」は、荊湖南路辰州管内の南部に位置する県。現在も辰渓県と言う。

（3）「寧郷県」は、荊湖南路潭州管内の潭州庁の西に位置する県。現在も寧郷県と言う。

（4）「潭州」は、現在の湖南省の省都長沙市。南宋代にも荊湖南路の中心都市であった。

（5）「印紙」とは、吏部の銓選や考課に用いる官歴や政績を記した文書。『慶元条法事類』巻六、職制門三、批書、式、考課式に書式が見える。

（6）「術」とは、何を指すか不確かだが、おそらくは道術（道教の医術や占命術）であろう。

（7）「移文」ないし「移」とは、官庁の上司から下級に、あるいは官庁間で遣り取りされる文書、同時にその遣り取りを言う。

（8）「機宜」とは、安撫司の属官で、管勾機宜文字、主管書写機宜文字等を言う。

（9）「戒励状」とは、身を戒め善行に勤しむという誓約書。

（10）「知委状」とは、承知した旨の書状を言う。具体的には判決に従うという旨の誓約書である知委状は宋代では「遵従状」（『名公書判清明集』巻八、戸婚門「子随母嫁而帰宗」）とも言われ、清代では「甘結」と言われる。甘結について詳しくは、滋賀秀三『清代中国の法と裁判』（創文社、一九八四年）一六二頁以下を参照。

（7）　崇真観女道士論掘墳

儒者之道、自君臣父子、穀粟桑麻、養生喪死之外、無他説。異端虚無之教、古所無有、不惟不之信、又且斥而絶之。張官置吏、又不過行儒者之道、使斯民相生相養、和平輯睦、則歛福錫民、莫過於此。豈有崇信老仏、賊害生民、而可以求福田利益之理。崇真観称夫人修煉之所、今女道士居之、虚無誕謾、不足考信。仮令有之、亦儒者之所当斥絶。世有豪傑之士、必廬其居、火其書、偶其徒、使不得以乱吾教。豈有拆人屋廬、掘人墳墓、使老幼存没咨嗟怨恨。政足以上干天地之和、又豈能求福応哉。自女道士王道存齎出本観文書、以与熊氏十数家争訟地界、以為十数家所居之屋・所葬之墓、皆観中之地、是以十数家者亦齎出十数年文書、各有経界打量。蓋莫辨其為誰氏之産、官司自不応受理。本県何主簿親至地頭看定、得見合給還人戸分明。王道存復経転運司論訴、一時定奪官員不憑人戸文書、乃欲給還観中。運使趙龍図雖従其説、亦不過拆一家之屋、餘令認還賃銭、即未嘗許其掘人墳墓也。王道存乃一陰毒狠鷙之老婦人、恃其瀾翻之口舌、奔走於貴要之門、必欲発掘余登・譚太両家数十年已葬之墳墓。本職亦嘗親至其地、見其観中所謂三剣塚者、巋然居中、有江・鄧両家之墳、饒・聶両家之山、与塚為隣、而余登・譚太之墳、乃在江・鄧・饒・聶墳之外、去塚最遠。今乃捨其近而攻其遠、此其出於王道存之私忿、無可疑者。遂備申転運使司、乞免掘両家墳墓、亦古人掩骼埋胔之意。運使趙龍図遂判、居民元占本観基地、造屋居止、只合量還本観賃地銭、如占葬日久、並不得勒令挙掘。上司所判如此、則亦深悔前日拆屋之非、而猶以今来掘墓為戒也。況其地又未必真為観中之地、本観自合聴従上司所断。今乃輒敢走経省部、埋頭陳詞、更不言已経監司結絶、顕是頑猾。江西之俗、固号健訟、然亦未聞有老黠婦人如此之健訟者。欲乞備申省部、照転運使司已判事理施行、仍行下本州、追出頑猾健訟王道存、別択有戒行道士掌管常住。庶幾閭里安静、所謂崇尚道教、邀求福利、亦莫過於此者。申使州、取旨揮。

【訳文】

「崇真観の女道士が墳墓発掘を訴えた件」

儒者の道は君臣・父子、穀粟・桑麻、養生・喪死以外に他の重要な考えはない。異端・虚無の教えは昔はなかったのであり、ただこれを信じないだけでなく、また排除すべきなのである。官を置き吏を配するのはまた儒者の道を行うためにすぎず、人民をして相生き相養い、平和に睦まじくさせれば、福を集めて民を賑わすことはこれ以上のものはない。どうして老仏を信じ崇め、人民を害して福田利益を求めることができるという道理があろう。

崇真観は夫人が修練する場所だと称し、いまは女道士がここに住んでいるが、空虚・出鱈目で信じるに足りない。かりに修練の功徳があるにせよ、儒者のまさに排除すべきものである。世に豪傑の士がいれば、きっとそこに住み、その書を焼き、その徒を仲間にし、わが儒教の教えを乱させないであろう。どうして他人の屋舎を壊し、他人の墳墓を発き、老人・幼児、生者・死者を嘆かせ、恨みを抱かせることがあろうか。政治は十分に天地の和に関わっており、どうして(宗教による)幸福の応報を求めることがあろうか。

女道士の王道存が持ってきた本道観の文書では、熊氏十数家と土地の境界を争い、十数家が住んでいる屋舎、葬っている土地はみな道観のものであるとし、そこで十数家もまた十数年にわたる文書を持ってきたが、各々境界を実測したものであった。一体、誰の土地かを辨別できないのであれば、官司は自ずとこうした問題を受理すべきではない。本県の何主簿は自ら現場に行って調査し、その結果、人戸に返還すべきことが明らかとなった。王道存はまた転運司へ告訴したが、その時、判決を出した官員は人戸の文書に依拠せず、道観に返還しようとした。転運使趙龍図(1)はその説に従ったが、一軒の屋舎を壊したにすぎず、その他は賃料を支払うようにさせただけで、これまで他人の墳墓を掘り返すことは許していないのである。

王道存は根性の曲がった老婦人で、その巧みな口舌に恃み、貴顕の門に走り、必ずや余登・譚太の両家が数十年前に葬った墓を掘り返そうとした。私もまたかつて自らその土地に行って見たところ、道観が言うところの三剣塚は、巍然として真ん中にあるものの、江・鄧両家の墓と饒・聶両家の山があって塚と隣り合い、余登・譚太の墳墓は江・鄧・饒・聶の外にあって塚とは最も遠かった。いまその近いところを棄てて遠いところを攻撃するのは、これが王道存の私怨に出たものであることは疑いない。ついに転運司に書き送り、両家の墳墓を掘り返さないように要請したが、これまた古人の送葬の意でもある。転運使趙龍図は判決を出し、居民がもと本観の基地を占拠し、家屋を建てて住んだことに関しては、ただ本観に賃料を支払えばよく、土地を占拠して埋葬したことが遠い昔なら、掘り返してはならないとした。上司の判決がこうであれば、前日、家屋を壊した過ちを深く悔やみ、いまの墳墓発掘を戒めとすべきである。ましてやその土地は必ずしも道観の土地ではないのだから、本観は上司の判断を聞くべきである。ところがいまあえて省部へ走り、頭を下げて訴え、すでに監司*の判決を得たことを言わないのは明らかに狡猾である。江西の風俗はもとより健訟*と言われているが、しかしいままで老いて狡い婦人がここまで健訟であるのを聞いたことはない。省部に詳細に書き送り、転運司がすでに判決した事理に照らして措置し、なお本州に命じて狡猾で健訟の王道存を召喚し、別に戒行(2)がある道士を選んで本観を運営し、住まわせるようにお願いする。そうすれば近隣は安静で、いわゆる教えの道を崇め、幸福を求めることがこれ以上のことはあるまい。知州に上申し、指示を取る。

【注釈】

(1) 原文「運使趙龍図」とは、嘉定二年(一二〇九)から同三年(一二一〇)まで江西転運使だった趙希懌であろう。真徳秀『真文忠公集』巻四五に「安撫使兼漕事。直龍図閣知平江府」と見える。『宋史』巻二四七、宗室に伝がある。

(2) 「戒行」とは、戒律を守り仏道を修行することを言うが、ここは道観なので道教の修行を言う。

新　淦

(8) 張運属兄弟互訴墓田

祖父置立墓田、子孫封植林木、皆所以致奉先追遠之意。今乃一変而為興争起訟之端、不惟辱及祖父、亦且累及子孫。

今張解元醜詆運幹、而運幹痛訟解元、曾不略思吾二人者、自祖而観、本是一気。今乃相詆毀如此、是自毀其身何異。祖父生育子孫、一在仕塗、一預郷薦、亦可以為門戸之栄矣。今乃相詆毀如此、反為門戸之辱。詳此事、深為運幹・解元惜之。世固有軽財急義、捐千金以資故旧者、不以為吝。今乃於骨肉之中、争此毫末、為郷閭所嗤笑、物論所厭薄、所争者小、所失者大、可謂不思之甚。当職身為県令、於小民之愚頑者、則当推究情実、断之以法、於士大夫則当以義理勧勉、不敢以愚民相待。請運幹・解元各帰深思、翻然改悔。凡旧所讎隙、一切煎洗、勿置胸中、深思同気之義与門戸之重、応憤悶事一切従公、与族党共之、不必萌一毫私意。人家雍睦、天理昭著、它日自応光大、不必計此区区也。両状之詞、皆非県令所願聞。牒運幹、幷告示解元、取和対状、申。

【訳文】

知新淦県(1)(の時の判決)

「張運属(2)の兄弟が互いに墓田につき訴えた件」

祖父が墓田を買い、子孫が林木を植えることは、みな先祖を奉って偲ぶという意味なのである。いましかるに一変して争訟の発端となったことは、ただ祖父を侮辱するのみならず、また累を子孫に及ぼすということである。

いま張解元(3)は運幹*を口汚く詰り、運幹は解元を厳しく訴えているが、かつて「私ども二人は祖先から見れば本来、気が同一である」とは思わなかったのであろうか。いましかるに互いに謗り合うことはこうであり、ということは自らその身を損なうことと異なるところがない。父祖が子孫を生育し、一人は官途に就き、一人は郷里の試験(解試)に合格したが、門戸の栄えと言うべきである。ところがいま互いに謗り合うことがこうであり、かえって門戸の辱となっている。この事件を審理してみると、深く運幹・解元のためにこれを惜しむものである。

世間にはもとより財を軽んじて義を第一にし、大金を義捐して故旧を助けても惜しいと思わない者がいる。いましかるに骨肉の中でこんなに瑣末なことを争い、地元民の笑いものとなり、物議を醸すところとなっているが、争うことは小さく、失うものは大きいのに、それを全く考えていないと言うべきである。

私は身は県令であるが、小民の愚頑なる者には情実を追究し、法律で処断するが、士大夫には義理で説得し、あえて愚民と同様には待遇しない。願わくば運幹・解元が各々深く思いを致し、翻然と改め悔いることを。およそ以前の争いは一切洗い流して胸の中に留めず、気を同じくする者の義と門戸の重さとを深く思い、あらゆる憤悶のことは一切公に従い、族党とこれを共にし、少しの私意も萌してはならない。人家が仲睦まじく、天理が明らかであれば、将来は自ずと光り輝くはずで、この些細なことを気にすべきではない。二枚の訴状で言っていることは、みな県令が聞きたくないことである。運幹に牒文し、併せて解元に告示し、和対状(4)を取って上申せよ。*

【注釈】

（1）「新淦県」は江南西路臨江軍管下の県。臨江軍庁の南に位置し贛水に沿った平坦な農村地帯である。現在も新淦県と言う。

（2）「運属」とは、後に「運幹」と出てくるように転運使の属官を指す一般名称であろう。

（3）「解元」とは、言うまでもなく科挙の地方試験である解試の第一名及第者を指すが、宋代には科挙の受験を目指す読書人に対する尊称として用いられる場合が多かった。ここでもそうであろう。

（4）「和対状」とは、和睦を誓う書状である。

【講義】

黄榦の文集元刻本の巻末に附された門人の鄭元粛録、陳義和編『勉斎先生黄文粛公年譜』の嘉定五年（一二一二）二月の条には、新淦県の地域性に関して、「新淦為邑、凋弊特甚」「時邑有寓公、以貲武断郷曲、租税不輸、邑与民苦之、累訟牒至三四百紙。先生申諸司、白于朝、徙居隆興」と見える。

右条にも黄榦の道学者としての面目が明らかに示されている。人はいかにあるべきかという原理原則は、誰に対しても説かれるが、「当職身為県令、於小民之愚頑者、則当推究情実、断之以法、於士大夫則当以義理勧勉、不敢以愚民相待」というもの言いは、「義理」を理解できるか否かという現実に即した手段の選択ではあろうけれども、こうした「愚民」と「士大夫」とに対する対応の違いがもたらす結果ないしは目的の達成は一体どう考えられていたのか知りたいところではある。知識人と非知識人、都市と農村、富者と貧者という区別が中国における社会的な三大差別であったし、現在でもそうだと思われるが、それを前提にするのか、したのか、その前提を覆す試みをするのか、したのか、を中国史の中に問う必要がありそうである。

（9）　窯戸楊三十四等論謝知府宅強買磚瓦

窯戸十七人経県陳詞、論謝知府宅非理吊縛抑勒、白要甎瓦事。本県追到幹人鄒彦・王明供対、両詞各不従実供招、遂各散禁。今以両詞供答参詳、扨幹人齎到文約、並称所買甎瓦、皆是大甎大瓦、則所供価例、乃窯戸之説為是。幹人初供以為小甎小瓦、則与元立文約不同、此乃是低価抑勒之験、窯戸所以不得已而哀号於県庭也。小民以焼甎瓦為業、不過日求升合、以活其妻孥、惟恐人之不售也。所售愈多、則得利愈厚、豈有甘心飢餓、而不求售者哉。寄居之家所還価直与民戸等、彼亦何苦而不求售。今至於合為朋曹、経官論訴、必是有甚不能平而後至此也。今観其所議、収買甎瓦、窯戸不肯売、便至於経官陳詞、差弓手鄒全・保正温彦追出。寄居之与民戸、初無統属、交関市易、当取其情願、豈有挟官司之号令、逼勒而使之中売之理。至於立約、又不与之較物之厚薄小大与価之多寡、則異日結算、以何為扨。是不復照平常人戸交易之例、而自有一種門庭、庶幾支還多寡、惟吾之命是聴也。又先支每人銭米、共約八貫、而欲使之入納甎瓦万三千片、所納未足、更不支銭。一万三千甎瓦、所直十七千、今乃只得銭八貫、而欲其納足、窯戸安得餘銭、可以先為焼造甎瓦、納足而後請銭耶。小民之貧、朝不謀夕、今其立約乃如此、是但知吾之形勢可以抑勒、而不知理有不可、則必不能免人戸之論訴也。今又以為元約一万三千、今只入五六千、便作了足、即是現買現売、本宅何不前期将銭借与各人。世間交易、未有不前期借銭以為定者。況所焼甎瓦非一人之力所能辦、非一日之期所能成。必須作泥造坏、必須候乾燥、必須入窯焼変、必経隔旬月而後成。今六月半得銭、七月半之後、逐旋交納、所入之価、反多於所借之銭、豈得尚帰罪於窯戸耶。幹人之詞、尚欲懲治窯戸之背約。所謂文約、豈窯戸之所情願。追之以弓手保正、抑勒而使之着押耳。官司二税、朝廷立為省限、形勢之家尚有出違省限、不肯輸納者。況於私家非理之文約、而可以責人之必不背約耶。寄居百姓、貴賤不同、張官置吏、難以偏徇。鄒彦・王明且免断、安広監鄒彦出外、備已入甎瓦未還価銭還窯戸。所有窯戸三名已搬到甎瓦、未曾交入、亦仰監鄒彦照入具価銭呈。王明一名且寄収、候還銭足日、呈放。両詞各給断由。

謝知府宅幹人齎到文約四紙、並称大甎大瓦、今状中却称是小様、顕是誣頼。六月十三日交去定銭、七月半逐旋入去甎瓦、今却称是経隔三月。形勢之家欺凌郷民、率皆類此、難以施行。照已判再監。文約四紙、已粘入案、難以給還。簿乙扇、元是幹人収掌、不応又行取索。頼人甎瓦、欠人銭物、豈得以為無罪。不応収禁、私家却得将人打縛。官司不得禁人、豪強之状、即此可見。

【訳文】

「窯戸楊三十四等が、謝知府宅が甎瓦を無理強いして買ったと訴えた件」（1）

窯戸十七人が県に訴え出て、謝知府宅が不当に縛り上げて無理強いし、甎瓦をただ取りしたと告発してきた。本県が幹人《しつじ》の鄒彦・王明を呼び出して供述させたところ、二人は各々事実を供述せず、結局、別々に身柄を拘束しておいた。いま二人の供述を参照すると、幹人が持ってきた契約書には「買う甎瓦はみな大甎・大瓦である」とあるが、供述した通常の価格は、窯戸が言っているほうが正しい。幹人の最初の供述では「小甎・小瓦で、もともとの契約書とは異なっています」と言っているが、これは低価格で無理強いしたことの証であり、窯戸がやむを得ず県の訟庭に哀訴した理由である。

小民は甎瓦を焼いて生計を立てているが、一日わずかな食糧を得てそれで妻子を養うにすぎず、ただ売れないことだけを心配している。売るところが多ければ利益も大きいのだから、どうして飢餓に甘んじて売らないことがあろうか。寄居の家*が支払った価格が民戸と同じであれば、彼ら窯戸は何が問題で売らないことがあろうか。いまみな一緒になって官へ訴え出たということは、必ず公平ならざる事実があってはじめてこういうことになったのである。

いま論じるところを見てみると、甎瓦を買おうとしても窯戸が売ろうとせず、そこで官司へ訴え出て、弓手*鄒全・保正(2)温彦を派遣して窯戸を召喚したと言う。寄居の家と民戸とは全く統属関係がなく、売買取引はその自由意志によるのであり、どうして官司の命令を盾に、力ずくで安く買うという道理があろうか。契約を立てる時も、彼らと物の厚薄・大小を比較して価格の多寡を決めることはしていないが、これではいずれ清算する時に一体、何を根拠にするというのか。これは通常の人戸の取引の例とは違い、自ずとある種、その家だけの決まりがあり、どれだけ支払うかは自分の意向だけを聞けばよいというものである。

また先に全員に一人あたり銭米計八貫文を支払い、これで甎瓦一万三千枚を納入させようとしたが、納入量が少ないので、これ以上は支払わなかった。一万三千枚の甎瓦は価格で十七貫であるが、いまただ銭八貫を得ただけなのに、全部の量を納入させようとしても、窯戸にはどこに餘分な銭があって先に甎瓦を焼き、納め終わった後に残金をもらう余裕などあろうか。貧しい小民には朝に夕べのことを考える余裕はなく、いまその契約がこうであったとしても、自分の勢力で抑圧することができ、理屈はどうでもよいということであって、(これでは)人戸の訴えを免れることなどできるはずもない。(3)

さらにもとの契約では一万三千枚としているのに、(窯戸は)ただ五六千枚を納入しただけで納入完了としているが、これは支払い分だけ現に売るということで、本宅はどうして期に先んじて窯戸各人に銭を貸し与えなかったのか。世間の取引では必ず期に先んじて銭を貸して手付け金としないことはない。ましてや焼くべき甎瓦は一人で調達し、一日で焼き上げることができる量ではない。必ず泥で型を造り、乾燥させ、窯に入れて焼成し、一月を経て出来上がるものである。いま六月半ばに銭を得、七月半ばを過ぎて次々と納入したが、納入した(甎瓦の)価格はかえって借りた銭よりも多いのであり、どうして窯戸に罪を帰すことができよう。幹人の言い分は、なおも窯戸の契約違反を罰しようとするものである。いわゆる契約の記載は窯戸が望んだものではなく、弓手・保正を使って呼び出し、抑えつけて署名・押字させたにすぎない。官司の二税は朝廷が省限を立てているが、(4)形勢の家にはなおも限に違って税を納めない者がいる。ましてや私家の不当な契約であっても、人は絶対に背反してはならないと責められようか。寄居と百姓とでは貴賤が異なるが、国家の官吏としては偏ることはできない。

鄒彦・王明はしばし処罰を免じ、安広は鄒彦を獄外へ連れ出し、すでに甎瓦を納入したが、支払っていない価銭を揃えて窯戸に支払わせる。問題の窯戸三名はすでに甎瓦を運び込んだが、金を支払っていない分については、鄒彦に命じて強制し、契約どおりに価銭を納入したという文書を提出させよ。王明一名はしばし獄に留め置き、価銭の支払いを終えた日に放免する。(5)双方の訴え人には各々断由(6)を与える。

謝知府宅の幹人が提出した契約書四枚には、みな「大甎・大瓦」と書いてあるが、訴状では「小さい物」と言っており、明らかに偽り騙る行為である。六月十三日に価格を取り決め、七月半ばから次々と甎瓦を納入したのに、いまは「三ヵ月経っ(てから納入しまし)た」と言っている。形勢の家が小民を虐めることおおむねこうであるが、いまは何らかの措置は難しい。すでに判じたように再度、強制的に支払わせよ。契約書四枚はすでに一件書類に貼りつけたので、返還は難しい。帳簿一綴りはもともと幹人が管理していたもので、取り上げるべきではない。他人の甎瓦をたかり、他人に支払うべき銭物を支払わなければ、どうして罪がないと言えようか。(官司ですら)拘禁すべきでない者を、私家が逆に縛り上げている。官司が人を拘禁できないにもかかわらず、豪強が拘禁している状況は、ここに見てとれるであろう。

【注釈】

(1)「窯戸」とは、甎(しきがわら)や瓦(やねがわら)を焼成する人を言う。

(2)「保正」とは南宋の郷村の行政組織で、二百五十戸を一都また一都保とし、そこに保正と副保正とを置き、その下に一大保(各二十五戸)の責任者として大保長、そのまた下に一保(各五戸)の責任者である保長を置いた。主に治安を担当したが、後に地域によっては徴税も負担した。

(3)原文「形勢」とは、形勢戸とも呼ばれ、『慶元条法事類』巻四七、賦役門一、税租簿、賦役令における定義によれば、「謂見充州県及検察官司吏人書手・保正・耆戸長之類、并品官之家非貧弱者、餘条称形勢、准此」と見える。

(4)「二税」とは、宋代の夏税と秋糧すなわち両税を言い、「省限」とは、政府が定めた二税の納入期限である。その具体的な地域ごとの期限は、『慶元条法事類』巻四七、賦役門一、拘催税租の雑格に見える。

(5)原文「呈放」の「呈」は、後の(10)条に出てくる「日呈」の呈と同じ意味で、「外に晒す」という意味だろう。

(6)「断由」とは、民事的事件における判決理由書と言われるが、明清代の事例から推すに、判決文の写しであったかもしれない。

【講義】

ここには当時の交易のやり方が見てとれる。まずは「現買現売」という商品と代金とを同時に交換するやり方がそれで、つぎに「世間交易、未有不前期借銭以為定者」という手付け金を支払って後に品物の納入が行われるというやり方である。手付け金は、零細貧弱な商人や手工業者にとっては元手としての意味を担ったであろう。なお仁井田陞『中国法制史研究――土地法・取引法――』（東京大学出版会、一九八〇年補訂版）の取引法第一章「中国売買法の沿革」を参照。

（10）彭念七論謝知府宅追擾

普天之下、莫非王民、雖有貴賤貧富之不同、其為国家之赤子、則一而已。張官置吏、務以安存百姓、而形勢之家専欲搔擾細民。所謂寄居者、既叨冒朝廷官職、寄寓州県、尤当仰体国家矜百姓之意。今乃倚国家之官職、害国家之百姓、此豈士大夫所当為哉。近拠彭念七状称、有次弟彭念九充謝知府宅甲頭、与彭彦・彭念七及小弟彭三一各無干渉。忽睹謝知府宅幹人郭勝同胡甲頭賫引前来、称是謝知府宅文字、追喚彭念七・彭三一赴本宅根究、委実懼怕、不敢前去。尋追到胡甲頭、取問追擾無干渉人因依、却拠胡甲頭名成供、有彭彦者充謝宅甲頭、彭念七・彭念九・彭三一皆彭彦之子。縁彭念九走閃、遂追上彭念七・彭三一。再索到知丞庁権県日、有謝知府宅幹人睦晟状、論甲頭彭彦不肯前来支量米穀、贍給佃戸、心曲走閃、遂喚得本人親弟彭三一前来、未到本宅、被本人至親曾少四奪去彭三一。尋拠丞庁追到曾少四供、即不曾有奪去彭三一因依。再追上睦晟、所供亦与胡成無異。今以睦晟初状観之、既称彭三一為彭彦親弟、則彭彦乃是彭念九、与彭念七・彭三一為兄弟也。今却妄供彭彦為念七・念九・三一之父、蓋亦自知彭念九之走閃、与彭念七・彭三一不相干渉、而遂変其詞、以為父子也。却不思其初詞以為兄弟、而今豈得変以為父子耶。彭念九之走閃、与其兄弟不相干渉、乃輒追擾其兄弟、彭念七之不伏勾追、与其親戚曾少四尤不相干渉、又輒論訴其親戚。如此支蔓、害及無辜、使細民何自而得安其生業耶。使謝知府宅存心平恕、不務刻削、為甲頭何苦逃竄。至於逃竄、亦只得経官追其正身、豈得私出文引、追擾其兄弟、妄興詞訴、残害其親戚。則是但知官職形勢、可以欺圧細民、而略不体朝廷張官置吏、存恤百姓之意、委実切害。拠胡成自称、已七十有一、且与免断。睦晟不合妄状搔擾細民、勘杖八十、枷項下案、監納未尽苗米、日呈夜寄収、候納足日放。餘人放。

【訳文】

「彭念七が謝知府宅の擾害を訴えた件」

普天の下、王民にあらざるはなく、貴賤・貧富は異なっても、みな国家の赤子であり、同一の存在である。官を置き吏を配するのは百姓を務めて安定・存立させるためであるが、形勢*の家はもっぱら小民を擾害しようとする。いわゆる寄居官*は朝廷の官職をいただき、州県に寄寓している以上、最も国家の百姓を憐れむという意向を体現しなければならない。いましかるに国家の官職に依拠し、国家の百姓を害しており、これはどうして士大夫がなすべきことであろうか。

近ごろ彭念七の訴状によると、「次弟の彭念九が謝知府宅の甲頭(1)となっていますが、彭彦・彭念七および小弟の彭三一とは各々関わりがありません。ところが突然、謝知府宅の幹人郭勝と胡甲頭が文引(2)を持ってやって来るのを見ましたが、彼らは「これは謝知府宅の文書で、彭念七・彭三一を本宅に呼び出して徹底調査する」と言い、実に恐ろしく、とても行くことはできませんでした」とあった。ついで胡甲頭を召喚し、関係のない人を擾害したわけを問い質したところ、胡甲頭、名前が成なる者の供述では「彭彦なる者が謝宅の甲頭になっていますが、彭念七・彭念九・彭三一はみな彭彦の息子で、彭念九が逃亡したので、彭念七・彭三一を連行しました」と言う。さらに知丞庁(3)が知県代理であった日に謝知府宅の幹人睦晟の訴状があり、それを取り寄せると「甲頭の彭彦があえて(謝知府宅に)やって来て(受領した)米穀を佃戸に支給して養うことをせず、逃亡を企てたので、ついには本人の実の弟彭三一を呼び出しましたが、まだ本宅に到る前に、本人の近い親族曾少四に彭三一を奪い取られました」と訴えている。ついで県丞庁が曾少四を召喚して供述させたところ、「彭三一を奪い取ったということはありません」と言う。さらに睦晟を召喚して供述させたが、供述内容は胡成と同じであった。

いま睦晟の最初の訴状で考えてみると、彭三一は彭彦の実の弟と言っている以上、彭彦はすなわち彭念九であり、彭念七・彭三一とは兄弟である。いま妄りに彭彦は念七・念九・三一の父であると言うのは、彭念九の逃亡が彭念七・彭三一とは関係がないことを知っており、そこでその言い様を変えて父子としたに違いない。よいか、最初の訴状では兄弟と言ったのに、いまはどうして父子と言うことができようか。彭念九の逃亡はその兄弟とは関係がないのに、その兄弟を呼び出して擾害し、彭念七が呼び出しに応じなかったことは親戚の曾少四とは最も関係ないのに、またその親戚を告発したのである。このように次々と関係者を広げ、無辜の者に害が及ぶとあっては、小民にどのように安心してその生業を行わせることができようか。

もし謝知府宅に公平・寛恕の心があり、辛く当たらなければ、甲頭はどうして逃亡などしようか。逃亡したとしても、官に訴えて本人を確保すればよいだけなのに、どうして勝手に文引を出し、その兄弟を呼び出して擾害し、妄りに裁判沙汰を起こしてその親戚に害を及ぼすことができようか。これは官職・勢力*で小民を虐待・圧迫できると考えているだけで、朝廷の官を置き吏を配して百姓を憐れみ慈しむという意向を体していないことであり、実に重大な問題である。

胡成が自供するところでは、すでに七十一歳であるというので、しばし処罰を免ずる。睦晟はけしからぬことに出鱈目な訴状で小民を擾害したので、杖八十を科し、首枷して担当者[4]に下し、まだ未納分の苗米を納めさせ、日中は晒し者[5]にして夜は獄に入れ、納入し終わった日に放免する。他の者は放免せよ。

【注釈】

（1）ここでの「甲頭」とは、小作人頭であろう。

（2）「文引」とは、先に記したように、一般には胥吏や民衆に対して官司が発出する指示・命令文書だが、このケースのように勢力家が出す指令書を含む場合がある。

（3）「知丞」とは、朝升『朝野類要』巻二、称謂、知丞に「已改京朝官也。未改則帯権字、只謂之県丞」とあり、京朝官が県丞の差遣を受けると「知丞」と言ったのである。

（4）原文「案」あるいは後出(12)条の「案吏」とは、本件担当の胥吏という意味である。「案」にはもとより事案という意味もある。

（5）原文「日呈」とは「日程」とも書く場合があるが、「日呈夜寄収、候納足日放」とあるから、日中晒し者にするという意味に相違ない。

（11）鄒宗逸訴謝八官人違法刑害

昨窯戸幷鄒宗逸陳詞、並是弓手搔擾。在法、弓手官司尚不得差出下郷、私家輒行差使、是以引惹人戸詞訴。況佐官不得受状、近降旨揮甚厳。今遣人出屋、輒以停蔵為名、妄経尉司、県尉亦不契勘、便行受理。此皆受制大家、深属未便。拠詞人所論、専指謝八官人、乞行追究。今以両魁漕貢、見該奏薦、不伏出官。若事属利害、則雖命官、亦合追逮、但今所陳以為幹人、則難便令主僕供対。且喚上詞人幷最緊合干人鄒季文・戴祥・張仲三名対。

【訳文】

「鄒宗逸が、謝八官人が違法に刑罰を加えたと訴えた件」

先ごろ窯戸ならびに鄒宗逸が訴えて言うには「すべてこれは弓手*が擾害しているのです」とある。法律では「弓手は、官司ですら郷村へ派遣してはならない」とあるのに、私人の家が妄りに派遣を行えば、人戸の訴えを引き起こすことになる。ましてや佐官は訴状を受理することはできず、最近下された指揮でもきわめて厳しく禁じている。

いま人を建物から出て行かせようとすると、停蔵*に名を借りて妄りに県尉司へ告発するが、県尉もまた調査をせずにたやすく受理している。これはみな大家の言いなりになっているのであり、まことに宜しくないことである。訴え人が告発しているのは、もっぱら謝八官人の名を挙げて追究をして欲しいということである。

いま両魁(1)は漕貢(2)によって現に上奏・推薦されていることを理由に、官司に出頭しようとしない。もし事が利害に属せば、すなわち命官《かんりょう》であってもまた召喚して拘束すべきところだが、ただしいま陳述しているのは幹人（鄒宗逸）なので、主人と奴僕《めしつかい》とを対面して供述させるのは難しい。しばし原告ならびに最も密接な関係者である鄒季文・戴祥・張仲の三名を召喚して供述させる。

【注釈】

（1）「両魁」とは、科挙の地方試験（解試）で二回第一名となった謝八官人を言う。

（2）「漕貢」とは、漕挙（漕試）によって省試受験資格を得たことを言う。漕挙とは、北宋景祐年間に始まった制度で、転運使が現任官員の子弟や親戚、本路に寓居する士人等を集めて試験を行い、合格者を省試へと赴かせるもので、解試と同じであった。なお南宋では「士人」「士子」「士類」とは多く無官の読書人を言った。

【講義】

これは先の(9)条と同じ謝知府宅の問題であろう。本文に見るように、佐官が訴状を受理したり、県尉が弓手を派遣したりすることは禁止されていたにもかかわらず、かなり多く見られる。『名公書判清明集』巻一二、懲悪門「因姦射射」に「県司此断、悉由簿尉、非長官而受白状、非所司而取草款、倶為違法」とあり、同書巻三、賦役門「不許差兵卒下郷及禁獄羅織」(葉提刑筆)に「在法、非州県而輒置獄、若県令容縦捕盗官置(獄)者、各杖一百、県尉且罰俸両月。……今後管照条比較、……不許輒委巡尉用兵下郷」と見え、また黄震『黄氏日抄』巻七〇、申明一「再申提刑司乞将理索帰本県状」に「照対、理索事属県道、法也。二月入務後、不許理索、法也。尉司不預理索、弓手不許下郷、亦法也」と見える。

(12)　徐少十論謝知府宅九官人及人力胡先強姦

胡先供、去年曾与阿張通姦、又称今年係是和姦。抛阿張供通、去年不曾有通姦来歴、今来係是強姦。両名所供異同、権官即不曾勘対着実、便欲将胡先・阿張同断。若是強姦、則阿張不応同断、胡先亦不応止従杖罪決遣。又阿張所供、曾被謝九官人強姦。如此則是主僕通同強姦阿張、情理難恕。今亦不曾追問謝九官人、此是案吏怕懼謝知府形勢、使貧弱之家受此屈抑。再引監阿張、喚上胡先、仍追謝九官人対、限只今。如追不到、備申諸司、仍先監詞人起離外処居止《徐十元住謝家房屋》。

【訳文】

「徐少十が、謝知府宅の九官人および人力の胡先が強姦したと訴えた件」

胡先は「去年、阿張と姦通しました」と供述し、また「今年は和姦です」と言っている。阿張の供述書*では「去年は姦通したという事実はありませんし、今回のは強姦です」と言う。両名が供述しているところの異同を、権官はこれまで面接・訊問して事実関係を解明もせず、胡先と阿張とを同じく処罰しようとしている。もし強姦なら阿張は同じく処罰すべきではなく、胡先もまた杖罪を執行するに止めるべきではない(1)。

また阿張は「かつて謝九官人(2)に強姦されました」と供述している。そうであれば主人と奴僕が一緒に阿張を強姦したことになり、人情・道理からして許し難いことである。いままでまだ謝九官人を召喚・訊問していないが、これは担当胥吏*が謝知府宅の勢力*を懼れ、貧弱な家にこうした抑圧を受けさせているのである。

再度、阿張を拘禁し、胡先を召喚し、そのうえ謝九官人を出頭(3)・供述させよ、即刻に。もし出頭させても来なければ、上級の諸司に上申し、その際まずは原告を別の場所に移して居住させよ《徐十はもと謝家の建物に住んでいた》。

【注釈】

（1）『宋刑統』巻二六、雑律、「諸色犯姦」に「諸姦者、徒一年半、有夫者徒二年」と見え、また「諸和姦、本条無婦女罪名者、与男子同。強者、婦女不坐」と見える。また『慶元条法事類』巻八〇、雑門、諸色犯姦、雑勅には「諸強姦者《女十歳以下、雖和亦同》、流三千里、配遠悪州。未成、配五百里。折傷者、絞。先強後和、男従強法、婦女減和一等。即因盗而強姦者、絞《雖非財主亦是》。会恩及未成、配千里」とあって、刑罰は加重され、より詳細に区分されている。

（2）ここに出てくる「謝九官人」は、直前の判語に出てくる「謝八官人」の弟であろう。

（3）原文「喚上」は召喚だが、「追」はそれよりも軽く出頭要請か。「追対」につき『漢語大詞典』は「審尋対質」と言う。

（13）為人告罪

県道理断公事、自有条法、若事属小可、尚可従恕、至於身為士人、強姦人妻、在法合該徒配、豈容軽恕。本県毎遇断決公事、乃有自称進士、招呼十餘人、列状告罪。若是真有見識士人、豈肯排立公庭、幹当閑事。況又為人告不可恕之罪、則決非士類可知。牓県門、今後有士人輒入県庭、為人告罪者、先勘断門子及本案人吏。

【訳文】

「他人のために罪を告発する」

県政府が訴訟事を裁くに際しては自ずと法律があり、もし事柄が些細なことであれば寛恕に従ってもよいが、士人*の身で人妻を強姦したとあれば、法律では徒罪に加えて配軍刑*に該当し(1)、軽々に寛恕できない。本県ではいつも訴訟事に判決を言い渡す段になると、進士と自称する者が十数人を呼び寄せ、訴状を並べて他人の罪を言い立てる。もし真に見識のある士人であれば、(訴訟を裁く)県庭に並び立って自分に関係ない事柄を取り仕切ったりするであろうか。ましてや他人のために許し難い罪状を告発するなど、決して士人の仲間でないことは明白である。

県門に牓文*を出し、今後、士人が妄りに県庭に入り、他人のために罪を告発することがあれば、まずは門番および案件担当の胥吏を処罰する。

【注釈】

（1）前条の【注釈】（1）の『慶元条法事類』の規定を参照。

【講義】

自分に関係のないことを告発することはできないというのが当時の原則である。例えば、『宋会要輯稿』刑法三─一二、景徳二年(一〇〇五)六月十三日の詔に「諸色人、自今訟不干己事、即決杖、枷項、令衆十日」とあり、南宋には朱熹の文集中の告訴、裁判に関する規定集「約束榜」(『朱文公集』巻一〇〇)に「如告論不干己事、写状書舗与民戸一等科罪」と見える。なお「書舗(書鋪)」とは、専業化した代書人を言い、主に訴状を代筆し、また各種の文書の公証をも行った。書舗に関しては国内外にいくつかの専論があるが、省略する。また「進士」とは、ここでは進士科の受験を目指す者を言うが、一種の尊称であって、自称するのはやはり奇妙なことに属す。

(14) 宋有論謝知府宅侵占墳地

宋有論謝知府宅強占園地、已係慶元元年、以後論訴屈抑不伸等事。及追謝知府宅幹人、索干照理断、幹人録白到契字称、宋有已曾作知見交銭着押、又称一項係与曾吏部宅交易。拠宋有称、宋朝英被謝知府宅関鎖抑逼、一家恐畏、只得着押。又称、曾吏部宅即是謝知府宅、仮作曾吏部宅名字。及索出宋有関書、乃是宋有・宋輔両戸均分産業、内有衆戸剗留産業甲龍・甲師字両号、有祖父母墓共四所、兄弟商議、不得典売、関約分明。今謝知府宅乃於嘉定元年立契買置、只作宋朝英立契。豈有宋輔・宋有両名剗留物業内有墳墓四所、乃径与宋輔之孫宋朝英交易之理。又豈有紹興年間兄弟立約、不得典売、乃可以違約交易之理。以宋有共分物業、乃能使之作知見人着押、則是以形勢抑逼可知。交易之時、宋朝英年未及丁、則其畏懼聴従、亦無可疑者。宋有又曾経県、経軍、経転運司論訴、竟不獲伸、則其倚恃形勢、尤可見也。人家墳墓、乃子孫百年醮祭之地、謝知府宅乃欲白奪、以為園囿飲宴之所。謝知府独無祖先父母乎。其不仁不義、倚恃豪強、乃敢如此。謝知府・曾吏部違法典売宋有共分物業、又抑勒宋有作知見人、顕是知情違法分明、合追契書毀抹。今謝知府宅倚恃形勢、不令齎出契書、且将園池給還宋有・宋朝英、径自障截管業、仍給断由為照。仍申軍及諸司。

【訳文】

「宋有が、謝知府宅が墳地を侵占したと訴えた件」

宋有が、謝知府宅が園地を無理やり占拠したと訴えたのは慶元元年（一一九五）のことであり、それ以後、屈抑が晴らされていないこと等を訴え出ている。

謝知府宅の幹人を呼び出し、証文を取り寄せて裁こうとしたが、幹人が書いてきた契約書には「宋有は先に知見人(1)となって銭を受領し、署名・押字しています」とあり、また「一つは曾吏部(2)宅と取引したものです」とある。宋有が言うには「宋朝英は謝知府宅に監禁されて力ずくで逼られ、一家は恐れをなし、署名・押字するほかなかったのです」とある。また「曾吏部宅とはすなわち謝知府宅で、曾吏部宅の名を偽って書いたのです」と言う。宋有の家産分割書を提出させると、すなわち宋有・宋輔の両戸が家産を均分したもので、なかに衆戸に留め置いた産業《ふどうさん》の甲龍・甲師字の両号(3)があり、そこには祖父母の墓合計四ヵ所があって、これらは兄弟が協議して典売してはならないと取り決めたことが家産分割書に明確に書いてある。

いま謝知府宅が嘉定元年（一二〇八）に契約して買ったのは、ただ宋朝英が契約当事者であるだけである。どうして宋輔・宋有の両名が留め置いた田産の中に墳墓四ヵ所があるのに、ただちに宋輔の孫宋朝英と取引するという道理があろうか。またどうして紹興年間（一一三一～一一六二）に兄弟が約定し、典売してはならないとしたのに、約定に違って取引できるという道理があろうか。宋有が共有とした財産に関し、彼を知見人として署名・押字させたということは、威勢でもって圧力をかけたことは明白である。取引の時、宋朝英は年齢がまだ成年に達しておらず(4)、彼が畏れて相手の言うままに従ったこともまた疑いない。宋有はかつて県に訴え、軍に訴え、転運司に訴えたのに、結局は屈抑を晴らせなかったが、(相手方が)威勢に恃ん(で訴えを阻ん)だことは、とりわけ見てとれよう。

人家の墳墓はすなわち子孫が百年にわたって祭祀を行うところであるのに、謝知府宅は根拠もなく奪い取って、園游・飲宴の地とした。謝知府には祖先・父母がいないと言うのか。不仁・不義で豪強を恃むことは、あえてこのようである。謝知府・曾吏部は違法に宋有が共有とした田産を典売させ、また宋有を無理やり知見人としたのは、明らかに事情を知りつつ法に違ったことなので、契約書を提出させて無効とする(5)。いま謝知府宅は勢力に恃んで契約書を提出していないが、しばし園池を宋有・宋朝英に与え、ただちに区分け(6)して管業させ、なお断由を支給して証拠とさせる。なお臨江軍および諸司に上申する。

【注釈】

(1)「知見人」とは、契約締結の際の立ち会い保証人を言う。

(2)「吏部」とは、尚書省吏部の何らかの官職に就いていた者であろう。

(3)「両号」とは二つの「字号」という意味で、「字号」とは、南宋時代に政府が土地を測量して「魚鱗図冊(魚鱗簿)」あるいは「砧基簿」と言われる土地台帳を作成した際に、一筆ごとの土地に付した千字文の「字」と号数すなわち数字を言う。例えば「師字二十三号」と表記される。ここでは千字文の師字の上に十干の一字すなわち甲の字が附加されており、そうした二字の表記も見られる。詳しくは、仁井田陞『中国法制史研究――土地法・取引法――』(前掲)土地法第九章「清代民地の土地台帳『魚鱗図冊』とその沿革」を参照。

(4)原文「未及丁」の丁とは成年という意味だが、宋代における男子の成年とは、婚姻や土地取引などの民事上および刑事上においては、十五歳ないしは十六歳以上であった。詳しくは、仁井田陞『支那身分法史』(座右宝刊行会、一九四二年)五四八頁以下、滋賀秀三『中国家族法の原理』（前掲）三八六頁以下、拙著『宋代中国の法制と社会』（汲古書院、二〇〇二年）第九章「親を亡くした女たち――南宋期の所謂女子財産権について――」の注（19）を参照。

（5）『名公書判清明集』巻五、戸婚門「従兄盗売已死弟田業」（建陽佐官）に、「在法、交易諸盗及重畳之類、銭主知情者、銭没官」と見える。黄榦はおそらくこの法を念頭に置いている。

（6）原文「障截」とは、区切って切り取ること、つまり境界を定めることを言うのであろう。

（15）王顕論謝知府占廟地

西岳雲滕廟、元是王顕家捨地造廟、以為邑民祈求之所、已而家貧、遂託神以自活。神依顕之地以居、顕依神之霊以食。謝知府既架屋其側、遂占廟之路以為圃、又種竹於廟之四囲、以芘蔭其花圃宅場。民畏謝知府之形勢、所謂邀福乞霊者皆不敢過其門、而神之血食者、遂失其所依矣。王顕本依神以活其家、謝知府又従而逐之、使其族人専廟祝之利、而王顕又失其所依矣。謝如府但知形勢之可以肆其欲、而不思神人共憤、則謝知府亦不能自安也。近拠宋有者訟謝知府占其祖先墳墓、以為園囿、本県已断還宋有管業。士大夫欲創造屋廬、以為子孫無窮之計、亦須顧理義、畏条法、然後心安而子孫可保也。今至於夷丘隴、毀祠廟、以広第宅、侈燕遊、携持孥累、日居其中、果能下莞上簟、而安斯寝乎。使官司不為之理直、而冥冥之間、所謂福善禍淫者、亦豈無可畏者乎。所有廟地合給還王顕、照祖管業。引告示謝天祐、日下起離、併取謝知府宅幹人知委状、申。

【訳文】

「王顕が、謝知府が廟地を占拠したと訴えた件」

西岳雲滕廟は元来、王顕の家が土地を喜捨して廟を造り、県民が祈り求める場所としたのであったが、やがて王家は貧しくなり、ついには神に依託して生活するに至った。神は顕の地に居住し、顕は神の霊に頼って食している。謝知府はその側らに家屋を建て、ついには廟への道を占拠して園圃とし、そのうえ竹を廟の周りに植えて花畑や自宅の日除けとした。民は謝知府の勢力*を畏れ、いわゆる福を求め霊験を願う者はみなあえてその門を通らず、神の子孫はついには依るべきところを失ったのである。王顕はもとより神に依存して生活していたのであるが、謝知府はまた彼を追い出し、その族人に廟主の利益を収めさせたので、王顕もまた依るべきところを失った。謝知府はただ勢力によってその欲望を遂げただけでなく、神と人とがともに憤ることに思いをかけず、そうであれば謝知府もまた自ら安んずることはできないのである。

近ごろ宋有なる者が、謝知府が祖先の墳墓を占拠して園圃にしたと訴えたが(1)、本県はすでに宋有に返還し管業させるという判決を出した。士大夫が屋敷を建て子孫の無窮の計としようとするなら、きっと理と義とを顧み、法律を畏れねばならず、しかる後に心安んじて子孫も保たれるのである。いま墳墓を潰して祠廟を毀し、それで屋敷を広くして宴游に現を抜かしており、子供たちも一日中その中にいるが、はたして「蒲の筵を下に竹の筵を上にして、安らかに寝る(2)」ということになるであろうか。もし官司がこれに正しい裁きをつけないにしても、冥府の間ではいわゆる善行を福とし、淫行を禍とする(3)のであり、また畏れるべきものはないであろうか。いわゆる廟地はまさに王顕に返還し、もとどおりに管業させる。文引*で謝天祐に告示し、ただちに土地から離れさせ、併せて謝知府宅の幹人から知委状*を取って上申せよ。

【注釈】

（1）　前(14)条がそれである。

（2）原文「下莞上簟、而安斯寝」とは、『毛詩』小雅、鴻鴈之什、斯干に、「下莞上簟、乃安斯寝」とあるのを踏まえる。注に「箋云、莞小蒲之席也。竹葦曰簟、寝既成乃鋪席与、群臣安燕為歓、以落之」と見える。

（3）『尚書』商書、湯誥に「天道福善禍淫、降災于夏、以彰厥罪」とあるのを踏まえる。

（16）張凱夫訴謝知府宅貪併田産

張凱夫陳訴謝知府宅貪併田産。再行詰問、拠母陳氏売田、係開禧三年五月、母陳氏論帰宗、係開禧元年。其論配両吏押、係二年十二月。如是則是先欲遣逐其子、而後奪其産也。夫所立之子、妻不応遣逐、夫所有之産、寡婦不応出売、二者皆是違法。絶人之嗣、而奪其産、挟其妻以害其姪婿、此有人心者所不為也。引就追謝八官人索干照、并申安撫使司、乞就問謝知府、取供責状、申。押幹人下県理対。

妻不当遣逐夫之子、寡婦不当買夫之産、只此両事、並是違法。謝知府雖已移徙、其家尚留旧居。今乃倚恃豪横、不肯賫出干照、使詞訴無由結絶。案先給拠、将所管違法典売田産、監張凱夫具出号段書塡、給付張凱夫管業、収花利。仍再申安撫使司。

【訳文】

「張凱夫が、謝知府宅が田産を横取りしたと訴えた件」

張凱夫が、謝知府宅が田産を横取りしたと訴えた。再度詰問したところ、母親の陳氏が土地を売ったのは開禧三年（一二〇七）五月で、母親の陳氏が（養子の）帰宗を訴え出たのは開禧元年（一二〇五）であった。二人の吏人・押録[1]を配流にするよう訴えたのは開禧二年（一二〇六）の十二月であった。こうであれば（謝知府宅は）先にその息子を追い出そうとし、その後で田産を奪ったことになる。

夫が立てた子を妻は追い出すべきではないし、夫が所有していた田産を寡婦は出売すべきではなく、二つのことはみな違法である。(2)他人の嗣子を絶やしてその田産を奪い、その妻を味方に引き込んで姪女の婿を迫害するとは、これは人心のある者ならできないことである。文引*を出して謝八官人を召喚して証文を提出させ、ならびに安撫使司へ上申し、謝知府に問い質して供述書を取って上申するようお願いする。幹人を県へ連行して訊問する。

妻は夫(が立てた養子)の子を追い出すべきではなく、寡婦は夫の田産を売るべきではなく、ただこの二つのことだけでもすべて違法である。謝知府はすでに引っ越したとはいえ、その家族はなお旧居に住んでいる。いまも豪横に恃んであえて証文を提出せず、裁判を終息させる術がない。

担当者*は先に証拠文書を与え、官司が所管している違法に典売された田産は、張凱夫に(その土地の)号・段を書類に記入させ、張凱夫に与えて管業・収益させる。なお再度、安撫使司へ上申する。

【注釈】

(1)「吏人」とは、各級の行政機関にいる事務職の人員の一般名称で、門番や倉庫の管理など肉体的な労働を行う公人(後代の衙役)と対をなす。「押録」とは押司と録事の併称で、吏人の中でも高位に位置する役職である。

(2)『名公書判清明集』巻八、戸婚門「父在立異姓、父亡無遺還之条」(胡尉司壁)に「準法、諸養子孫、而所養祖父・父亡、其祖母・母不許非理遣還」とあり、また『宋史』巻一二五、礼志二八に「淳熙四年十月二十七日、戸部言、知蜀州呉拡申明、乞自今養同宗昭穆相当之子、夫死之後、不許其妻非理遣還」と見える。後者は提案だが、おそらく法制化されたであろう。田産については『名公書判清明集』巻五、戸婚門「継母将養老田遺嘱与親生女」(翁浩堂)に「在法、寡婦無子孫、(若子)年十六以下、並不許典売田宅」と見える。

【講義】

張凱夫は張某と陳氏夫婦の養子となり、「姪婿」とも言われるから、陳氏の姪女と結婚したか。それとも張某の姪女と結婚したのであれば、おそらくは本来、異姓の子であったと思われる。

（17）　徐莘首賭及邑民列状論徐莘

根莠不去、則穀不能以自植、敗群者不斥、則羊不能以自肥。本県実縁敗壊之久、姦豪得志、細民被害。歴考其尤者、則寄居中蓋有其人、而士人則徐莘是也。徐莘僥倖一挙、本不足道。乃恃強佷、大為一県之害、両経県道牓示、尚不悛改。去年又与寄居扶同論訴県道、権県已被行遣、合干人亦被断配。自此愈見恣肆。本県雖訪聞本人頗為民害、然人戸不敢論訴、亦且暫已。今探聞当職時暫差出、便復論訴人吏、全無着実。尋又拋市民列状、賫出県牓論訴、顕見徐莘擾害郷民。照得、朝廷日来深慮寄居等人擾害郷曲、故雖楽安・鄒山曾復係是命官、亦且押送它州居住、蓋投之四裔、屏之遠方、古人所以治頑民者。不若是、則終無以絶其本根。今徐莘者若不屏逐、無以遏絶姦悪。今備詞幷県牓申解使軍、欲乞将徐莘押送外州居住。庶絶後患。本県除已将一行人疏放外、其徐莘合行申解。《奉軍判、徐莘押送吉州拘管。申朝省及諸司照会。》


【訳文】

「徐莘が賭博を告白し、および県民が訴状に名を連ねて徐莘を訴えた件」

雑草を取り去らないと穀物は生長できず、群れを害する者を斥けなければ、羊は肥えることができないものだ(1)。本県ではまことに秩序が崩れて久しいことから、悪人や豪民がやりたい放題で、力のない者は害を被っている。その突出した者をつらつら考えてみると、寄居官*の中にその人がおり、士人*では徐莘がそれである。

　徐莘はたまたま解試*に合格したが、それはもとより取り立てて言うに足りないことである。しかし性格が悪く強いことを恃みに大いに一県の害となり、二度にわたって県政府が警告文を出したが、なお改悛していない。去年もまた寄居官と結託して県政府を訴え、知県代理はすでに県から追いやられ、関係者もまた配軍刑*にされた。これ以降、いよいよ好き放題である。本県は本人がきわめて民の害となっていることを調査したが、しかし人戸はあえて訴え出ないので、しばし放っておいた。いま私がしばらく出張するのを探り聞くや、また人吏を訴えたが、全く事実無根であった。ついでまた街の民が連名で訴状を出し、県の警告文を提出して告発したが、徐莘が郷民を擾害していることは明らかである。

　照得*したところ、朝廷はずっと寄居官等が地元民を擾害していることを憂慮し、ゆえに楽安・鄒山[2]はかつて命官であったにもかかわらず、他州に護送して居住させられたのであり、「この四悪人を追放し、これを遠方に駆逐する[3]」ことは、古人が頑民を退治するやり方であった。こうしなければ、結局はその根本を絶つことができないのである。いま徐莘はもし追放しなければ、悪事をなくすことはできない。いま訴状と県の警告文とを使軍に送付し、徐莘を外州に護送して居住させるようお願いする。そうすれば後患を絶つことができよう。本県はすでに一連の関係者を放免したが、徐莘はまさに身柄を送るべきである。《軍の判断を奉じたところ、徐莘は吉州に護送して拘禁するとあった。朝廷および諸司へ上申して照会する。》

【注釈】

（1）『後漢書』巻四九、王符伝に「夫養稂莠者傷禾稼、恵姦軌者賊良民」とあり、『史記』巻三〇、平準書第八に、「式曰非独羊也、治民亦猶是也、以時起居、悪者輒斥去、毋令敗群」と見える。

（2）「楽安・鄒山」は、未詳。

（3）原文「投之四裔」は『春秋左氏伝』文公十八年に、「屏之遠方」は『礼記』王制に見える。

（18）陳会卿訴郭六朝散贖田

陳会卿論郭六朝散幹人抑勒其子世隆、輒将田租出売、更不取其父知委。追到幹人、索出干照、却有父陳元亨着押。幹人以為其父親書、陳会卿与男世隆、皆以為勒令陳世隆仮作父親押、両家之詞未見虚実。然以所交易契字観之、若是父元亨自行売租、又何必其子亦同書着押。与其子同売、已自可疑、又作其子世隆交領価銭、豈有父売産不自領銭、乃使其子領銭之理。此是勒其子仮作其父着押、以瞞昧其父、而不自知其漏綻、将以欺人、而不知其不可欺也。幹人無状、乃至於此、且与免断、売契毀抹附案。知情違法、合監陳世隆価銭入官、再監幹人朱栄索典契、還陳会卿取贖。陳元亨先放。

【訳文】

「陳会卿が、郭六朝散大夫の贖田につき訴えた件」

陳会卿が、郭六朝散大夫の幹人《しつじ》が息子の世隆に圧力をかけ、妄りに田租(1)を出売させ、改めて父親の承認を取らなかったと訴えた。幹人を召喚し、証文を取り寄せると、そこには父親の陳元亨の押字(2)があった。幹人は父親が自署したと言い、陳会卿と息子の世隆はみな陳世隆に無理強いして父親の押字を書かせたと言い、両家の言い分はいずれが嘘か真か分からない。しかし取引の契約書で見てみると、もし父親の元亨が自ら土地を売ったのなら、そのうえなぜ息子もまた一緒に押字を書く必要があるだろう。息子と連名で出売するとはすでに疑わしいし、さらに息子の世隆が価銭を受領したと書いてあるが、どうして父親が土地を売って自ら銭を受け取らず、かえって息子に銭を受け取らせるという道理があろうか。これは息子に無理やり父親の押字を書かせ、それで父親を陥れたのに、自らはその破綻に気づかず、人を騙そうとして騙すことができないことを分かっていないのだ。幹人の非道さはここまで至っているが、しばし処罰は免じ、売買契約書は無効の印をつけて一件書類に入れておく。(幹人朱栄は)事情を知りながら法に違ったので、陳世隆が受領した価銭は(幹人側に還さず)官司に納入させ、さらに幹人朱栄から典契を提出させ、陳会卿に返還して回贖させる。陳元亨は放免する。

【注釈】

(1) 「田租」とは、「田骨」「田祖」などとも言い、ここでは小作料ではなく、典の後に業主に保留されている回贖権である。これが物権化したこと、すなわち単独で銭主以外の第三者に売買されたことについては、拙著『宋代中国の法制と社会』(前掲)第三章「宋代官田の「立価交田」と「一田両主制」」を参照。

(2) 「陳会卿」と「陳元亨」は同一人物である。

【講義】

この判決はいくつかのことを教えてくれる。まず土地取引のやり方。典から絶売はもとより、基本的に父が署名すれば通常の取引は成立し、息子などの署名は必ずしも必要がなかった。なぜなら土地は父親のものだからである。そうしたことについては、『創文』四八九号(二〇〇六年八月)に「宋代判語の難しさ――『名公書判清明集』戸婚門の訳注を終えて――』と題して書いたことがあるので参照されたい。

（19）徐鎧教唆徐辛哥妄論劉少六

照対、本県詞訟最多、及至根究、太半虚妄、使郷村善良枉被追擾。若官司不察曲直、遂使無辜受害。皆縁坊郭郷村破落無頼、粗暁文墨、自称士人、輒行教唆、意欲搔擾郷民、因而乞取銭物、情理難恕。近拠徐辛哥論劉少六強占山地、及将徐辛哥送獄、却称係叔徐鎧教令陳詞、追上徐鎧、又供委是包占。及追到出産主并得産人供対、即無包占因依、徐鎧方始招伏。其平日生事、擾害郷民如此。若不懲治、無以示戒。今徐鎧自称士人、且決竹篦二十、枷項号令県門三日。仍牓市心暁示。

【訳文】

「徐鎧が徐辛哥を教唆し、劉少六を正当な根拠もなく告訴させた件」

照査したところ、本県は裁判沙汰が最も多く、徹底的に追究してみると大半は根拠のない出鱈目で、郷村の善良な者は誤って害を被っている。もし官司が曲直を察しなければ、ついには無辜の者が害を受ける。みな坊郭や郷村の落ちぶれた無頼が文章技術を学んで、自ら士人[*]と称し、妄りに教唆して郷民を擾害し、そこから銭物を掠め取ろうとしているのであり、人情・道理からして許し難いものである。

近ごろ徐辛哥が、劉少六が山地を無理やり占拠したと訴えたので、徐辛哥を獄に送ったところ、逆に「叔父の徐鎧が告訴させたのです」と言い、徐鎧を召喚すると、また「本当に包占[1]です」と供述した。田産を出売した人と購入した人を召喚して供述させると、「包占したという事情はありません」と言うので、徐鎧ははじめて承服した。

日ごろ問題を起こし、郷民を擾害していることはこのようである。もし懲罰を与えなければ、戒めを示すことにはならない。いま徐鎧は自ら士人と称しているので、しばし竹篦[2]で二十回叩き、首枷をして県門に三日間晒し者[3]にする。

なお街の中心地に触れ文を張り出す。

【注釈】

（1）「包占」とは、正当な取引以外の土地を併せて占拠することを言う。

（2）「竹篦」は正式の刑具ではなく、懲戒のために用いられる。宋代には士人に対する懲戒の道具としてしばしば現れる。

（3）原文「号令」とは、犯罪者を晒し者にすること。人通りの多いところに首枷をつけて晒し、見せしめとする。なお、「命令」ないし「命令する」という意味もある。

（20）郝神保論曾運幹贖田

黄達係是総領所押下虧欠綱運人、本県典押反不契勘、却令入役。曾運幹宅与郝神保互争田、係是張顕承行、黄達却無故当庁執覆、意在劫持役使知県、且免断。仍旧錮身、押下巡検司拘管。

郝神保論曾運幹占拠田産、欲備銭取贖。索出干照、郝神保之父茂成因病風顛、祖父忠義遂将田産撥与諸孫、則是知其子不可付託也。今郝茂成乃以祖所分与孫之物業、与曾運幹交易、豈有風顛之人能与人為交易者乎。曾運幹典人田産、亦須索出人家干照、既知其関書所載、係是祖父撥与諸孫、又称其子風顛、豈得輒与風顛之人為交易乎。使出於茂成之意、則為子而背其父、使出於曾運幹之意、則是教其子以背其父也。天下豈有無父之国哉。況已交易之当月、出業人郝茂成便経官陳詞、以為被曾運幹家幹人宋六一誘引抑勒、不曾得銭、其子神保亦経官陳論詞訴。官司雖為追人、更不曾根究、則知其非出於郝茂成之意、乃曾運幹与其幹人誘引逼脅、白奪田産也。官司不敢追究者、非畏曾運幹之形勢、則受曾運幹之請嘱也。郝神保既無以自伸、遂甘心納其租課。至於備銭取贖、則曾運幹又仮為進典五年契字、以図誣頼、其着押又与前契不同矣。形勢之家、貪図人家物産、則有之矣、未有若此無状之甚者也。両契並毀抹、給還郝神保管業。

仍各給断由、餘人放。

【訳文】

「郝神保が曾運幹*の贖田につき訴えた件」

黄達は総領所(1)が護送してきた綱運米を滞納した者であるが、本県の典押(2)は取り調べを行わないで、逆に胥吏の仕事に加えさせた。曾運幹宅と郝神保とが互いに田を争っている案件は張顗が受け持っているのに、黄達は正当な理由もなく役所で取り調べを行ったが、その意図は知県を抱き込んで意のままにし、しばし処罰を免れることにあった。従来どおり枷をつけて身柄を拘束し、巡検司(3)に護送して拘禁せよ。

郝神保は曾運幹が田産を占拠していると訴え、銭を払って回贖しようとした。証文を取り寄せてみると、郝神保の父茂成は瘋癲を病んだことから、祖父の忠義が結局は田産を孫たちに分け与えたのであるが、それは息子に田産を任せられないと分かっていたからである。いま郝茂成が祖父が孫に分け与えた物業につき曾運幹と取引したというが、瘋癲の人がどうして他の人と取引などできようか。曾運幹は人の田産を典得した際に、相手の証文を取り寄せるはずであり、家産分割書には祖父が孫たちに分与したことだけでなく、さらに息子が瘋癲であることも書いてあるのを知っていたのであるから、どうして瘋癲の人と取引ができようか。もし茂成の意向から出たとすれば、子供が父親に背いたことになり、もし曾運幹の意向から出たのなら、息子を父親に背かせたということになる。天下に父を尊ばない国があろうか。ましてや取引をしたその月に、売り出した郝茂成が官に訴状を提出し、「曾運幹家の幹人宋六一に誘惑され、無理強いされたのです。これまで銭を受領したことはありません」と言い、その子の神保も官に(同じく)陳述し、訴状を出したのである。

官司は人を召喚したのに、それ以上は徹底的に追究しなかったということは、(この取引が)郝茂成の意向から出たのではなく、逆に曾運幹とその幹人が誘い込んで無理強いし、田産をただ取りしたことが分かるというものだ。官司があえて追究しなかったのは、曾運幹の勢力を懼れたからでなければ、曾運幹の請託を受けたからである。郝神保は屈抑を晴らせなかったので、結局は甘んじてその小作料を納めたのである。銭を準備して回贖するについては、曾運幹がまた典を五年間延ばすという契約書を偽造し、それで誤魔化そうとしたのであり、(郝の側の)署名・押字もまた前の契約書と同じではなかった。勢力のある家が他人の田産を手に入れようとすればこうしたことが起こるが、これまでこんなにもひどいやり方はなかった。

二枚の契約書はすべて無効の印をつけ、土地は郝神保に還して管業させる。なお各々断由を与え、他の者は放免せよ。

【注釈】

(1) 南宋代には淮東・淮西・湖広・四川の四総領所が置かれた。総領所は財賦・軍馬・銭糧などを総領する官庁として重鎮に置かれ、その治所を総領所と言った。

(2) 「典押」とは、牢獄等を担当する公人を取り締まる吏人である「主典」と事務職の頭目たる「押録」とを併せた呼称である。

(3) 「巡検司」とは、路・州(府・軍・監)・県・鎮に置かれ、巡邏や捕盗など警察・治安維持の業務を担った巡検の治所を言う。

（21）　陳安節論陳安国盗売田地事

阿江有子、長名安国第六十、次名安節第六二。阿江於五月経県論長男安国盗将田業出売。続送主簿庁、阿江又自出供状、亦称長男盗売田業。尋追上得業人曾金紫・曾司法・陳徳遠三戸契照、而阿江已謂其子不肖、又為形勢之家拖延、不肯出官、憤悶得疾身死矣。但存其弟陳安節、与之証対。抛契書皆有阿江及弟安節着押、而弟安節則不肯承認、以為其母及安節不曾着押、皆陳安国仮写。阿江已死、無可験証、但以契上所書陳安節三字比之、陳安国及陳安節両人経官状詞、亦各有陳安節三字、則知其為陳安国仮写無可疑者。契上節字皆従草頭、其傍皆従卩《子結反》字、陳安国状上節字亦如此写、陳安節状上則皆従竹頭、其傍皆従附邑。又喚上書鋪辨験、亦皆供契上陳安節三字、皆陳安国写。則是瞞昧其母与弟、盗売田産無疑。陳徳遠・曾金紫・曾司法三契所得田業、各合析為二分、以陳安国一分還得業之主、以一分還陳安節。契字批鑿、還陳安節収執。別給抛付陳徳遠・曾金紫・曾司法、照管一分物業、仍監陳安国備一分銭、還陳・曾三家、陳安国勘杖六十、引監銭。陳安節放。

陳安国、阿江之子、陳安節之兄。阿江与陳安節論陳安国盗将田業典売、初論曾金紫等三戸、本県得見所書陳安節名姓、皆是陳安国代書、又是其母陳論。此是曾金紫等三戸典買違法分明。已準分法、給一半還得業人、給抛付得業人管業。仍批鑿契字、付陳安節執照所合受分之産。続又抛陳安節陳論鄒司戸・雷少四両戸亦係違法交易、瞞昧盗典売陳安節合受分田産。再追出両戸干照、鄒司戸十契亦是陳安国代書陳安節名、尤為明白。此是違法瞞昧分明。但鄒司戸宅之詞、以為其母所論三戸之時、即不曾論鄒司戸。則其説亦似有理。及再拖照案牘、本県曾以上件事委送主簿看定。阿江親到主簿庁陳詞、乃是陳論曾金紫等三戸違法交易之後、其状詞中乞追陳安国供盗売田地之多少着実、不知有無見存。則是阿江固已知本戸田産、多為陳安国盗行典売、所及知者、但曾金紫三戸而已、其餘則不及知也。惟其不及知、所以不曾論鄒司戸等戸也。及再於陳安節名下索出砧基参対、則陳安国盗将田業典売、砧基簿之上、但批鑿曾金紫三戸、而其餘不曾批鑿。此阿江之所以不及知、而未及陳論也。阿江未及陳論而死、則陳安節於阿江已死之後、経官論訴鄒司戸家、豈得以阿江無詞、而以陳安節為妄訴乎。要之十契之内、所書陳安節字画、皆陳安国書写、則不可得而揜也。若雷少四一契、則又全無陳安節姓名、此尤不待辨、而知瞞昧違法也。鄒司戸十契・雷少四一契所得産業、並合準分法、以陳安国一分給還鄒司戸宅、仍給拠為照。陳安節一分批鑿契字、執照管業。仍備本県所断曾金紫三戸判語、及今所判給断由、付両家収執。引監陳安国、備銭還鄒司戸宅。然猶有一説。形勢之家専以貪図人戸田業致富、所以敢於違法者、恃其富強、可以欺凌小民、不敢経官論訴、便使経官得理、亦必健訟飾詞、以其多貲、買誘官吏、曲行改断。小民貧困、多被屈抑、便使偶得理直、而追逮費用、已不勝其困矣。此富家所以愈富、而貧民所以愈貧也。陳安節得産之後、必不免鄒司戸之論訴。故再述貧富之情状如此。両争人並放。

本県昨拠陳安節論兄陳安国盗将卑幼田産、与鄒司戸交易、本県見得陳安国仮作母親及弟書名着押、違法将兄弟共分田産与鄒司戸交易分明、遂将陳安国一分還鄒司戸管業、将陳安節一分還陳安節、却監陳安国備違法契面銭還鄒司戸。其後鄒司戸倚恃富豪、専務健訟、不伏本県所断、遂経使軍陳詞、使軍将本県所断看詳。準判、今照断由所断、已是允当。合監陳安国一半契面銭還鄒司戸、候銭足之日、方可給田管業。本県照得、所争之田析而為二分、一分属陳安国、一分属陳安節。陳安国一分之田已是自行出売与鄒司戸、自不願取回為業。陳安節一分之田乃是陳安国盗行出典、若要監陳安国銭足日、方給還陳安節為業、則陳安節永無得田之理。在法、若盗売卑幼田産、則先合給還卑幼、後監盗売人銭還銭主。若尊長与卑幼通同知情典売、則合先監銭還銭主足日、方給還産業。今陳安国係仮作母親阿江及陳安節書名着押、係母親及弟陳論、即非通同知情。恐難以候監銭足日方還陳安節管業。窃詳使判、必是令陳安国自還一分銭足日、方給還陳安国一分之田。今陳安国不願取回上項田産、更合取使軍旨揮。

【訳文】

「陳安節が、陳安国が田地を盗売したと訴えた件」

阿江には息子がいて、長男は名を安国、第六十と言い、次男は安節、第六二と言う。阿江は五月に長男安国が田業を盗売したと県へ訴えた。ついで(この件を)主簿庁へ送ったが、阿江はまた自ら供述書を出し、「長男が田業を盗売しました」と言った。ついで田業を得た人の曾金紫[1]・曾司法[2]・陳徳遠三戸の契約書を取り寄せたが、阿江は「息子は不肖です」と言い、また形勢*の家が引き延ばしを行い、あえて官に出頭しなかったので、忿懣のために病気になり死んでしまった。ただしその弟の陳安節がおり、彼と証拠の突き合わせを行った。

契約書にはみな阿江と弟の安節が押字しているが、弟の安節は承認せず、「母親と私安節はこれまで押字をしたことはなく、みな陳安国が捏造したものです」と言う。阿江はすでに死んでいて検証できないが、ただし契約書に書いてある「陳安節」の三字を陳安国・陳安節の両人が官へ提出した訴状の文字と比べてみると、各々「陳安節」の三字があって、陳安国が捏造して書いたものであることは疑いない。契約書の「節」の字はみな草かんむりで、その旁《つくり》はみな「卩」字《子結反》[3]となっており、陳安国の訴状の「節」の字もまたこのようであるが、陳安節の訴状ではみな竹かんむりで、その旁もみな「邑」となっている。また書鋪戸*を呼んで弁別させたが、みな「契約書の「陳安節」の三字は陳安国が書いたものです」と証言した。そうであれば母親と弟を騙して田産を盗売したことは疑いない。陳徳遠・曾金紫・曾司法が三枚の契約書によって得た田業は各々二つに分け、陳安国の一分は田業を得た者に戻し、一分は陳安節に還す。契約書は批を書き込み陳安節に還して受け取らせる。別に根拠となる文書を陳徳遠・曾金紫・曾司法に与えて一分の田を管業させ、なお陳安国に一分相当の銭を準備し、陳・曾の三家に還させ、陳安国は杖六十を科し、文引*で銭を強制的に納付させる。陳安節は放免する。

陳安国は阿江の息子で陳安節の兄である。阿江と陳安節は陳安国が田業を盗売したと訴え、最初は曾金紫等三戸を告発したが、本県が見たところ、書かれた「陳安節」の名と姓はみな陳安国が代書したもので、それはまた母親が告発したところでもある。これは曾金紫等三戸が典買したのは明らかに違法であるというものである。すでに分法によって半分は田業を得た人に戻し、証拠文書を田業を得た人に与えて管業させた。なお契約書に批を書き込み、陳安節に与えて受け取るべき田産の証拠にさせた。

続いて陳安節は、鄒司戸・雷少四の両戸もまた陳安節が受け取るべき田産を違法に取引し、誤魔化して盗典売したと訴え出た。さらに両戸の証文を提出させると、鄒司戸の十枚の契約書はまた陳安国が「陳安節」の名を代書したものであり、そのことはとりわけ明白であった。これは違法に誤魔化していたことが明白である。ただし鄒司戸宅の言い分では「彼らの母が三戸を告発した時は、鄒司戸を告発していません」と言う。その言い分には道理があると思われる。

再度、一件書類を取り寄せてみると、本県ではかつて上述の案件を主簿に送って審理を任せた。阿江は自ら主簿庁へ行き供述したのであるが、これは曾金紫等三戸が違法に取引したことを陳論した後のことで、その訴状には「陳安国を呼んで田地をどれだけ盗売したかを供述させ、事実を明らかにして欲しい。いまいくら残っているか分かりません」とある。これは阿江がもとより自分の家の田産の多くが陳安国に盗典売されたことを知っていたが、分かっていたのは曾金紫(等)三戸だけで、その他は知らなかったことを意味している。ただ知らなかったので、鄒司戸等の戸を告発しなかっただけである。

再度、陳安節のところから砧基簿*を取り寄せて照合すると、陳安国は田業を盗典売したが、砧基簿の上ではただ「曾金紫(等)三戸」と批が書き込まれているだけで、その他にはまだ書き込みはない。これが阿江が知らなかったので、これまで告発しなかった理由である。阿江は告発せずに死んだので、陳安節は阿江が死んだ後で鄒司戸の家を官に告訴したが、どうして阿江が訴えなかったからといって陳安節を妄りに訴えたと言えようか。これを要するに、十枚の契約書中に書かれた「陳安節」の字画はみな陳安国が書いたもので、これを覆い隠すことはできない。雷少四の一枚の契約書には、また陳安節の姓名がなく、とりわけ辨ずるまでもなく出鱈目で違法であることが分かる。鄒司戸の十契、雷少四の一契で得た田産はすべて分法に依拠して、陳安国の一分は鄒司戸宅に戻し、なお証明書を与えて根拠とさせる。陳安節の一分は契約書に批を書き込み証拠として管業させる。なお本県が断じた曾金紫(等)三戸の判語およびいま判じたところを書いた断由*を両家に与えて受け取らせる。陳安国を拘束し、銭を揃えて鄒司戸宅に還させる。

しかしなお一説がある。形勢の家がもっぱら人戸の田業を貪欲にも手に入れて富を築き、あえて違法なことを行う理由は、その富強を恃んで小民を虐め、あえて官に訴えさせず、たとえ官に訴えて勝訴したとしても、また必ず訴状を粉飾し、多くの富で官吏を買収し、曲げて判決を書き改めさせることができるからである。小民は貧困で多くは抑圧を被り、たまたま勝訴しても呼び出しの費用によってすでに困窮を極めることになる。これが富家はいよいよ富み、貧民はいよいよ貧しくなる理由なのである。陳安節は田産を得た後、必ず鄒司戸の告発を免れないであろう。ゆえに再度、貧富の情状をこのように論述するのである。双方の係争人はすべて放免せよ。

本県は先ごろ陳安節が、兄陳安国が卑幼の田産を盗み、鄒司戸と取引したと告発したことから、次のように判断した。陳安国は母親と弟の署名・押字を捏造し、兄弟がともに持ち分のある田産を違法に鄒司戸と取引したことは明らかなので、結局、陳安国の一分は鄒司戸に戻して管業させ、陳安節の一分は陳安節に還し、陳安国には違法な契約書上の銭額を鄒司戸に還させると。その後、鄒司戸は富豪を恃んで、もっぱら健訟*に励み、本県が断じたところに従わず、ついに知軍へ訴え、本県が断じた内容を知軍に看詳《さいしんさ》させた。(知軍の)判決を受けたところ、「いま断由にあるとおり、断じた内容はすでに妥当である。陳安国には半分の契約書上の銭額を鄒司戸に還させ、鄒司戸は銭額が揃った日に田を給還して管業させよ」とあった。

本県が照得*したところ、争った田は二つに分けられ、一分は陳安国のもので、一分は陳安節のものである。陳安国の一分の田はすでに自ら鄒司戸に出売したのであり、取り戻して自分の田業とすることを願ってはいない。陳安節の一分の田は陳安国が盗んで出典したので、もし陳安国の銭額が揃うのを待ってからはじめて陳安節に還して田業とさせるとすれば、陳安節は永遠に田を得ることはできまい。法では「卑幼の田産を盗売すれば、まず卑幼に(田産を)返還し、その後、盗売した人は銭を銭主に還す。もし尊長と卑幼とが結託し、事情を承知で典売したのなら、まず銭を銭主に還し、それが揃った日にはじめて田産を返還する」とある。いま陳安国は母親阿江と陳安節の署名・押字を捏造し、母親および弟に告発されたのであり、結託して事情を承知で行ったのではない。それゆえ銭額が揃った日にはじめて陳安節に還して管業させるのは難しいものがある。

知軍の判決を検討してみると、きっと陳安国に自ら一分の銭額を還させ、それが揃った日にはじめて陳安国に一分の田を給還させるというものである。いま陳安国は上項の田産を取り戻すことを願っておらず、改めて知軍の指示を取るべきである。

【注釈】

（1）「金紫」とは、寄禄官名の金紫光禄大夫で正二品か、賜金紫魚袋、すなわち四品に至らないうちに特に服色を紫に換え金魚袋を帯びることを許された者かであろう。

（2）「司法」とは、州の幕職官である司法参軍の略称。司法や刑罰を扱う。

（3）「子結反」とは、漢字の発音を表示する反切を表す。ここでは「子 tsi」の ts と「結 kiuat」の iuat を足して「卩 tsiuat」と発音することを表す。

【講義】

本条も時間的に前後する三条をつなぎ合わせて一条にしてある。原文に段落を付した箇所がそれぞれの冒頭部分を表している。

衆分の田産（複数の人に相続権がある田産。同分とも言う）を盗売した場合の処理方法が『名公書判清明集』巻九、戸婚門「禁歩内如非己業、只不得再安墳墓、起造墾種、聴従其便」（胡石壁）に見える。「知県所引之法則又曰、典売衆分田宅、私輒費用者、準分法追還、令元典売人還価、即典売満十年者免追、止償其価、過十年、典売人死、或已二十年、各不在論理之限。若墓田、雖在限外、聴有分人理認、銭・業各還主、典売人已死、価銭不追」（知県が引用する法にはまた、「他の者たちにも持ち分がある土地を典・売して、勝手に費消したものは、家産分割の法に準じて（持ち分ある者たちに帰属すべき分の）土地を取り戻し、もと典・売を行った者に価銭を（土地の買い手に）償還させる。もし典・売して満十年になっていれば、土地の取り戻しは免じて価銭だけを（持ち分ある者たちに）償還させる。十年を過ぎて典・売を行った者が死んでいる時、あるいは二十年を超えていれば、官司は訴訟を受理しない。もし墓田であれば右の期限外であっても、持ち分のある人が帰属を争うことを許し、価銭と土地とは各々本来の持ち主に返還する。典・売を行った者がすでに死亡している時は、(その者の側から)価銭は追徴しない)。

黄幹はここで、知軍が陳安国に銭を鄒司戸へ返し陳安節に田業を返還させるという方法を示したのに対し、それでは長く陳安節は田業を取り戻せないと主張・反論し(判決文および後掲の公箚)、先に陳安節の分を鄒司戸に返還させるよう述べている。

つぎに、先に(9)条の【注釈】(6)で、「断由」は判決の理由といったダイジェストではなく判決文の写しではないかと書いたが、ここでは知軍が「今照断由所断、已是允当」と述べており、彼はおそらく判決文全体を見た上でそう評価したのである。

なお本条と関連して、文集巻三〇、公箚「申臨江軍為鄒司戸違法典買田産事」を掲載しておく。

申臨江軍為鄒司戸違法典買田産事

本県昨具公状申述鄒濤違法典買田産事。蓋阿江有二子、長曰陳安国、次曰陳安節。陳安国却瞞昧其母阿江及弟安節、将共衆産業出典鄒濤。鄒濤又与之通情、使陳安国仮作阿江及陳安節着押交易。此是違法分明。在法自合準分法追陳安節分受一半産業、還陳安節管業、却監陳安国銭還鄒濤、方為允当。今鄒濤倚恃多貲、妄興詞訴、脱罔台判、及至本県申陳。又買嘱法司、輒引尊長卑幼通同之条、欲先監陳安国銭畢日、方給還陳安節産業。陳安国既与鄒濤違法交易、又豈有将銭還鄒濤、而後給還陳安節産業。陳安国既不肯還銭、則陳安節永無得産之理。以江西風俗違法、盗買卑幼田産之訟最多。若皆可以引用此条、則形勢之家可以恣行違法置産、其卑幼共分之人、其合得産業為人盗売之後、永無得伸之時。国家設法、本為人伸雪不平、豈肯使卑幼反受屈抑。今観法司所具韓吏部韓侍郎申請、明言卑幼尊長或承分人通同、令卑幼輒売其業、既将価銭後於官司陳論者、須管追理価銭足日、方許管業。蓋謂共分人通同令卑幼違法交易者也。今陳安国瞞昧其母与弟、輒典売共分人田産、即非通合、豈得引用此条。欲先監銭而後還業耶、顕是法司受鄒濤情嘱、輒敢欺罔蔽明。欲乞台慈特賜詳酌、照幹元申行下、庶幾形勢之家不敢違法奪人産業、姦猾之吏不得侮法欺罔蔽明、貧窮小民得以保全所合承分之産、庶得允当。

(22) 陳希点師文先争田

陳希点自去年十月以来両次陳詞、論師文先不肯行使官会。朝廷新制、秤提官会最為厳切、自合出官、与被論人供対、却抗拒官司、倚恃形勢、不伏出官、意欲使破落幹僕、与人戸抵拒。及其出官、状詞中略不及官会一節、顕是誣訴分明。陳希点枷収、引喚上師文先対。

朝廷措置秤提官会、行下州県、最為厳切、不容人戸低価行使官会、亦不容以不使官会、妄頼人戸。今陳希点為状首、両状論師文先不使官会、及官司追対、乃倚恃形勢、経隔累月、不伏出官。及其到官、所供又全不及不使官会一節、乃欲推是頑頼人力劉顕陳詞。顕是並縁朝廷法令之厳、以此把持郷民。且勾木陂一項交易、乃師文先不在家、却与師文先之子、仮作其父着押、此豈交易条法所当然者。非乗人之危急、貪人田産者耶。厳江陂一項交易、六月内交銭交業、乃於十一月内半年以後、方論多典過銭、則其妄訴、又可見矣。又於両詞之内、皆夾帯不使官会為詞、其意以為非此無以重師文先之罪也。身為士人、当如是耶。妄訴不使官会之罪、若従条定断、則陳希点合在反坐決配之条、事在赦前、且免根究。厳江陂田已是交易交業、難以更行論理。勾木陂田乃是陳希点与師文先之子師文勝通同、不取其父知委、仮作其父着押、知情違法、銭当没官、業当還主。契字追上毀抹、仍旧還師文先管業。引監師文勝、備契面銭入官。陳希点之父名子国、人戸詞訴頗多、率是累月不肯出官。且疏枷召保。案刷具本戸詞訴、来日喚上供、候理対畢日放。

【訳文】

「陳希点・帥文先が田を争う件」

陳希点は去年十月以来、二度訴え出て、帥文先が官会[1]を受領しないと告発した。朝廷の新制では、官会の価値を保つことは最も厳格で[2]、自ずと官に出頭して訴えられた人(帥文)と辯論すべきだが、官司の指示を拒み、勢力*に任せて出頭せず、身持ちの悪い幹僕に人戸と対峙させようとしている。出頭しても、訴状の中ではほぼ官会のことに言及せず、疑いなく誣告であることは明白である。陳希点は枷をして(獄に)収容し、文引*で帥文先を呼び出して供述させよ。

朝廷が官会の価値を保つための措置をし、州県に命令を下すことは最も厳格で、人戸が安い価値で官会を使用すること、また官会を使用しないことで人戸に罪をなすりつけることは許されないのである。いま陳希点は筆頭の訴え人となり、二度の訴状で帥文先が官会を用いないと訴えたが、官司が召喚して供述させようとすると、勢力にものを言わせて何ヵ月も官司に出頭しなかった。官司に出頭するや、供述するところは全く官会を用いないことに言及せず、頑迷で無頼の人力《やといにん》である劉顕が述べたことだと言い張った。明らかにこれは朝廷の法令が厳格であることを利用し、それで地元民を意のままに牛耳ろうとするものである。

かつ勾木陂の取引に関しては、帥文先は家におらず、帥文先の息子に父親の署名・押字を捏造させたのだが、これは取引関係の法律がそうさせたものであろうか。人の危急に乗じて人の田産を貪ることではないか。厳江陂の取引は、六月内に銭を渡し土地を渡したのだが、しかし十一月という半年後に、はじめて典の金銭を多く支払ったと訴えており、出鱈目な訴えであることが見てとれる。

また二度の訴え状の中で、みな官会を用いないことを言い立てているが、その意図はそう言わなければ帥文先の罪を重くすることができないと考えたからである。身は士人*であるのに、こうしたことをしてよいのか。官会を用いないという罪を出鱈目に訴えたことは、もし法に従って処罰すれば、陳希点は反坐[3]にして配軍刑*に処すという条文に合致するが、この件は恩赦の前にあったことなので、しばし追究を免ずる。

厳江陂の田はすでに取引を行い、土地を引き渡しているので、改めて裁くことは難しいが、勾木陂の田は陳希点と帥文先の息子の帥文勝が結託し、その父の承認を取らず、父の署名・押字を捏造し、事情を知りつつ法に違ったものであるから、銭は没官して土地は持ち主に還すべきである。[4]契約書は取り上げて無効の印をつけ、これまでどおり帥文先に還して管業させる。帥文勝を拘引し、契約書に書いてある銭額を官に納入させよ。陳希点の父は、名は子国で、(彼を訴えた)人戸の訴状は頗る多いが、おおむね何ヵ月も官司に出頭していない。しばし(陳希点を)疏枷[5]として保釈*する。担当係*は彼への訴状を書き写し、それが出来上がった日に召喚して供述させ、訊問・供述が終わった日に放免とする。

【注釈】

(1)「官会」とは、南宋の紙幣である会子(東南会子・行在会子)を言う。乾道四年(一一六八)以降、界制(行使期間)が設けられ、およそ三年に一度発行され、行使期間はおおむね六年であった。会子には額面が二百文、三百文、五百文、一貫、二貫、三貫の六種類があった。

(2)この部分、開禧二年(一二〇六)に韓侂冑が対金反攻を試みた結果、翌年、第十一界の会子が回収されず、三界の会子が併用されることとなった。会子の増発による価値の下落をくい止めるため発行額を制限したり、銅銭を発行するなどの措置が取られた。原文に言う「秤提官会」とは会子を額面どおりに行使させる措置を指す。

(3)「反坐」とは、誣告した場合に誣告された人の罪名を誣告者に加えることを言う。『宋刑統』巻二三、闘訟律、「告反逆」に、「諸誣告人者、各反坐」と見える。

(4)これは先の(14)条の【注釈】(5)に見た法を念頭に置いたものである。

(5)「疏枷」とは、本来充てるべき枷項を免じることを言う。それゆえ原文の「疏枷召保」とか後出の(24)条の「疏枷押下安下人葉万卿保管、伺候理対公事」といった言い方が出てくる。

(23)　聶士元論陳希点占学租

聶士元於去年十一月、論陳子国強占所買学糧租田、輒於主簿庁陳詞、改正作陳文学戸産業。本県追人索干照理対、経今四五月、陳子国之子因他事到官、又行走竄、不肯賫出公拠干照前来理対。遂将幹人聶大亨収禁監追、亦復不肯出官。若非理曲、何苦如此。今拠聶大亨賫到積年収納学糧鈔、並作聶瑜戸輸納。官司当以契照為拠、豈有陳子国所置之産、而契照乃在聶士元之家。陳子国以為作佃戸聶瑜名字請佃、豈有六七十年不曾帰戸之理。若作聶瑜名字請佃、何為契照乃在聶士元之家。陳子国積代豪横、聶瑜与之至親、遂以産託其主掌、陳子国遂起呑併之心、乃於去年九月、旋於主簿庁陳詞、改給公拠管業。主簿一時不曾契勘、不索出陳子国上手有何干照、便以朱鈔及官員公箚為拠、遂与出給公憑管業。顕是豪強脱罔官司、侵奪人戸田産分明。今又堅執所冒請公拠、不肯賫出官毀抹、欲以為異日論訴張本。然聶士元既有元祖上手干照、則雖有冒請公拠、亦何所施。再以林・趙両主簿箚子観之、其詞卑巽之甚、豈有人戸不肯輸納官租、乃使県官屈辱如此。不惟強占郷民田産、又且脱免官司租賦、官司不敢誰何。至於具箚子懇禱、卑官拝呈等語、陳子国何人、乃敢如此。鈔書給還聶士元収掌、并前已給公拠管業。箚子両封附案、再給断由、付聶士元収執。見到人再監索所請偽拠毀抹。

【訳文】

「聶士元が、陳希点が学租を占拠したと訴えた件」

聶士元は去年十一月に、陳子国が自分が買った学糧の租田を無理やり占拠したと告発し、主簿庁に訴え出て、(学田の所有者名義を)改正して陳文学の家の産業《ふどうさん》とした。

本県は関係者を呼び出し、証文を取り寄せて裁きをつけようとしたが、いま四五ヵ月を経たところで、陳子国の息子が他の用件で官司に到ったのに、また逃げ隠れして、あえて官給の証明書や証文を提出し、出頭して裁きに応じようとしなかった。そこで結局(陳家の)幹人《しつじ》の聶大亭を収禁して強制的に召喚しようとしたが、またあえて官に出頭して来ない。もし正当な理由があるならば、こんなにも出頭を苦にすることはないはずである。

いま聶大亭が持ってきたところの長年収納した学糧の領収書では、すべて聶瑜の戸が納めたことになっている。官司はまさに契約書を根拠とすべきであるが、どうして陳子国が買った田産なのに、契約書は聶士元の家にあるのか。陳子国は「佃戸の聶瑜の名義で耕作しています」と言うが、どうして六七十年もの間(学田を)自分の家に帰属させない道理があろうか。もし聶瑜の名義で耕作しているなら、どうして(売買)契約書は依然として聶士元の家にあるのか。

陳子国は何代にもわたる豪横で、聶瑜は彼と近い親戚であり、ついには学田を彼の手に任せたのだが、陳子国はわがものにしようとの心を起こし、去年の九月、にわかに主簿庁に訴え出て、証明書を改めて出してもらい管業しようとしたのである。

主簿はその時、調査をせず、陳子国の上手契*としていかなる証文も提出させず、官印を押した(小作料)納入領収書と官員の公劄を証拠とし、ついには公の証明書を出して管業させた。疑いなく豪強が官司を不当に騙し、人戸の田産を侵奪したことは明らかである。いままた違法に受領した証明書にしがみつき、あえて提出して無効にすることに応ぜず、将来の裁判の張本《あしがかり》にしようとしている。しかし聶士元にはすでに本来の上手契・証文があり、であれば違法に受領した証明書があったとしても、また何の効果があろうか。

再度、林・趙両主簿の劄子(1)でこれを見ると、その言い様は卑屈なことが甚だしく、どうして人戸があえて官租を納入もしていないのに、県官がこれほど屈辱を与えられようか。ただ地元民の田産を無理やり占拠しただけでなく、官司の租課を納入していないのに、官司はあえて誰何もしない。「劄子で懇請し、卑官が拝呈します」といった言葉を書くに至っては、陳子国が一体何者で、あえてこのようにするのであろうか。

領収書は聶士元に還して彼に持たせ、前にすでに給付した証明書で管業させる。箚子二枚は一件書類に入れ、再度、断由を与えて聶士元に持たせる。現在、官に到っている者には(陳子国が)要請して入手した不当な証明書を提出させて無効とせよ。

【注釈】

（1）「箚子」とは、部下・下級が上司・上級に提出する文書を言う。

【講義】

本件では、聶士元が学田の所有者であり、また原文中に「陳子国積代豪横、聶瑜与之至親、遂以産託其主掌」とあることからすれば、陳子国はその耕作請負人、聶瑜は実際の小作人である。そして、陳子国がすなわち陳文学なのであろう。

学田は本来学校のものだが、ここで民間人同士でその所属が争われていることが示すように、当時は名目上は学田と呼ばれて学租(小作料)が徴収されていたが、実質は民田と同じく売買され、その租課も租税とほぼ同額であった。拙著『宋代中国の法制と社会』(前掲)第二章「宋代官田のいわゆる佃権について——その実態と歴史的位置——」、および第三章「宋代官田の「立価交田」と「一田両主制」」を参照。

（24）　龔儀久追不出

朝廷差守令、以為千里百里之長、則凡在部封之内、雖有貴賤貧富之不同、皆部民也。人戸詞訴、官司追逮、雖曲直未可知、自当応時出官供対。今郷村豪民遇有詞訴追逮、率是累月以致年歳、不肯出官、保正虚受杖責、使人戸詞訴無由結絶、官吏文移日見壅滞。本県豪戸大率皆然、而其尤甚者、則排風龔儀是也。自去歳七月間、有陳暘叔者、訟其起屋侵占墳地、追逮半年、不伏出官、及至差官親至地頭験実、龔儀亦端坐不出、卒使詞人坐困、甘心移改墳墓、不与之争。何等頑民、乃敢如此。自是以後、訟其奪牛、訟其占山、訟其占屋、訟其不収税、凡七八件、皆是累月不出。本県将其安下主人監繋追逮、方肯出官。使人人皆如龔儀、則国家守令条法皆為無用矣。且龔儀自称士人、豈応不畏名義、不畏条法、以至於此。合将龔儀重行勘断、念其自称士人、秋試在近、且与免罪、疏枷押下安下人葉万卿保管、伺候理対公事。安邦只今取保状、申。

【訳文】

「龔儀が、長い間呼び出しているが出頭しない件」

朝廷は太守・県令を派遣し、千里の州、百里の県の長官としているが、そうであればおよそ管轄地の内において貴賤・貧富が異なるとはいえ、みな管轄下の民なのである。人戸が裁判を起こし、官司が召喚すれば、曲直がまだ分からないままでも、自ずと時に応じて官に出頭し、供述しなければならない。

いま郷村の豪民はたまたま裁判で召喚されても、おおむね数ヵ月から一年ほどもあえて官に出頭せず、保正*はむなしく杖で打たれ、人戸の訴えに決着をつけられず、官吏の文書の遣り取りも日々滞ってしまう。本県の豪戸もおおむねみなそうであるが、その最も甚だしい者としてはすなわち肩で風切る龔儀がそれである。

去年の七月に陳暘叔なる者がおり、龔儀が家屋を建てて墳地を侵占したと訴えたが、召喚から半年しても官に出頭しようとせず、官を派遣して実地に現場に到って調査させた際も、龔儀は（家に）坐ったままで出てこず、ついには訴え人が苦しみ続け、墳墓を移し替えて、これと争わないようにさせた。何たる頑民か、すなわちあえてこうなのである。これより以後、その牛を奪ったという訴え、その山を占拠したという訴え、その家屋を占拠したという訴え、その税を納めないという訴えが、およそ七八件もあったが、みな何ヵ月も官に出頭しないのである。

本県は彼が逗留している家の主人を捕まえて呼び出したところ、はじめて官司への出頭に応じた。もし人々がみな龔儀のようであれば、国家の知州・知県や法律はみな無用となろう。かつ龔儀は自ら士人*と称しているからには、どうして名義を畏れず、法律を畏れず、こうした事態に至るべきであろうか。まさに龔儀を重く処罰すべきだが、自ら士人と称し、秋の試験（解試）も近いことを思い、しばし罪を免じ、疏枷*して逗留している葉万卿のところに護送して身柄を預け、裁判で供述するのを待たせる。（胥吏の）安邦はすぐに（葉万卿の）保釈預かりの書状を取って、上申せよ。

【講義】

保正は召喚の義務を負い、それが果たせなければ鞭打たれたことが知られる。『名公書判清明集』巻三、賦役門「不許差兵卒下郷、及禁獄羅織」（葉提刑筆）に「比較之法」が見え、役に充てられた者が期限内に任務を完遂できなかった時に懲罰として杖刑を受ける法を言い、またこれを「限棒」とも言う（『宋元語言詞典』上海辞書出版社、一九八五年、参照）。しかし一方で本条を見ると、裁判の際に召喚状を受けていながら召喚に応じなかったとしても、特に罰則や強制的な連行は行われなかったことが知られる。

（25）　京宣義訴曾巖叟取妻帰葬

京宣義経使軍陳詞、取妻周氏帰葬。使軍行下本県詳状、照条施行。本県遂追周氏之兄周司戸、及周氏前夫之子曾巖叟供対。今拠両家幹人賫出周司戸之才及曾巖叟状詞、前来出官。今看詳、周氏初嫁曾氏、再嫁趙副将、又再嫁京宣義、則周氏於曾家之義絶矣。既為京宣義之妻、則其死也、当帰葬於京氏。然考其歳月、京宣義以開禧二年十一月娶周氏為妻、次年八月取帰隆興府、経及両月、周氏以京宣義溺於嬖妾、遂逃帰曾家。自後京宣義赴池陽丞、周氏不復随往。至去年八月間、周氏身死。京宣義与周氏為夫婦、僅及一年、則已反目不相顧矣。既溺於嬖妾、無復伉儷之情、又携其妾之官、而棄周氏於曾巖叟之家者凡四年、又豈復有夫婦之義乎。周氏於曾家固為義絶、而京宣義之於周氏、亦不復有夫婦之義矣。使京宣義於周氏果有夫婦之義、則不応溺嬖妾而棄正室、又不応棄周氏於曾巖叟之家者数年、而挈其妾以之官。生而棄之而不顧、死則欲奪以帰葬、此豈出於死則同穴之至情乎。特欲搔擾曾巖叟之家、以装奩誣頼、因以為利耳。此豈士大夫之所当為哉。其説以為始乃娶趙副将之妻、不応曾巖叟占留以葬、独不思周氏之嫁京宣義、乃自曾家出嫁、其避京宣義之妾而帰也、亦帰於曾家。豈得以為与曾家無干渉乎。周氏於曾固為義絶、在法、夫出外三年不帰者、其妻聴改嫁。今京宣義棄周氏而去、亦絶矣。以義断之、則両家皆為義絶、以恩処之、則京宣義於周氏絶無夫婦之恩、而曾氏母子之恩則未嘗替也。京宣義公相之子孫、名在仕版、不応為此閭巷之態、妄生詞訴。周氏之喪乞行下聴従曾巖叟安葬、仍乞告示京宣義、不得更有詞訴。申使軍、取旨揮、幹人留領断由訖、放。

【訳文】

「京宣義(1)が、曾巖叟が妻を奪い彼の家の墓に葬ったと訴えた件」

京宣義郎は(臨江)知軍へ訴え、妻周氏を取り戻して自分の家の墓に葬りたいと言った。知軍は本県に訴状を調査し、法律に照らして措置せよと命じた。本県はそこで周氏の兄周司戸と周氏の前夫の子曾巖叟を呼んで供述させた。いま両家の幹人は周司戸（名は）之才と曾巖叟の状詞を持って官司に出頭してきた。

いま調べてみると、周氏は最初に曾氏へ嫁し、趙副将に再嫁し、また京宣義に再嫁したが、ということは周氏は曾家とは義絶していることになる。すでに京宣義の妻となったからには、死ねばまさに京氏に帰して葬られるべきである。しかしその歳月を考えてみると、京宣義は開禧二年（一二〇六）十一月に周氏を娶って妻とし、翌年八月に隆興府(2)に連れて帰り、そこで二ヵ月が経ったが、周氏は京宣義が妾を溺愛していることを理由に、ついには曾家へ逃げ帰った。その後、京宣義は池陽(3)の県丞として赴いたが、周氏は二度とついて行かなかった。

去年八月になって周氏は死んだ。京宣義が周氏と夫婦だったのはわずかに一年だけであるが、反目して互いに顧みなかったのである。すでに妾を溺愛し、夫婦の情はなく、またその妾を連れて官に赴き、周氏を曾巖叟の家に捨て置くことはおよそ四年にもなるが、またどうして夫婦の義があろうか。周氏は曾家においてもとより義絶だが、京宣義の周氏に対する関係もまた夫婦の義はないのである。もし京宣義が周氏に対して本当に夫婦の義があったのなら、妾を溺愛して正室を捨て置くべきではなく、また周氏を曾巖叟の家に数年も捨て置き、妾を連れて官に赴くべきではなかった。生きてはこれを捨てて顧みず、死ねばすなわち奪って帰葬させようとするのは、これはどうして死んでも同じ墓に入るという至情から出たものと言えようか。

ただ曾巖叟の家を騒がせ、粧奩(4)のことで言い掛かりをつけ、それで利益を得ようとしているだけである。これは士大夫のなすべきことではない。その言い分は、はじめは趙副将の妻を娶ったのだから、曾巖叟は遺体を留め置いて葬るべきではないとしているが、よいか、周氏が京宣義に嫁したのはすなわち曾家から出嫁したのであり、京宣義の妾を避けて帰ったのも曾家に帰ったのである。どうして曾家とは関係ないと言えようか。

周氏は曾家に対してはもとより義絶であるが、法律には「夫が家を出て三年間帰らなければ、その妻は改嫁を許す」とある。(5) いま京宣義は周氏を捨てて去ったが、それもまた義絶である。義によってこの問題を断ずれば、両家はみな義絶であり、恩をもってこの問題に対処すれば、京宣義は周氏に対して全く夫婦の恩はなく、曾氏の母子の恩はいまだかつて変わってはいないのである。

京宣義は公相の子孫で、(6) 名は官僚名簿にあるのだから、このために民間人のやり方で妄りに訴訟を起こすべきではない。周氏の葬儀はどうか曾巖叟に命じて安葬するのを許し、なお京宣義に告示してさらに訴えを出さないようにお願いしたい。知軍に上申して指示を仰ぎ、幹人は留め置いて断由を受領させ、＊放免せよ。

【注釈】

(1)「京宣義」は、京姓の宣義郎を言う。宣義郎は寄禄官名で従八品。

(2)「隆興府」は、現在の江西省南昌市近辺。

(3)「池陽」は、江南東路池州の別称であろう。池州内のどこの県丞となったかは不明。

(4)「粧奩」(「装奩」)とは、婦人が嫁ぐ際に持参した財産を言う。

(5) 仁井田陞『支那身分法史』(前掲)七〇六頁以下、および滋賀秀三『中国家族法の原理』(前掲)四七八頁以下を参照。

(6) 原文「京宣義公相之子孫」とあるが、京姓で公相になった者と言えば、京鏜(一一三八〜一二〇〇)であろう。慶元中に左丞相を拝し、韓侂冑に従った。『宋史』巻三九四に伝がある。彼は洪州の出身だが、洪州は南宋代に隆興府と改称されており、京宣義が周氏を娶って帰ったところと同じである。これも祖先と子孫であることの一証左となる。

(26)　徐家論陳家取去媳婦及田産

女子生而願為之有家、是以夫之家為其家也。婦人謂嫁曰帰、是以得嫁為得所帰也。莫重於夫、莫尊於姑、莫親於子、一斉而不可変、豈可以生死易其心哉。陳氏之為徐孟彝之妻、則以徐孟彝之家為其家、而得所帰矣。不幸而夫死、必当体其夫之意、事其姑終身焉。仮使無子、猶不可帰、況有女三人、有男一人、携之以帰其父之家猶不可。況棄之而去、既不以身奉其姑、而反以其子累其姑、此豈復有人道乎。父給田而予之嫁、是為徐氏之田矣。夫置田而以装奩為名、是亦徐氏之田也。陳氏豈得而有之。使徐氏無子、則陳氏取其田、以為己有可也。況有子四人、則自当以田分其諸子、豈得取其田而棄諸子乎。使陳氏果有此志、陳文明為之父、陳伯洪為之兄、尚当力戒之、豈得容之使帰、反助之為不義乎。察其事情、未必出於陳氏之本意、乃陳文明・陳伯洪実為此挙也。陳文明独無児婦乎。使伯洪死、其妻亦棄其子、以累其父母、取其田而自帰、陳文明豈得無詞乎。陳氏一婦人、陳文明亦老矣。其実則陳伯洪之罪也。知軍呉寺簿不察此義、反将徐孟彝之弟徐善英勘断、以為不応教其母争訟、是縦陳氏為不義也。欲将陳伯洪従杖六十勘断、押陳氏帰徐家、仍監将両項田聴従徐氏収管花利、教其子、嫁其女、庶得允当。申提刑使衙取旨揮、一行人召保。

【訳文】

「徐家が、陳家は息子の嫁と田産とを占有していると訴えた件」

女子が生まれてその子に家を持たせたいと願うとすれば、夫の家がその家なのである。婦人の場合に「嫁」を「帰」と言うのは(1)、結婚によって帰属するところを得るという意味なのである。夫より大事なものはなく、姑よりも尊いものはなく、息子より親しいものはなく、すべて等しく変化させてはならないのであり、生死をもってその心を変えてよいものではない。

陳氏が徐孟彝の妻となったということは、徐孟彝の家が彼女の家となったということであり、帰属するところを得たということである。不幸にして夫が死ねば、必ず夫の意向を体してその姑に終身仕えなければならない。かりに子供がいなくともなお（実家に）帰るべきではなく、ましてや娘三人、息子一人がいるのだから、これらを連れて父親の家に帰るとしてもよくないことである。ましてや子供たちを捨てて帰るとあれば、姑に仕えないばかりか、逆に子供たちのことで姑に面倒をかけることになり、これはどうして人の行う道であろうか。父親が田を与えて嫁に出したのであれば、これは徐氏の田である。夫が田を買って持参財産という名義にしたのであれば、これもまた徐氏の田である。陳氏はどうしてこれを自分のものにできようか。もし徐氏に子供がいないとすれば、陳氏がその田を手にして自分のものにしてもよいであろう。ましてや子供が四人もいる以上、当然、田を子供たちに分け与えるべきで、どうしてその田を自分のものにして子供たちを捨てることなどできようか。もし陳氏に本当にこうした考えがあるのなら、陳文明はその父親であり、陳伯洪はその兄なのだから、つとめて彼女を訓戒すべきで、どうして実家に帰ることを容認し、不義をなすことを助長してよいであろうか。その事情を察してみると、必ずしも陳氏の本意から出たものではなく、陳文明・陳伯洪が実際にはこの挙に出たのである。陳文明には息子や嫁がいないと言うのか。もし陳伯洪が死に、その妻が自分の息子を捨ててその父母に迷惑をかけ、持参した田を持って実家に帰ったとすれば、陳文明は訴えずにおれようか。

陳氏は一人の婦人にすぎず、陳文明も老いている。これは実際上、陳伯洪の罪である。知（臨江）軍の呉寺簿(2)はこの事情を察知せず、逆に徐孟彝の弟の徐善英を処罰し、母親に訴訟沙汰を起こさせるべきではないとしたが、それは陳氏が不義を行うのを放っておくということである。陳伯洪を杖六十に処し、陳氏を徐家に帰し、なお両項の田は徐氏に管理・収益させて、（そのあがりで）息子を教育し、娘を嫁に出すことにすれば、妥当なものとなろう。提刑司に上申して指示を仰ぎ、当事者は保釈*せよ。

【注釈】

（1）原文「婦人謂嫁曰帰」とは、『春秋公羊伝』隠公二年に見える言葉。注に「婦人生以父母為家、嫁以夫為家、故謂嫁曰帰」と見える。ほかに『周易』泰の正義などにも見える。

（2）「寺簿」とは、大理寺主簿か司農寺主簿の略称である。「呉知軍」とは、李之亮『宋両江郡守易替考』（巴蜀書社、二〇〇一年）六〇七頁によれば、嘉定四年（一二一一）から五年（一二一二）にかけて知臨江軍であった呉機という人物である。

【講義】

本条は研究史上、二つの論点を提供する。一つは夫死亡後に婦人が実家へ帰ることの是非をめぐる問題。婚家と義絶して実家へ帰ることを当時の言葉で「帰宗」と言い、再婚することを「改嫁」と言った。逆に婚家に留まって帰宗・再婚しないことを「守志」と言う。もとより儒教の倫理からすれば守志こそが推奨される。黄榦もまた陳氏は帰宗すべきではないと強調しているが、こうした倫理観、すなわち「婦人は二夫に事えず」という道徳律は宋代の道学すなわち朱子学以降に強く主張されたものであることに注意しておきたい。近年、宋代以前の女性の自由奔放さが、大沢正昭氏や欧米の女性史研究者によって見直されている。普通私たちが儒教の教えと考えていることの多くは朱子学の教説であることを忘れてはならない。

二つめは帰宗（あるいは同じく夫の家を去る事態としての改嫁）する時に、婦人の持参財産すなわち「粧奩」をどう扱うかという問題である。粧奩とは化粧箱という意味だが婦人が結婚に際して持参した財産を優雅にこう言う。こうした問題をめぐっては論争があるが、私は最近「粧奩は誰のものか――南宋代を基点にして――」（『史朋』四〇号、二〇〇七年）という論文を発表し、自分の考えを述べた。これは後の（29）条の判牘とも関連するので、そこで詳しく論じるが、ここでは黄榦が陳氏が子供を夫家へ留め置き、持参田（文中から陳氏持参の田と夫が陳氏名義で買った田とが含まれると判断される。最後の箇所に「両項田」と記すのもそれを裏づける)を持って実家へ帰ることを非難しつつも、「もしも子供がいなければ田を持参して帰ってもよい」(使徐氏無子、則陳氏取其田、以為己有可也)と述べるのはなぜなのか、という点に注意を払っておきたい。つぎに、ここで黄榦が判決した事柄が当時の大多数の判断であったと考えることはできないということである。この判決は嘉定五年(一二一二)に書かれたと思われるが、それ以前に裁判は開始され、まずは黄榦以前の新淦県の知県が審理・判決したが、当事者が納得せずに上級の臨江軍へと上訴がなされたのであった。それゆえ右に知軍の呉寺簿(名は機)の判決が要約引用されているのである(当事者はそれにも不服で、再度新淦県へ差し戻され黄榦の判決に至ったのである)。ここで黄榦が「陳氏が不義を行うのを放っておくこと」だと言って知軍の判決を批判していることからすれば、知軍呉機は、陳氏が子供を夫家に置き持参田を持って帰宗すること自体はお構いなしとし、むしろ徐善英が母親を嗾して訴訟事を起こしたことを非難したのである。もとより徐善英および母親の主張は、子供を置いて帰宗するなら持参田を徐家に留め置けというものであったに違いない。

(27)　李良佐訴李師膺取唐氏帰李家

在礼、為之後、為之子。師膺既帰李氏、則以世英為父、以孔氏為母。今復取唐氏帰李家、則是二母也。況李良佐所陳、因唐氏之弟所訟而世英死、此尤人子之至痛、唐氏決不可往来李家、李師膺決不可再収養唐氏。李師膺為李世英之子、已経歴年深、亦嘗為世英持斬衰之服、善事孔氏、母子無間言、友愛師勉、兄弟無異意。李良佐乃輒生異姓不可収養之論、以離其心。在法、祖父母所立之子、苟無顕過、雖其母亦不応遣逐。今其母尚能容之、良佐何人、乃欲遣逐之乎。李師膺断然当為李世英之子、李良佐断然不可妄興異議。唐氏当去、師膺当立。李良佐又欲牓示徐・羅二解元、使不得往来李師膺之家、此亦遣逐師膺之意、蓋欲使師膺失所依也。良佐之処心不臧、情態已見。徐・羅二解元則未見有侵欺之実、豈可預行牓示。況李師膺年已二十二、亦非全然不辨菽麦、而為外人所侵者。徐・羅二解元果有侵欺、李良佐旋行陳告、亦未為晩。世間亦真有可託孤之人、亦安知徐・羅二解元、非念其孤幼而為之経紀其家。難以預行給牓。併行下保、暁諭李師膺兄弟并徐・羅二解元、各照本県所行、取知委、申。

【訳文】

「李良佐が、李師膺が唐氏を連れて李家に帰したと訴えた件」

礼には「これの後になるとはこれの子になるということである」とある(1)。師膺はすでに李氏に帰している以上、世英を父とし、孔氏を母とするのである。いままた唐氏を連れて李家に帰せば二人の母がいることになる。ましてや李良佐が言うところでは、唐氏の弟が訴えたので世英が死んだというが、これは人の子のきわめて苦痛とするところであり、唐氏は決して李家に往来してはならず、李師膺は決して再び唐氏を収養してはならない。

李師膺は李世英の子となってすでに何年も経っており、またかつて世英のために斬衰の喪に服したことがある(2)。よく孔氏に事え、母子には間隙がなく、師勉と友愛し、兄弟には考えの違いがなかった。李良佐はしかるに異姓は収養すべきではないという論を言い立て、その心を離れさせたのである。

法律では「祖父母が立てた子は、もし明らかな過ちがなければ、母であっても追い出してはならない」とある(3)。いま母はなおこれを容認しているのに、良佐はどういう人間で、これを追い出そうというのか。李師膺は断然、李世英の息子となるべきで、李良佐は断然、妄りに異議を申し立てるべきではない。唐氏はまさに去るべきで、師膺はまさに立てるべきである。

李良佐はまた徐・羅の二人の解元*に榜示して、李師膺の家に往来できないようにさせようとしたが、これまた師膺を追い出そうという意図で、師膺に寄る辺を失わせようとしたのである。良佐の心根は悪く、その情実と態度はすでに見てとれる。徐・羅の二解元にはまだ(李家の家産を)騙し取ったという事実はなく、どうしてあらかじめ榜示することができようか。ましてや李師膺は年がすでに二十二歳で、全く世の中のことが分からずに(4)外の人間の侵奪するところとなっているわけではない。徐・羅の二人の解元が本当に騙し取ったのなら、李良佐がその時すぐに告発しても遅くはないのである。世間にはまた本当に孤児を託すべき人がおり、どうして徐・羅の二人の解元が孤幼を思ってその家のやりくりをしているのではないと知れようか。

あらかじめ榜示することは難しい。併せて保に命じ、李師膺兄弟ならびに徐・羅の二解元に説諭し、各々本県の命じるようにさせ、承諾状*を取って上申せよ。

【注釈】

(1) この句は『春秋公羊伝』成公十五年三月乙巳条に見えるが、『礼記』や『周礼』、『儀礼』には見えない。黄榦の記憶違いか。

(2) 「斬衰」とは、父および夫に対する喪を言う。三年とされるが、実質は二十七月である。一周年目に小祥、二周年目に大祥の儀式を行い、大祥の次の三月を禫服期内と言い、それで喪があける。

(3) 黄榦が引用する条文そのものではないが、先の(16)条の【注釈】(2)を参照。『名公書判清明集』巻八、戸婚門「立昭穆相当人、復欲私意遣還」(王留耕)に、祖父が息子のために立てた養孫を、顕著な過誤がない限り祖父自身も遣還できない旨の判語がある。

(4) 原文「不辨菽麦」は、『春秋左氏伝』成公十八年に見え、豆と麦の区別がつけられない愚か者を言う。

本条の関係図は次のとおり。

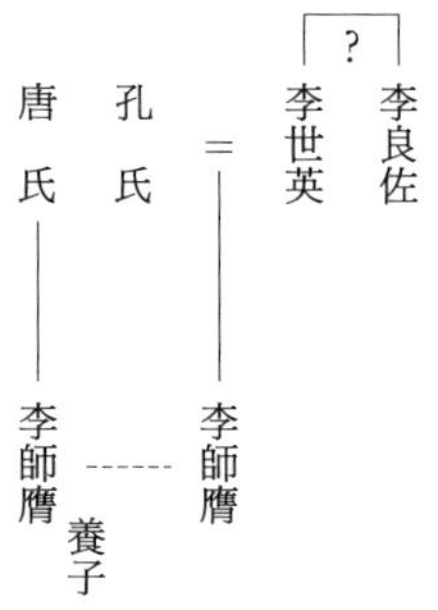

（28）謝文学訴嫂黎氏立継

謝文学名駿、訟其嫂黎氏不立其子五六冬郎為嗣、而立堂兄謝鵬之子五八孜為嗣。自嘉定三年論訴至今、経隔五年。寧都楊知県・柯知県、贛州僉庁及本州趙司法、皆以為立嗣当従黎氏、謝文学不応争立、援法拠理、極為明白。寧都県曾追到黎氏出官供責、称是其夫謝驂在日、与弟謝駿時常争鬧、有同冤家、又称其夫病重、称欲立謝鵬之子五八孜。又追到族長数人、並称謝驂不願立謝駿之子、而願立謝鵬之子。在法、夫亡妻在、従其妻。便使謝驂元無意立謝鵬之子、尚聴黎氏所立。況又出於謝驂之本意乎。今謝文学駿健訟不已、復経転運使台、必欲争立。且法令以為不当立、両知県以為不当立、本州僉庁以為不当立、提刑司委送趙司法亦以為不当立、其族長以為不当立、其嫂黎氏亦以為不当立。謝駿何人、乃敢蔑視官府、違慢条法、欺凌孤幼、斥責族長。顕是豪横、難以軽恕。照得、提刑李吏部悪其健訟、嘗将謝駿枷禁州院、今来尚不悛[1]改。今拠謝駿復遣幹人謝卓、前来本県投詞、錮身解転運使衙、欲乞併追謝駿痛賜懲治、以為豪猾健訟者之戒。

【校勘】

［1］「唆」は「悛」の誤記であろう。

【訳文】

「謝文学が嫂黎氏の立継につき訴えた件」

謝文学は名は駿と言うが、嫂《あによめ》の黎氏が自分の息子五六冬郎を嗣子《あとつぎ》とせずに堂兄《いとこ》の謝鵬の息子五八孜を嗣子にしたと訴え出た。嘉定三年（一二一〇）に訴えてからいまに至るまで、すでに五年を経ている。寧都県(1)の楊知県・柯知県、贛州の僉庁(2)および本州（贛州）の趙司法参軍*は、みな嗣子の選定は黎氏の意向に従うべきで、謝文学は争うべきではないとして、法を引き道理に依拠することはきわめて明白であった。寧都県は以前に黎氏を呼び出して供述させたが、「夫の謝驂が生きていた時に、弟の謝駿とはいつも争いごとがあり、互いに啀み合っていました」と言い、また「夫の病が重くなった時に、夫は謝鵬の息子の五八孜を嗣子にしたいと言っておりました」と証言した。さらに族長数人を出頭させると、みな「謝驂は謝駿の息子を立てたいとは思っておらず、謝鵬の息子を立てたいと思っていました」と証言した。

法律では「夫が死んで妻が生きていれば、（嗣子の選定は）妻の意向に従う」とある。(3) ということは、もし謝驂にもともと謝鵬の息子を立てる意向がなかったとしても、それでも黎氏が立てた者に従うのである。ましてや（黎氏のみならず）謝驂の本意に出たことではないか。謝文学駿は健訟*してやまず、また転運司へ訴えてわが子を立てようと争っている。まさに法令は（文学の息子を）立てるべきではないとしており、二人の知県も立てるべきではないとしており、本州の僉庁も立てるべきではないとしており、提刑司が裁きを委ねた趙司法参軍もまた立てるべきではないとしており、その族長も立てるべきではないとしており、嫂の黎氏もまた立てるべきではないとしている。謝駿は一体何様と思って、あえて官府を蔑視し、法律を蔑ろにし、孤児・幼児を虐め、族長に刃向かうのか。明らかに豪横で、寛恕し難いものがある。

照得*したところ、提刑司の李吏部(4)はその健訟を憎み、以前、謝駿に枷をかけて州院*の獄に閉じ込めたことがあったが、いまになってもなお改悛していない。いま謝駿はまた幹人《しつじ》の謝卓を本県に遣わして訴状を出したので、(謝卓に)枷をかけて転運司に送ったが、(転運司は)併せて謝駿を召喚し、厳しく懲罰を加え、そうして豪横で健訟を行う輩の戒めとしていただきたい。

【注釈】

（1）「寧都県」は贛州管下の県。贛州は江南西路の南端に位置し福建・広南東路と接している。寧都県は贛州の東北部に位置する。

（2）「僉庁」または「簽庁」とは、府・州・軍・監に置かれた幕職官の最高位で、僉書判官庁公事の略称あるいはその治所を言う。

（3）この法は『名公書判清明集』などにしばしば引用される。例えば、同書巻七、戸婚門「已有養子、不当求立」(葉岩峰)を参照。

（4）原文「提刑李吏部」とは、嘉定三年(一二一〇)から翌年まで江南西路提刑であった呉県の人、李珏であろう。李之亮『宋代路分長官通考』(巴蜀書社、二〇〇三年)一六三四頁を参照。この判語が書かれた時、彼はすでに離任していた。

【講義】

謝駿や黎氏は贛州寧都県に居住していたと考えられるが、本判語も、提刑司から転運司へ送られ、ついで転運司から臨江軍新淦県の黄榦のところへ裁きを委ねたのであろう。それゆえ幹人謝卓は転運司へと送られたと考えられる。

(29) 郭氏劉拱礼訴劉仁謙等冒占田産

劉拱礼幷劉拱武妻郭氏、訟劉拱辰之子仁謙・仁愿、不伏監司所断、不分合受分田産。今拖照案牘、劉下班有子三人、長曰拱辰、妻郭氏所生、次曰拱礼・拱武、妾母所生。劉下班有本戸税銭六貫文、又有郭氏自随田税銭六貫文。劉下班死、郭氏亦死、劉拱辰兄弟分産、只将本戸六貫文税銭析為三分、以母郭氏自随之田為己所当得、遂専而有之、不以分其二弟。二弟亦甘心、不与之争。自淳熙十二年以至嘉泰元年、凡十六年、絶無詞訴。蓋畏其兄、不敢訴也。嘉泰元年、拱辰死、拱武・拱礼始訟之於県、又三訴之憲台、又両訴之帥司、経本県鄭知県、吉州董司法、提刑司僉庁、本県韓知県、吉州知録及趙安撫六処定断。鄭知県及提刑司僉庁、則以為拱礼・拱武不当分郭氏自随之産、合全給与拱辰。吉州司法及知録、則以為拱辰不当独占劉下班所得郭氏随嫁之産、合均分与拱武・拱礼。韓知県・趙安撫、則以為合以郭氏六貫文税銭析為二分、拱辰得其一、拱武・拱礼共得其一。六処之説各不同。然趙安撫之所定在後、既已行下本県、而劉仁謙・劉仁愿乃蔑視帥司所定、不肯照所断分析。郭氏所以又復有詞也。以法論之、兄弟分産之条、即未嘗言自随之産、合尽給与親生之子。又自随之産、不得別立女戸、当随其夫戸頭、是為夫之産矣。為夫之産、則凡為夫之子者皆得均受、豈親生之子所得独占。以理論之、郭氏之嫁劉下班也、雖有嫡庶之子、自当視為一体、庶生之子既以郭氏為母、生則孝養、死則哀送、与母無異、則郭氏庶生之子猶己子也。豈有郭氏既死之後、拱辰乃得自占其母随嫁之田。拱辰雖親生、拱武・拱礼雖庶出、然其受気於父則一也。以母視之、雖曰異胞、以父視之、則為同気。拱辰豈得不体其父之意、而独占其母随嫁之田乎。以此観之、則六貫文之税、当分而為三、兄弟均受、方為允当。今試以鄭知県及提刑司僉庁所断、而較之吉州司法・知録之所断、則鄭知県・僉庁之所見甚狭、而司法・知録所見甚広。鄭知県・僉庁之用意甚私、而司法・知録之用意甚公。従司法・知録之所断、則在子為孝於其父、在兄為友於其弟、従鄭知県及僉庁之所断、則在子為不孝於其父、在兄為不友於其弟。一善一悪、一是一非、豈不大相遼絶哉。官司理対公事、所以美教化、移風俗也、豈有導人以不孝不友、而自以為是哉。如韓知県・趙安撫所断、已是曲尽世俗之私情、不尽合天下之公理、劉仁愿・劉仁謙尚且抗拒、則是但知形勢之可以凌蔑孤寡、而不復知有官司。今且照韓知県・趙安撫所断、引監劉仁愿・劉仁謙撥税銭参貫文、付拱礼・郭氏、候畢日放、仍申諸司及使軍照会。

【訳文】

「郭氏と劉拱礼が、劉仁謙等が田産を不法占拠していると訴えた件」

劉拱礼と劉拱武の妻郭氏が劉拱辰の息子仁謙・仁愿を「監司*の判決に従わず、（私たちが）受けるべき田産を分け与えない」と訴えた。

いま一件書類を見てみると、劉下班には息子が三人おり、長男は拱辰で妻の郭氏が生んだもので、その下は拱礼・拱武で妾が生んだものである。劉下班には税銭[1]にして六貫文の家産があり、また郭氏が持参した税銭六貫文相当の田産がある。劉下班が死に、郭氏もまた死に、劉拱辰兄弟は家産分割したが、劉家の六貫文の税銭を三分割しただけで、（拱辰は）母郭氏が持参した田は自分が当然手にすべきと考え、これを専有して弟たちに分けなかった。二人の弟もまたそれを甘受し、兄と争うことはなかった。淳熙十二年（一一八五）から嘉泰元年（一二〇一）まで十六年間、全く訴訟はなかった。おそらく兄を畏れ、あえて訴え出なかったのであろう。

嘉泰元年（一二〇一）に拱辰が死ぬと、拱武・拱礼ははじめてこれを県に訴え、また三度にわたって提刑司に訴え、また二度にわたって安撫司*に訴え、本県の鄭知県、吉州の董司法参軍*、提刑司の僉庁[2]、本県の韓知県、吉州の知録事参軍および趙安撫使と、六ヵ所の判決を得た[3]。鄭知県および提刑司の僉庁は「拱礼・拱武は郭氏の持参した田産を分けるべきではなく、すべてを拱辰に与えるべきである」とした。吉州の司法参軍および知録事参軍は「拱辰は劉下班が得た郭氏の持参した田産を独占すべきではなく、拱武・拱礼に均分すべきである」とした。韓知県と趙安撫使は「郭氏の六貫文の税銭を二分割し、拱辰は二分の一を、拱武・拱礼が二分の一を得るべきである」とした。六ヵ所の判決は各々異なっていた。しかし趙安撫使の判決が最後に出され、すでに本県に下されたが、劉仁謙・劉仁愿は安撫司の判決を蔑ろにし、あえて判決どおりに分割しようとはしなかった。郭氏が再度訴え出た所以である。

法律から言えば、兄弟分産の条文では、持参した財産はすべて実子に分与すると言っていない。また持参した財産で別に女戸を立てることはできず、夫の家の財産に組み入れよと定めており、ということは（持参した財産は）夫の財産なのである。夫の財産であれば、夫の息子たる者はみな均等に分与されるべきで、どうして実子が独占できようか。道理から言えば、郭氏が劉下班に嫁いだからには、嫡子と庶子がいたにせよ、自ずと同等に扱うべきで、妾腹の子も郭氏を母親として、生きては孝養し、死しては哀送することは実母と変わりないのであるから、郭氏の妾腹の子も実子と同じなのである。どうして郭氏が死んだ後に、拱辰は母親の持参した田産を独占できようか。拱辰は実子であり、拱武・拱礼は庶子であるとはいえ、父親から気を受け継いだという点では同一である。母親から見れば別の腹から生まれたとはいえ、父親から見れば同一の気である。拱辰はどうして父親の意を体せずに、母親が持参した田産を独占できようか。

以上から、六貫文の税銭は三分割し、兄弟が均等に分けるのが妥当である。いま試みに鄭知県および提刑司の僉庁の判決を、吉州の司法参軍と知録事参軍の判決と比較してみると、鄭知県と僉庁の見解は視野が甚だ狭く、司法参軍と知録事参軍の見解は視野が甚だ広い。鄭知県と僉庁の心配りは甚だ不公平で、司法参軍と知録事参軍の心配りは甚だ公平である。司法参軍と知録事参軍の判決に従えば、息子にあってはその父親に孝で、兄にあってはその弟に友であり、鄭知県と僉庁の判決に従えば、息子にあってはその父親に不孝で、兄にあってはその弟に不友である。一方は善で一方は悪、一方は是で一方は非となり、何故にこうも隔絶するのか。官司が訴訟事を裁くということは、教化を向上させ、風俗を良いほうに向けることであって、どうして人を不孝・不友に導いて、自らよしと言えようか。

韓知県と趙安撫使が判決したところは、すでに世俗の私情を尽くしているが、天下の公理に尽く合っているわけではない。劉仁愿・劉仁謙がなおも拒み争えば、それは勢力に＊よって孤児や寡婦を虐め侮ることであって、官司の存在を意にかけない行為と言うべきである。いまは韓知県と趙安撫使の判決に従い、劉仁愿・劉仁謙に文引＊を出して税銭三貫文を拱礼と郭氏とに分け与えさせ、終わった日に釈放し、なお（この措置を）諸司および知軍に上申して照会する。

【注釈】

（1）「税銭」とは、両税の中の夏税を言い、また「産銭」とも言った。地域や時期によって異なるが、およそ畝ごとに数文から数十文が普通だが、時に百文を超えたと言われる。いずれにせよ、ここでの六貫文は少なくない田産と言える。

（2）提刑司には僉書判官庁公事という官は置かれていないから、ここでは提刑司の事務局という意味で用いているのであろう。黄震『黄氏日抄』巻七〇、申明一「再申提刑司乞将理索帰本県状」には、黄震が呉県の県尉となった時のこととして「始某到官、聞此境百姓所在持仗拒捕、及入僉庁、見所在申到殺傷公事」とあり、県尉司の事務所を僉庁と言っているし、後の文天祥の判語にも提刑司の僉庁が出てくる。おそらく南宋末には簽書を行う場所を僉庁と呼ぶことが行われたのであろう。

（3）文中の鄭知県は鄭鎡、韓知県は韓元卿である。嘉靖『臨江府志』巻四・官師、および隆慶『臨江府志』巻五・官師を参照。趙安撫使は嘉定二年（一二〇九）に江西安撫使となった趙与択か趙希懌であろう。『南宋制撫年表』巻上を参照。

本条の関係図は次のとおり（×印は死亡者）。

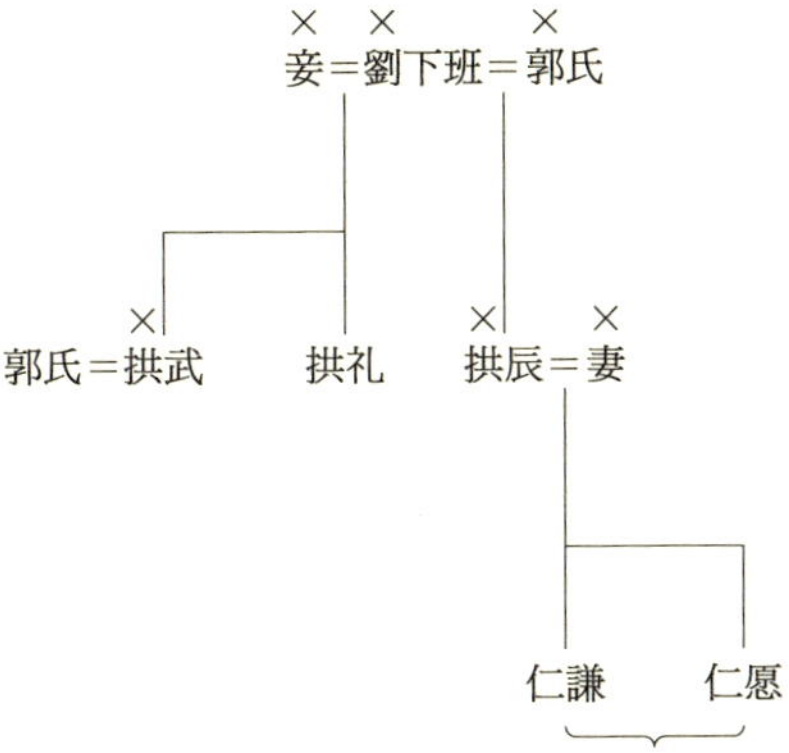

	拱武	拱礼	仁謙・仁愿
鄭知県・提刑司僉庁			6 貫文
吉州司法・知録	2 貫文	2 貫文	2 貫文
韓知県・趙安撫	1.5 貫文	1.5 貫文	3 貫文
黄榦(公理)	2 貫文	2 貫文	2 貫文
(判決)	1.5 貫文	1.5 貫文	3 貫文

【講義】

先の(26)条と関連して、ここでも問題となるのは妻の持参財産すなわち粧奩である。宋代法では、粧奩(土地などの不動産)でもって婦人が単独の戸籍筆頭者となることはできず、夫の家の資産の一部として登録することになっていた(「自随之産、不得別立女戸、当随其夫戸頭」)。また粧奩は夫とともに持ち主となる(「同夫為主」)とも規定されていた。ならば右の判決で黄榦が言うように粧奩は夫の資産と見なされていたのであろうか。右の案件はこの問題を解明するに当たって、きわめて有益かつ有力な証拠を提供してくれる。都合十一年にわたる訴訟は六箇所の判断を得た。判断は三つに分かれた。第一は、(甲) 嫡子に全部を与えるべしとするもの。これは粧奩は母親単独の資産であるという考えに立つものと言える。第二は、(乙) 嫡子と庶子とを問わず均等に分配すべしとするもの。これは粧奩は夫の伝来資産と同じく夫家の家産の一部であるという考えに立つものである。第三は、(丙) 嫡子と庶子とで二対一の比率で分配すべしとするもの。これは人情を斟酌すればという考えに立つ折衷案と言えよう。黄榦は見られるように第二の (乙) こそが法律にも道理にも合するという立場に立ちながら、結果的には (丙) の折衷案を採用し言い渡している。ただし注意すべきことは、黄榦の判決以前に、最後に出されたという趙安撫使の判決を劉仁謙・仁愿兄弟は蔑ろにして従わず、それゆえ拱武の妻郭氏が再度訴えたとある。黄榦の判決はこの趙安撫使と全く同じ内容なのであって、これで劉仁謙兄弟が承服したとは思えないのである。

ところで、滋賀秀三氏はこの判決を引いて「問題は実際上なかなか微妙ではあるが、理論的には、持参財産も特別の扱いを受けることなく、夫の財産と合体して夫の諸子に無差別に均分せられるべきであったことがはっきりしていた」(滋賀氏『中国家族法の原理』(前掲)五二八頁)と記すが、いささか牽強附会の感を免れない。私たちに残された判牘が黄榦のものではなく、(甲) または (丙) の誰かのものであったとすれば、私たちは当時の状況について異なった理解を導き出した可能性があるからである。むしろ私たちが導き出すべき論点は、南宋社会に粧奩が誰のものかという問題に関して共通の認識がいまだ成立しておらず、それゆえ法律にもまたそうした規定は存在しなかったということであろう。劉拱辰が存命中、彼が母の粧奩を専有していたにもかかわらず二弟は十六年間それを黙認していたとある。黄榦は兄を畏れたからであろうと言うが、もしこれが父家の家産であったなら決してこうした黙認はありえないことである。なぜなら諸子均分、兄弟均分は固い社会的原則であり法であったからである。粧奩に関してはいまだこうした原則も法律も存在せず、個別のケースごとに問題は処理されていたのであろうと思われる。

権太平州

（30）張日新訴荘武離間母子

張敷文孫名日新、経官論編管人荘武又名三聘、離間其母、使其母尽逐両房児婦。持到荘武親書与其母簡帖両紙、外作妻封、内作自名。当将荘武送獄根究、両紙委是親書。拠荘武供、旧曾在張宅作館客、豈有旧館客輒写簡帖、与館主寡婦之理。又供前後往来、飲酒雑坐無間、此何理耶。且其簡帖之詞有曰、自安人従家間帰去、他門便大字写在書院牕上呪人、及要殺人。又曰、除是安人出外商議方可、看了毀之。其詞意褻狎、情理切害乃如此。是必欲逐其子、而惟荘武之言是聴也。乱男女之別、離子母之情、荘武之罪其可貸乎。若採之衆論、則又不止於簡帖往来而已。一郡之人為之不平。夫能使母逐其子而不顧、則是必有以蠱惑其心者矣。顧人子不敢言、官司亦不必推究、庶幾子母可以復合也。且荘武、福州人、自称曾請郷挙、観其詞気字画、不類士人。嘗以為人指引代筆、編管当塗、自当少知斂戢、姦険凶横、累有過犯。為朱僉判館客、則既導之為非矣、復挾人以訟之、朱竟罷去。為張伸館客、則以尋捉学生為名、径登其女之臥榻、以致論訴。至於撻使婢、而使之縊死、軽税官、而敢於無礼、皆見之訟牒。毎追到官、則先為凶暴之状、以陵駕長官、雖宇文侍郎以法従之、貴亦不免於無礼、官司亦毎以士類而曲貸之。凡此数事、苟未至於甚為人害者、猶可貰也。張敷文以宦族故家、而荘武乃専其家政。若不懲治、則張氏家悉帰於荘氏、両子無所帰、一家将自破矣。為政者豈得不為之動心乎。窃謂当塗本非荘武之故郷、荘武見係編管之罪人、以士類之故、且免其断治。再将荘武移徙隣郡、則寡婦之謗可以自明、孤子之愛可以復合、張氏之家不至大破、荘武亦不至於稔其罪、而猶可以自新。但荘武元係得旨編管人、州郡不敢自専。若欲申聞朝省、則么麼小官、暫摂郡事、亦不敢以軽挙。宝文大卿到日呈。

【訳文】

権知太平州(1)(の時の判決)

「張日新が、荘武が母と息子を離間させたと訴えた件」

張敷文の孫は名を日新と言うが、編管(2)された荘武、またの名を三聘なる者が、その母を(家族から)離間し、その母に二人の息子と妻を追い出させたと官司へ訴え出た。持ってきた荘武の親書とその母の手紙の二通は、外は妻の封書だが、内側は自分の名を書いていた。

荘武を獄に送って追究すると、二枚の紙は確かに自ら書いたものであった。荘武の供述によれば、以前に張宅で家庭教師をしていたと言うが、どうして昔の家庭教師が妄りに手紙を書いて雇い主の寡婦に与えるなどという道理があろうか。またこれまでの交際に関する供述では、寄り添って酒を飲んだと言うが、これは一体どんな理屈なのか。かつ手紙の文には「安人(3)が婚家から実家へ帰った時、書院の窓の上には「呪ってやる」および「殺してやる」と大書していました」とあり、また「安人が外出した時に相談するのがよく、見たら破棄して欲しい」とあった。その言葉は猥褻で、情理をきわめて損なうことはこのとおりである。これはきっとその息子を追い出そうと思い、荘武の言うことだけを聞くということである。男女の別を乱し、母子の情を離したのであり、荘武の罪は許せないものである。もしみなの意見を徴したならば、また手紙の遣り取りに止まるものではないと言うであろう。これは一州の人がみな不満に思うことである。母親に息子を追い出して顧みないようにさせるということは、必ずその心を蠱惑する者がいたということである。顧みたところ、人の子があえて言わなければ、官司もまたあえて追究すべきではなく、そうすれば母子はまた一緒になれるというものであろう。

かつ荘武は福州の人で[4]、かつて解試*を受験したと言うが、その言葉遣いや書いた字を見ると士人*とは思えない。かつて人のために教唆・代筆したことで、当塗県に編管されたのであるから、少しは自らを戒めるべきであるのに、陰険で凶悪なことをしばしば犯している。朱僉書判官[5]の(家で)家庭教師をしたが、非行に導いたばかりか、また人を引き入れて朱を訴えさせ、朱は結局、辞職してしまったのである。張仲の家庭教師になると、学生を捕まえるという口実でその娘のベッドに上がり、裁判沙汰となった。女中を鞭打って首つり自殺をさせ、税官を軽視してあえて無礼を働いたことは、みな訴状に見ることができる。官司に出頭するごとに、はじめは凶暴な様子で長官を凌駕し、宇文侍郎[6]が法律で従わせようとしたとはいえ、身分の高い者でも無礼に遭い、官司もまた士類であることから曲げて許してきたのである。およそこうした数事で、甚だしくは人の害になっていないものはなお許すべきである。張敷文は官僚の一族の古い家であるが、荘武はその家政を牛耳っている。もし懲罰を加えなければ、張氏の家産はすべて荘武のものとなり、二人の息子は帰るところがなく、一家は自ずと破産するであろう。為政者はどうしてこれに心を動かされないでいられようか。

窃かに思うに、当塗県はもともと荘武の故郷ではなく、荘武は現に編管された罪人であるが、士類のゆえにしばしば処罰を免れている。再度、荘武を隣州に移住させれば、寡婦に対する謗りは明らかに晴れ、孤児の愛情もまた母と合い、張氏の家も大きく破産するには至らず、荘武もまたその罪を大きくするには至らず、なお生まれ変わることができよう。ただし荘武はもともと勅旨で編管された人であるから、州政府はあえて勝手な決定はできない。もし朝廷に申聞しようにも、私のような小官は暫時、州の政治を預かっているだけなので、あえて軽挙は行わない。宝文大卿[7]が到った日に(彼に)上呈する。

【注釈】
（1）「太平州」は、江南東路に属し、後出の当塗県（現在の安徽省当塗県）に治所が置かれた。
（2）「編管」とは、追放刑で、追放先で戸籍に編入し定期的に官司へ出頭する以外は他の住民と同じように生活することができた。詳しくは辻正博『唐宋時代刑罰制度の研究』（前掲）第七章「宋代の編管制度」を参照。
（3）「安人」とは、政和二年（一一一二）に定められた婦人の封号で七段階の中の下から二番目、夫の寄禄官が朝奉以上の婦人が安人である。
（4）「福州」は、福建路福州、現在の福州と同じ位置。
（5）「朱僉書判官」とは、光緒『太平府志』巻一四、職官によれば、朱倹民であろう。
（6）「宇文侍郎」とは、右の光緒『太平府志』職官によれば嘉定年間（一二〇八～一二二四）の太平州知軍州事として挙げられている宇文紹彭であろう。
（7）「宝文」とは、宝文閣学士の略称であろう。正三品。

漢　陽

（31）　漕司行下放寄荘米

漢陽田土所出、只得養活漢陽軍百姓、若尽数搬出外界、漢陽之民必致餓死。漢陽老知軍情願放罷、不敢餓死百姓。送務、照已判。

【訳文】
知漢陽軍（1）（の時の判決）
「転運司が米穀を移送するよう命じてきた」

漢陽の土地が生産するものは、ただ漢陽軍の人々の生活を支えることができるだけで、もしすべてを外地に搬出すれば、漢陽の民は必ず餓死するに至るであろう。漢陽の老知軍である私は米穀の移送を中止し、人々を餓死させないよう願っている。監庫務(2)に(この判断を)送付し、先の判断どおりに処理させよ。

【注釈】

(1)「漢陽軍」は、荊湖北路に属し当該路の枢要の地である。現在の湖北省武漢市。

(2)「監庫務」は、未詳。おそらく漢陽軍に置かれた米穀を管理する監当官で、その責任者ではないか。

【講義】

黄榦は、年譜によれば嘉定七年(一二一四)九月に権発遣知漢陽軍事に任じられ、十月に任地に到っている。この職は嘉定九年(一二一六)二月まで。当時金軍との戦いは漢陽軍にまで近づいており、そのために軍糧補給が急務となっていた。本条はおそらくそうした事態と密接に関係する。文集巻末の年譜には当時の漢陽の様子を、「葉士龍曰、漢陽実武昌之唇歯、呉・蜀之咽喉。先生丙寅年間、親見武昌之民望漢陽之烽火、以決去就、而略無城郭之固、郭内之民僅二千家、有弊二百人。郭外沿江亦二千家、皆浮居草屋、夏則遷於城南、冬則遷城北」と記す。また、文集巻三一・公箚「申転運司乞止約客荘搬載租課米事」には、次のように見える。

申転運司乞止約客荘搬載租課米事

照対、漢陽軍毎歳苗米不過二千石。若以什一之法論之、所産米止有二万石。両県百姓共有二万家、毎家五口、共有十万口。以所産之米贍所居之民、毎口一歳只得二斗米食用。本軍全藉徳安府復州米、通融接済。今上流米既不通、則全藉田土所産耳。若富家大室在此居者、則当以所餘之米贍此邦之民。若在外界居、輒累数百斛搬出外界、則是坐視百姓之餓死也。朝廷通融之意、蓋以為有餘州郡、而補不足。非謂括不足州郡、而使之赤立也。昨拠趙知監家載到米、本欲勒令尽数糶与郷民。尋拠其幹人哀鳴、遂免其税銭、量羅一半、已与之、載過一半、尚深慮後来者之援例也。今更輒敢経使司陳詞、顕是無厭。謹具因依、申転運使司、欲乞台判今後遇有陳詞欲取租課穀者、乞勒令移徙就田産居止、庶幾細民感戴更生之賜。

（32）沈総属

郡無大小、倶為守土。関津有禁、不但取征税、亦以防姦盗、譏出入也。舟楫至境、不以見告、径斫纜索、鼓噪而去、此何理耶。浮数巨艦、所載何物。若非有慊、何故如此。苟非横取、多自為興販、則必夾帯商賈、図取財物。申転運司、乞行下鄂州、拘下船隻、捜検税物、以戒姦貪。

【訳文】

「沈総属(1)」

州に大小となく、ともに守る土地である。関津に停船箇所があり、徴税するのみならず、また悪事・盗窃を防ぎ、出入りを検査するのである。

船舶が境域に到るも現に告知することなく、ただちに艫綱を切り、太鼓を鳴らして騒ぎ立てて去るとは、一体どういう道理であろうか。巨艦をいくつも浮かべているが、積載しているのはどんな物か。もし不都合なことがないのであれば、何故こうなのか。もし不法に奪取した物ではなく、多くが自ら商売をするのであれば、必ず商人を帯同し、財物を手に入れようとするはずである。

転運司へ上申し、鄂州(2)へ命令を出して船隻を拿捕し、税物を検査し、そうして貪欲な悪党を戒めていただきたい。

【注釈】

（1）南宋代には淮東、淮西、湖広、四川の四総領所が置かれたが、「総属」とは総領所の属官を言う。具体的には幹辦公事、准備差遣、准備差使、主管文字等である。ここでは沈姓の総領所の属官が悪事を働いているのである。

（2）「鄂州」は、荊湖北路に属し、漢陽軍の西北に位置する州。

【講義】

文集巻末の年譜には、おそらく右と関連して、「時制帥趙公方与漕使呉公柔勝交争、始者制司遣兵於本軍境内邀截、不令入武昌界。漕司以聞於朝、制司又反其説、欲令本軍発取所椿米斛、以給鄂州、文移甚急。時先生多方招往来船、商者説而願集於漢陽之市。其至鄂渚者甚希、漕司恥之、又令人邀勒商船、必帰其境。先生皆不以為然、累書争論、辨析甚詳」と見える。また右に関連して、文集巻三一・公箚「申転運司為客船匿税及米価不同事」に次のように見える。

申転運司為客船匿税及米価不同事

照対、本軍客旅舟船自漢江来者、必経由郭師口関、発赴軍投税。郭師口去軍城二十里、例是一日或両日即到務。如四五日不到、即係沿路搬寄、私下交易、隠瞞税銭例、是照瞞税例断治、抽分監賞、毎月務官将官発曆根刷。六月内務官根刷、有羅太唐太船、経隔二十餘日、不曾到務。遂遣人根追、乃変易姓名、蔵伏港汊。将河巡等人断治、方始捉到。遂将両名送獄、属以旱乾、姑従釈放、仍監両名所載糯米出糶、照本軍酌中価例還銭、可謂寛恕之甚。今乃輒経使台陳詞、顕是頑猾。湖北糯米与飯米同価、去年糶両貫一石。今春糶両貫弐伯文一石、已而大旱、遂増参伯、又増弐伯。遂増至参貫乙石。客旅以一貫四百文搬販糯米、経渉二三百里、而獲倍称之息、亦何所不可。若必悉饜其欲、則雖百千未止也。本軍酒務、旧是務官自糴米、自造酒。去冬以来、本軍為之収糴糯米、務中納銭出米造酒。本軍以三貫文糴米、只糶与務中両貫七百文、並有文曆可照。蓋寧少取息銭、不使酒味淡薄。此豈龍断者之所為。今羅太又以両台米価比較高下、物之不斉、或相什伯、豈能比而同之。両台米価所以貴者、其説有三。交量則有斛面、或三升或五升、一也。交米給銭、則稽留日久、二也。倉中交米、庫中支銭、則有乞覔除剋、三也。客人得価雖多、而費用頗広、亦無怪其価之貴也。本軍只似小小人家交米、則客人自量、既無斛面之費、左手交米、右手交銭、又無稽留之患、支給銭物、並是客人当庁請領、又無除剋之擾。此米価所以頗減於両台也。豈是有龍断之心哉。且以客具三色米価言之、以総所漕台棟宇相接、而米価已自不同。総所価銭已減使司一貫、豈是有龍断之意。況又一江之隔、則事体自応不同。況本軍収糴糯米、客人一様価例、何独於羅太而有不平。蓋縁羅太既不平、本軍嘗将羅太収禁、而又適遇羅太糴米之時。総所忽遣人吏前来本軍、置局収糴糯米、増多価銭、客人遂欲援是以為比有一郡則有一郡之体例、亦豈得而同之。如黄州飯米、糴二十貫官会。鄂州只糴五貫五伯文、物之不斉乃如此。以此見得本軍不是龍断、亦与知録全無干渉。窃恐使司不知上項因依、須至申聞。

安　慶

（33）　太学生劉機罪犯

行己有恥、則謂之士、郷党称弟、則謂之士。劉機既為士人、又嘗遊太学、自合動循礼法、恪守士行。今乃専事豪縦、陵蔑閭里、人言籍籍、姑置不問。既入酒肆、復欧妓弟。行検如此、便使読書破万巻、文章妙天下、亦何足以歯於為士之列。淮人本醇質、士子亦皆重厚。劉機但以太学之故、而所為狂悖乃如此。当官而行、何強之有、一太学生亦何足道哉。劉機且与従恕放。如敢再犯、定当具奏、屏之遠方、以為不守士行者之戒。

【訳文】

知安慶府(1)（の時の判決）

「太学生(2)劉機の犯罪」

行いに恥がある者を士と言い、郷党が弟と称する者を士と言うのである(3)。

劉機は士人*であるのみならず、また以前に太学で学んだことがあるのだから、当然、常に礼法に従い、謹んで士たる行いを守るべきである。いまはしかるにもっぱら恣意に任せて地元の者を虐待し、人々は騒ぎ立てているが、この件はしばし不問に付しておこう。居酒屋に入ると、今度は妓女を殴ったのである。品行がこうした有様では、たとえ万巻の書物を読破し、文章が天下に絶妙であったにせよ、どうして士人の仲間とすることができようか。淮人[4]は本来純朴で、士人たちもまた重厚である。劉機は太学生であったというだけで、行いの凶暴なることはこうである。

私がこの問題を処理すれば、無理にこうしたことは発生させないし、一太学生など取るに足りないのである。劉機はしばし寛恕に従い放免する。もしあえて再犯すれば、必ず上奏を行い、彼を遠方に追放し、士行を守らない者の戒めとする。

【注釈】

（1）「安慶府」は、当時の淮南西路に属す府で、現在の安徽省潜山県、現在の安慶市とは位置が異なる。

（2）「太学生」とは、宋代における最高学府太学の学生である。南宋代には紹興十二年（一一四二）に臨安府に再建された。北宋中期に太学三舎法が施行され、学生は成績に応じて外舎、内舎、上舎と進級し、上舎の優秀な者は科挙を免じて直接官僚の資格を与える方法などが試みられた。

（3）『論語』子路に見える言葉。

（4）「淮」とは、淮水から長江の北側あたりを言う。現在の安徽省と江蘇省北部に相当する地域である。もとよりここでは、より具体的に安慶府近辺を指す。

（34）　王珍減剋軍糧断配

王珍為軍典、尋常管兵士請給月糧衣銭、例毎減剋、已是無理。本府興築城壁、労動軍士、自非得已、王珍更不思軍人辛苦、亦敢減剋、銭輒剋、米弐升半輒剋五合、情理切害。王珍決脊杖十五、刺面配撫州牢城。楊煥不点名支破、勘杖一百、呂青押楊煥就王珍家、取未散銭米、幷盗剋下銭米支散。

【訳文】

「王珍は軍の糧食を掠め取ったので配軍刑*に処す」

王珍は軍典(1)で、常日頃、兵士が月々の糧衣銭(2)を請求するのを管理し、必ず常に掠め取っていたが、それは道理が立たないことである。本府が城壁を築く際に、軍士を動員するのはやむを得ないことで、王珍は軍人の苦労を思わず、またあえて掠め取り、銭は妄りに減らし、米が二升半であれば五合を削っており、情理としてきわめてあくどい。王珍は脊杖十五に決し、顔に入れ墨をして撫州の牢城軍*に配する。楊煥は(兵士の)名を確認して支払わなかったので、杖一百を科し、呂青は楊煥を護送して王珍の家に行き、まだ支払っていない銭米を返納させ、ならびに掠め取った銭米を軍人に支払わせる。

【注釈】

(1)「軍典」とは、公吏の名で、枢密院皮剝所や外宗司財用司などで文書や簿歴の書写に従事した。

(2)「糧衣銭」とは、軍人の給与。

(35) 宣永等因築城乞蠲断配

安慶大府、素無城壁、無以為守禦之備。当職不自量度、妄意興築、支費浩大、官司未易了辦、不免資百姓之力、以衛百姓、甚非得已。揆之於心、毎切自愧。今既令人戸出備博子木、搬担至府、尉司人吏乃輒敢邀阻乞覔。人戸献木尚復要銭、則公事追逮、其擾可知。此而不治、是使本府重得罪於百姓也。宣永・張明・李明・龔顔各決脊杖十二、刺面配一千里外州軍牢城。案開具所寄銭、追納抄估到家業牓売、仍備牓府県暁示。如並縁築城、輒敢擾民者、許人陳首、賞銭三百貫、犯人重行断治。

【訳文】

「宣永等は築城に乗じて横取りしたので配軍刑*に処す」

安慶府*は大府であるが、従来から城壁がなく、防禦の備えとするものはなかった。私は自らよく考えずに妄りに建設を思い立ったが、費用は膨大で、官司は調達が容易ではなく、百姓の力を借りて百姓を守る以外になく、甚だやむを得ないことである。このことを考えると、いつも痛切に恥じ入ることになる。

いますでに人戸に慱子木(1)を準備し、府まで運んで来させたが、県尉司の人吏が行く手を阻んで金銭を要求した。人戸が木材を献納するにも銭を要するというのなら、裁判での呼び出しがどれほどの迷惑かは推して知るべきである。こうした状況を取り払わなければ、本府は重ねて百姓に罪を得ることになる。宣永・張明・李明・龔顔は各々脊杖十二に処し、顔に入れ墨をして一千里外の州軍の牢城軍*に配する。担当係*は送り寄こした銭を書きつけ、官に没収した彼らの家産を榜文*で競売にかけ、なお府と県とに榜文を出して(民に)知らせるようにせよ。もし城壁の建設に乗じて妄りに民を擾害する者がいれば、人が告発するのを許し、銭三百貫を賞金として与え、犯人は重く処罰する。

【注釈】

（1）「慱子木」は、城壁を築く際に用いる木材であることは右本文から窺えるが、具体的には未詳。

【講義】

安慶府の城壁修築に関しては、黄榦の文集巻末の年譜にもその事情が詳しく見え、巻二九・公箚「安慶与宰相乞築城及辺防利便」、巻三一・公状「安慶築城申省」など数条にも見える。黄榦は朝省の許可を待たず五月八日に工事を開始したと年譜は記す。以下右掲の二条を示しておく。

安慶与宰相乞築城及辺防利便

榦一介寒微無足比。数誤蒙鈞慈、曲賜収録、起従香火、畀以潜藩、抜之於世所共棄之中、置之於望所不及之地、固知筋力既衰。辺陲多事、難以称塞。然以恩徳隆厚、不敢固辞、扶曳就道、勉竭駑疲、以図報効。榦伏自開禧丙寅、往来兵間、親見北虜入寇、棗陽無城、最先破。随州無城、則又破。復州無城、則又破。信陽・荊門無城、則又皆破。郢州号為石城、虜人囲之三日而去。襄陽・徳安城最堅、攻累月而不破。以是知古人築城鑿池、以為捍禦。此不可易之長策也。自更化以来、力排群議、一意修築辺城、両淮江南可以安枕而臥、此不世之大功也。榦昨守漢陽、嘗以城壁為請、朝廷以為内郡遂寝其議。今到安慶、亦覚此役不可不興、謀之郡人、謀之同官、皆以為然。遂敢条具申聞。欲望鈞慈断在必行、則龍舒之民、感戴恩徳、当与潜皖、相為無窮也。至望至望。榦近亦有書稟李制帥、以為保伍不可不結、屯田不可不講。此二事者、兵可強、国可富。若其説可行、則守禦無遺策矣。榦視事之五日、即聞浮光有警、又五日、聞安豊亦被擾、残虜狂悖。此天速其亡也。十数日来天雨不止、頓兵堅城之下、以此之逸、待彼之労、亦何足慮。但彼亦獣、窮則搏、自此亦恐未有安静之日。更望鈞慈超然遠覧、毋為宴安之謀、勿聴苟且之論、使在我有金湯之固、彼自望風不敢正視、則永永無虞矣。

安慶築城申省

不可無城、則安慶之城誠不可不築。榦除已一面将官銭収買木石興工外、欲望鈞慈特賜敷奏朝廷、抛榦所陳行下本州、照応施行、不勝千里生霊之幸。

（36）　武楷認金

掘土得金、元是武安撫宅基、武楷遂認以為旧物。訪之邦人、乃以為元是天井劉家宅基、武安撫復於上居止。以事理考之、必是劉家之物、蓋蔵金於地、為避賊而蔵也。安撫方提兵討賊、又何為而蔵金於地耶。但武安撫有功於此邦、見之墓誌、未及百年、其子孫零替如此、使人為之悵然。便無認金之訟、官司亦当賙恤。但聞武楷自少不学、家産破蕩、若得銭、又復妄費。公庫置暦、毎月批送銭五貫省、自七月為頭、薄贍其家、以為有功於此邦者之報。

【訳文】

「武楷が金の取得を承認した件」

土を掘って金を得たが、もともとそれは武安撫使(1)の宅地で、武楷は結局、昔の物だと認めた。これを地元の人間に尋ねると、もともと天井(2)の劉家の宅地で、武安撫使はその上に(家屋を建てて)住んでいたという。事の道理で考えれば、必ずやこれは劉家の物で、おそらく金を地中に隠したのは賊を避けるために隠したのであろう。安撫使が兵を率いて賊を討伐する際に、金を地中に隠す必要などないはずである。

ただ武安撫使はこの地方に功績があり、それは墓誌銘に見えるが、まだ(亡くなって)百年にも及ばないのに、その子孫はこんなにも零落しており、人を慨嘆させるものである。すなわち金の所有をめぐる訴訟がなくとも、官司は(武氏を)援助すべきである。ただ聞くところでは武楷は若い時から学問をせず、家産は使い果たしており、もし銭を得てもまた浪費するという。官の庫に帳簿を置き、毎月、許可を得て銭五貫を送るが、七月から始めることにして、少しくその家を援助し、この地方に功績があった者への報いとしよう。

【注釈】

（1）「武安撫使」は、『南宋制撫年表』では確認できない。

（2）「天井」とは地名であろうが、特定できない。天井関か。

（37）劫盗祝興逃走処斬

照得、安豊軍遞押到配軍祝興・徐青、為妄伝辺事、各持軍器作威、執火劫奪客人財物、決脊杖二十、刺配二千里。本府差寨兵高成管押前去、至中路、其徐青・祝興反将高成欧打逃走。当捉獲到祝興一名、拠各人供責分明。本府照得、辺事方興、小人喜於倡乱、並縁劫掠、自不応更分首従。今安豊軍従軽決配、已是失刑。今又尚敢欧打防送人逃走、祝興押赴市曹斬首、府城号令三日、伝下諸県、各号令三日。未到人徐青賞銭五百貫文、許諸色人捕捉。申朝廷、乞行下辺郡、応有此等凶悪之人、並不分首従処斬。所有本府不合擅斬強賊、乞賜竄謫施行。仍申諸司。

【訳文】

「強盗の祝興は逃走したので斬刑に処す」

照得*したところ、安豊軍(1)が駅伝を経由して護送してきた配軍刑*の祝興・徐青は、妄りに辺事を伝え、各自が兵器を持って威を振るい、篝火を手に客人の財物を強奪したので、脊杖二十に処し、入れ墨をして二千里に配軍(2)された者たちである。

本府は寨兵(3)の高成を派遣して身柄を護送させたが、道の途中で徐青・祝興は逆に高成を殴打して逃走した。すぐさま捕まえた祝興一名は、各人の供述によれば間違いなくその人である。

本府が照得したところ、国境での戦争がまさに起ころうとしているが、小人は世の中が乱れることを喜び、ならびにそれに乗じて劫掠を行っており、自ずと首犯・従犯(4)を区別する必要はない。いま安豊軍は軽きに従って配軍刑に処したが、すでに量刑を誤っている。いままたあえて護送人を殴打して逃走したのであり、祝興は目抜き通りに連行して斬首とし、府城に晒すこと*三日、その後、管下の諸県に伝送して各々晒すこと三日とする。まだ身柄を確保していない徐青には、五百貫文の賞金を懸け、誰でも捕捉を許す。

朝廷に上申し、国境近辺の諸州に命令を出し、あらゆるこうした凶悪な人間は、首犯・従犯を問わず斬首刑に処していただきたい。問題の本府が不届きにも強盗を斬首にしたことに関しては、私を遠方へ追放刑にしていただきたい。なお路の各監司に上申する。

【注釈】

（1）「安豊軍」は、淮南西路に置かれた行政区画の軍である。現在の安徽省に属す。

（2）原文「刺配」とは、入れ墨をして配軍刑にすることを言う。詳しくは、曾我部静雄「宋代の刺配について」(『中国律令史の研究』吉川弘文館、一九七一年、第二章第二節に所収)を参照。

（3）「寨兵」とは、軍事的に険要なところに「某某寨(舗寨)」なる拠点を置き、その指揮官たる知寨あるいは寨主(巡検などが担当)の下に配属された士兵を言う。土兵は禁軍や廂軍とは別に現地で採用された兵士である。

（4）原文「首従」とは首犯と従犯を言うが、共犯者の中で通常は造意者を首犯、随従者を従犯とし、首犯に法定刑を科し、従犯は一等を減ずる。『唐律疏議』または『宋刑統』の名例律、「共犯罪造意為首」、また滋賀秀三氏の解説(『訳註日本律令五　唐律疏議訳註篇一』東京堂出版、一九七九年)二四九頁以下を参照せよ。

第二部　劉後村の判語

後村先生大全集　巻之一百九十二　書判　江東臬司

（1）建康府申已断平亮等為宋四省身死事

若詳覆案、皆先行遣而後関報、則併格目、皆自諸郡出給可也。提刑一司、可以省罷矣。此事雖施行於当職未交事之先、而申到実在於到司之後。已往之事、不欲深言。帖両獄官、今後除事干辺防及兇悪盗賊、当申制府帥司酌情処断外、其民間尋常闘殴致死、已経検験、書塡格目者、並合遵照条令、申本司詳覆。如違、定将獄官奏刻［1］。

【校勘】

［1］「奏刻」は「奏劾」の誤記であろう（全）。

【訳文】

「建康府(1)が、すでに処分し終わった平亮等が宋四省の死亡に関わっていた事件を上申してきた」

もし詳覆(2)の案件であれば、すべてまずは案件処理を行った後に関報(3)するのであり、それは格目(4)と一緒に諸州から（提刑司や被害者家族に）給付すればよいのである。そうすれば提刑司は仕事を省けるのである。このことは私がまだ仕事を引き継ぐ前に施行されたのだが、（建康府から）書類が来たのは実際には着任した後であった。しかし、過ぎたことをくどくど言いたくはない。

両獄官に帖文を出し、今後は、問題が国境防備および凶悪な盗賊に関係するものは、当然、制置使司*・安撫司*に上申し、情状を酌量して処断するのだが、それ以外の民間の尋常の闘殴致死事件ですでに検験を終えて格目に書き込んだものは、すべて条令に照らして提刑司に上申して詳覆するように。もし違反すれば、必ず獄官を上奏して弾劾する。

【注釈】

（1）「建康府」は、現在の江蘇省の省都南京市。

（2）「詳覆」とは、府州で下した死刑の決定に関して、疑義がない場合に、路の提刑司へ上申して承認を得ることを言う。死罪の手続きにつき詳しくは、宮崎市定「宋元時代の法制と裁判機構――元典章成立の時代的・社会的背景――」（『宮崎市定全集』一一巻、岩波書店、一九九二年、所収）を参照。

（3）「関報」とは、官庁間で公事の照会を行う際に用いる移文を言う。「関」の書式については、『慶元条法事類』巻一六、文書門一、文書式を参照。

（4）「格目」とは「検験格目」を言い、『宋史』巻二〇〇、刑法二に、「淳熙初、浙西提刑鄭興裔上検験格目、詔頒之諸路提刑司。凡検覆必給三本。一申所属、一申本司、一給被害之家」と見える。『慶元条法事類』巻七五、刑獄門五、験屍、雑式に、「初験屍格目」および「覆験屍格目」の書式が見える。なお「検験」箇所やその鑑定に関しては、宋の宋慈撰・清の阮其新補注『補注洗冤録集証』を参照。検験については、石川重雄「南宋期における裁判と検死制度の整備――「検験（検死）格目」の施行を中心に――」（『立正大学東洋史論集』三号、一九九〇年）を参照。ただし論文中の「聚験」については疑問あり。

【講義】

ここでは致死罪を提刑司で詳覆する際の手続きが述べられている。また監司（提刑司）と制置司・安撫司の分担についても知ることができる。「制府」は、龔延明『宋代官制辞典』（中華書局、一九九七年）によれば制置大使司を指すとあるが、制置司をも含めてよいように思う。制置大使司は安撫司に比べてあまりに数が少ないからである。これ以前は右【注釈】（4）に挙げた『慶元条法事類』の格目でも、書き出しは「某路提点刑獄司云々」となっているから、提刑司に詳覆し、提刑司で検験格目を最終的に発給していたようで、淳祐四年（一二四四）の劉克荘の赴任直前に府州が作成して発給するよう改訂されたようである。なお、ここで言う「獄官」とは、府州の司理参軍と司法参軍である。

（2）太平府通判申追司理院承勘僧可諒身死推吏事

設若詳覆公事、皆自本州断遣、而後申照会、則格目亦就本州書塡、可也。司理対移繁昌主簿、牒通判、将推司決脊杖十五、編管建康府、以為不守三尺之戒。[1]

当職按饒州兼僉・楽平趙主簿催苗、重畳断杖一事。縦是吏卒、亦不当隰瘡上鞭撻。[2]況吏人之子乎。又五日[3]而両勘杖乎。具析申、拠趙主簿具析到公状。奉判、人無貴賤、身体髪膚受之父母、一也。先賢作県令、遣一力助其子云、此亦人之子也、可善遇之。主簿似未知此様意思。只如三月二十七日断杖、四月初八日復決、豈非隰瘡上再決乎。似此催科、傷朝廷之仁厚、損主簿之陰隲。当職以提点刑獄名官、不得不諄諄告戒。今後不宜如此。

【校勘】

［1］本条は『名公書判清明集』巻一にも「催苗重畳断杖」と標題を変えて収録されており、そこには本条の「縦是吏卒亦不当隰瘡上鞭撻」以下が収録されている。見られるように、本条の標題に合致する内容は「以為不守三尺之戒」までであり、「当職按」以下が『名公書判清明集』の標題と一致する内容である。したがって本条に引用された条文は、二つの書判が何らかのミスで一条に合体したものと思われる。それゆえここでは二条として扱う。

［2］『名公書判清明集』では、「不当於隰瘡上鞭撻」と「於」が補われている(全)。従うべきであろう。

［3］原文三行目「五日」は、後に三月二十七日と四月八日とあって間隔が十二日あり、また「五」は「十二」に似るから、「十

二」の誤記であろう。

【前半部の訳文】

「太平府通判[1]が、司理院*が審理を行った際に僧可諒を死なせた推吏[2]を召喚するよう上申してきた件」

もし事案を詳覆*するということなら、すべて当該州が判決を下し、その後で（提刑司に）照会するのであって、格目*に関しても当該州が書き込めばそれでよいのである。司理参軍は繁昌県[3]の主簿と対移[4]し、通判に牒文*を出して、推吏を脊杖十五に処し、建康府*に編管*することで、法律を遵守しない者の戒めとする。

【注釈】

（1）「太平府」は、前出の太平州。「通判」とは、宋初に置かれた時は長官の監視役だったが、元豊官制改革後は州・府・軍の次官となった。

（2）「推吏」とは、胥吏の中で獄訟を扱う吏人の名称。李心伝『建炎以来朝野雑記』乙集巻一四、官制二、諸県推法司に、「旧制、諸県不置推法司。吏受賕鬻獄、得以自肆。紹熙間議者始請万戸以下県、各置刑案推吏両名、五千戸以下一名、専一承勘公事、不許差出、及兼他案」と見える。後出の「推司」に同じ。

（3）「繁昌県」は、太平州の西南部に位置する県。現在も繁昌県と言う。

（4）「対移」とは、「両易」「対易」などとも言い、官員が親嫌や職務不適格、また犯罪によって軽い処罰を受けた際などに他の官員と任務を交換することを言う。本書では多く降格処分を意味する。

【後半部の訳文】

（「税徴収に関し、二度杖で打つ」）

私は饒州[1]の兼僉[2]と楽平県[3]の趙主簿とが徴税の際に繰り返し杖責を加えた一件を審理した。たとえ吏卒[4]であっても傷口が塞がらないうちに重ねて鞭打つべきではない。ましてや吏人の息子ではないか。また五(十二日)日間のうちに二度も鞭打つとはどういうことか。詳しく調査した上で上申させたところ、趙主簿が詳細に書いた公状《ほうこくしょ》が送られて来た。

以下、言い渡す。人に貴賤はなく、身体髪膚はこれを父母から受けたもの[5]に変わりはない。先賢は県令となった時、一人の者を遣わしてその子を助けさせ、「これまた人の子である。しっかり面倒を見てやりなさい」と言った[6]。主簿はこうした善意を知らないようである。三月二十七日に杖で打ち、四月八日にまた打っているが、どうして癒えていない傷口に重ねて打ち据えたのではないと言えようか。こうした徴税は朝廷の仁徳を傷つけ、主簿の陰騭を損なうものである。私は提点刑獄という官名によって、諄々と戒めないわけにはゆかない。今後はこうしたことをしてはならない。

【注釈】

（1）「饒州」は、鄱陽湖の東岸に位置する州で、現在の鄱陽県に州治があり、同じく江南東路の提刑司が置かれていた。

（2）「兼僉」とは、『宋史』巻一六七、職官志、幕職官に「凡諸州減罷通判処、則升判官為簽判兼之。……嘉定二年、臣僚言、監司有幹官、州郡有職官、以供簽庁之職、或非才不勝任、則按刺易置可也。今乃差兼簽庁者動輒三両員、或四五員、其為冗費、与添差何異。乞将諸州郡所差兼簽庁官、並行住罷。従之」とあるように、選人である幕職官が京官のポストである簽庁官すなわち僉(簽)書(節度)判官庁公事を兼職する際の呼称である。

（3）「楽平県」は、饒州庁の東側に位置する饒州管下の県。現在も楽平県と言う。

（4）「吏卒」とは、吏人と庁卒また兵卒を言う。地方政府で働く胥吏等を指す一般名称。

（5）これは『孝経』開宗明義章に見える言葉。

（6）『南史』巻七五、隠逸上、陶潜伝に「後為鎮軍・建威参軍、謂親朋曰、聊欲絃歌、以為三径之資、可乎。執事者聞之、以為彭沢令、不以家累自随、送一力給其子、書曰、汝旦夕之費、自給為難、今遣此力、助汝薪水之労、此亦人子也、可善遇之」とある。

（3）　弋陽県民戸訴本県預借事[1]

当職入信州界、鋪寨兵則論県道欠其衣糧、都保役人又論県道勒納預借、謂如五年田方下秧、米已借足、又借及六年之米、剝下如此、所不忍聞。知県或奮由科第、或出於名門、豈其略無学道愛人之心哉。諒亦迫於州郡期会軍兵粮食之故。訪聞、預借始於近年、同此郡県、昔何為而有餘、今何為而不足。任牧養拊字[2]之責者、盍於源頭上討論一番、自州寛県、自県寛民。庶幾一郡百姓漸有甦息之望。今賢而明者、但有顰蹙太息、謬而闇者、又縦姦吏舞智其間。如預借税色既不開其戸眼、止拠吏貼敷抨数目、抑勒都保、必欲如数催到銭物、或帰官庫、或帰吏手。不知何所稽攷、為百姓与都保者、不亦苦哉。今雖未能尽革、亦須以漸講求。牒州帖県、各以牧養拊字為念、共議所以寛一分者。所論県吏取乞、且帖各県、於被論人内択其尤甚、謂如乾没百姓都保銭会、不以輸官者[3]、断刺一二、以謝百姓、其贓多者、解赴本司施行。仍榜県市、并榜鉛山。

【校勘】

[1]『名公書判清明集』巻三、賦役門、催科では「州県不当勒納預借税色」と題す。

[2]『名公書判清明集』では、原文三行目「拊字」を「撫字」に、四行目「太息」を「歎息」に、五行目「不開其戸眼」を「不開具戸眼」に(全)、同行「敷抨数目」を「敷秤数目」に(全)、七―八行目「本司施行」を「本州施行」に作る。いずれも従うべきであろう。

[3]「謂如乾没百姓都保銭会、不以輸官者」の箇所は、本来「被論人内択其尤甚(者)」を説明する割注(あるいはそうした役割の文章)だったはずである。

【訳文】

「弋陽県(1)の民戸が本県による（税の）前納を訴えた件」

私が信州の境域に入ると、鋪寨*の兵が「県政府は私どもの衣糧を未払いにしています」と言ったが、都保*の役に当たっている者も「県政府は（来年度以降の税を）強制的に前納させています」と言い、それは「（淳祐）(2)五年の税として夏秋の米を払い終わったのに、六年の米を前納させる」というもので、こうした搾取は聞くに忍びないことである。知県は、あるいは科挙に合格し、あるいは（恩蔭による）名門の出であるから、道を学び人を愛するという心がないはずはない。実際は州政府による軍兵の糧食の催促に迫られてのことなのである(3)。

　聞くところでは、前納は近年始まったことで、同じ州・県ではありながら、昔はどうして財政に余裕があり、いまはどうして不足しているのであろう。民を養い慈しむ責任を負っている官吏は、なぜ一度その原因を討論し、州から県へ、県から民へと徴収を緩めてやらないのか。そうすれば一州の百姓は息を蘇らせるという希望が出るというものであろう。ところが現在、賢明なる官僚も顔をしかめて溜息をつくだけで、正しい政治をわきまえない愚かな官僚は、邪悪な胥吏がそこにつけいって悪事を働くに任せている。例えば（官僚は）税を前納させる時に、納税者の名前を帳簿に記入せず、吏貼が税の数目を割り振り、都保に必ず数目どおりに取り立てさせ、（その結果）銭物が官庫に帰属しようが、胥吏の懐に入ろうが任せている。調査して確認しなければ、百姓と都保が苦しまずにおれないことが分からないのか。いますべてを改めることはできないにせよ、一歩ずつ改善策を講じなければならない。州に牒文*を送り、県に帖文*を下し、各々民を養い慈しむことを心にかけ、少しでも免除してやる方法を一緒に議論させる。

　問題となっている県の胥吏の誅求については、しばし各県に帖文を下し、訴えられている者の中から最もひどい者を選び出し、それは例えば百姓や都保の金銭を着服して官に納めなかった者を言うのだが、一二人を入れ墨の刑に処して民衆に謝罪し、贓の多い者は本司に身柄を護送させて処分することにしたい。なおこの措置を県の目抜き通りに榜示し、ならびに鉛山県(4)にも榜示せよ。＊

【注釈】

（1）「弋陽県」は、江南東路信州管下の県。信州は饒州の南西に隣接し、弋陽県は信州の北西側に位置する。現在も弋陽県と言う。

（2）劉克荘は淳祐四年（一二四四）から六年（一二四六）まで江東提刑の任にあったので、ここは淳祐年間を指すに相違ない。

（3）原文「期会」とは、ここでは（期限を定めた財物の）徴発の意。宮崎市定『宮崎市定全集』第三巻（前掲）「古代中国賦税制度」第四章の注(15)（九三頁）を参照。また『漢語大詞典』も見よ。

（4）「鉛山県」は、信州管下の南東部に位置する県で、福建路建寧府に隣接する。現在も鉛山県と言う。

（4）　貴池県申呂孝純訴池□[1]丘都巡催科事

天旱如此、百姓飯椀未知何所取給。所望州県長官力行好事。庶幾膏沢感格、歳事可望。而当此夏税起催之時、或委州官、或委兼領巡尉下郷、或差郡吏下県、置場捌局。吏卒並縁、動成群隊、布満村落、民不聊生。在法、省限未満、不当追呼。今不惟魚貫被追、甚者杖責械繫、暴於炎天烈日之中、傷朝廷之仁厚、断国家之命脈、何為而不致旱也。本司除已将越職催科官別作施行外、合行下所部郡県、今後催科、専委県道、如長官緩不及事、則委佐官一員助之。如郡官・巡検、並免催科、郡吏並合抽回。省限未満、止宜勧諭輸納、不可遽有追呼鞭撻。如仍前数弊不肯更張、許被害人陳訴、別有施行。

【校勘】

［1］　標題の欠字の箇所は「池州丘都巡」ではないか。また『四部叢刊』の活字本は「立巡検」とするが、「立」字には見えない。

【訳文】

「貴池県(1)が、呂孝純が池州の丘都巡検(2)の徴税を訴えた案件を上申してきた件」

日照りがこうであっては百姓の食糧は一体どこから調達するというのか。望むことは州県の長官がつとめて立派に仕事をすることである。そうすれば雨水の恩恵は感応し、収穫は希望が持てるであろう。しかしいま夏税の徴収開始に際し、あるいは州の官に委託し、あるいは兼領(3)の巡検*や県尉に委託して農村部に下し、あるいは州の胥吏を県に下して、徴収場や部局を設置している。吏卒*はそれを機会とばかりに、ややもすれば集団となって村落に満ちあふれ、民は安心して暮らせない。

法律では「省限*がまだ来ないうちに呼び出しをしてはならない」とある。いま続々と連行するだけでなく、甚だしい場合は杖で打ち枷を嵌め、炎天下に晒しているが、これは朝廷の仁徳を傷つけ、国家の命脈を断つことであり、どうして旱害を招かないことがあろうか。本司はすでに職権を超えて徴税した官員を別途処分するほか、管轄下にある州県に命令して、今後、徴税はもっぱら県政府に委ね、もし長官がきちんと仕事をしなければ、官員一名に委託して長官を手助けさせる。州の官員や巡検はすべて徴税に関わってはならず、州の吏卒はすべて引き上げさせよ。省限がまだ来なければ、ただ納税を言い渡すだけにし、にわかに呼び出して鞭打つことはならぬ。もし以前のように弊害をもたらして改めなければ、被害の人が訴え出ることを許し、別途処分を行う。

【注釈】

（1）「貴池県」は、池州の附郭の県で、長江を挟んで安慶府と対する位置にある。現在も貴池県と言う。

（2）「都巡検」とは、巡検の職ではありながら、いくつかの巡検を統括する場合、路分や数州にわたる場合、また官資が高い場合に「都」字を附す。

（3）「兼領」とは、通常官位の高い者が低い差遣に当たることを言い、ここは都巡検を指す。

（5）　貴池県高廷堅等訴本州知録催理絹綿出給隔眼事

録参以治獄為職、不宜使之催科。如聞一郡頗以知録催科為苦。貴池県自有令佐、如其為人遅緩、稍加督責、孰不尽力。今以県官為不可任、一切委之郡僚、使民間之謗尽帰知録、非所以安全之也。牒州吏、宜詳酌区処、催科之責、止合帰諸県内。知県緩不及事者、選委一佐官以助之、諸吏差下県者、並宜抽回、限五日、具已区処事宜申。続抛池州申到区処事、再奉判。州官県官、皆朝廷之命吏也。豈有知州官能催科、知県官不能催科之理。若謂吏攬為姦、附郭知県、朝夕在太守之前、可以面諭、或因民詞判下追究、[1]諒籍一二以儆其餘、自然知畏、却不必専委州官、引惹詞訴。知録本当按奏、以州郡之故、僅帖問。不可又帰咎百姓之[2]軽監司、遂以為妄訴也。牒報。

【校勘】

［1］（全）は清鈔本によって、「諒」を「黥」に改める。従うべきであろう。

［2］（全）は清鈔本によって、「軽」を「経」に改める。従うべきであろう

【訳文】

「貴池県*の高廷堅等が、本州の知録事参軍が絹綿を徴収する際に隔眼(1)を出給したと訴えた件」

録事参軍は裁判を処理することが仕事で、これに徴税をさせるべきではない。聞くところでは、ある州ではきわめて知録事参軍の徴税に苦しんでいるという。貴池県には自ずと知県・佐官がおり、もしその人の処理能力が遅くて鈍いというのなら、やや督責を加えてやれば誰が尽力しないことがあろうか。いま県官は役に立たないとして一切これを州の幕僚に委ね、民間の謗りをすべて知録事参軍に帰すことは、州の幕僚を全うさせる所以ではない。

州の胥吏に牒文*を送り、詳しく斟酌して処理させ、徴税の責任はただこれを県の官僚に帰すべきである。知県がの

ろまで仕事ができないのであれば、一人の佐官に委ねて助力させ、州の吏人*で県に下っている者は州庁に引き上げさせ、五日以内にすでに処置した内容を書いて上申せよ。

ついで池州が上申してきた処置の事情に関し、以下、言い渡す。州官・県官はみな朝廷の任命を受けた官吏である。どうして州を治める官は徴税ができ、県を治める官は徴税ができないという道理があろうか。もし胥吏が一手に（徴税を）請け負って悪事を行うと言うにせよ、附郭の県の知県は日ごろから知州の近くにいるのだから、顔を合わせて説諭し、あるいは民の訴状によって判決を下して追究できるはずで、まことに一二に借りてその他を戒めれば、自ずと畏れを知り、もっぱら（徴税を）州の官吏に委ねて（その結果）訴訟を引き起こすということはなくなるであろう。知録事参軍は本来、弾劾を上奏すべきであるが、州郡のゆえをもってわずかに帖文*で問責するだけにする。これ以上、百姓が監司*に訴えるのを咎め立てし、ついには妄訴だと考えてはならない。牒文で報告せよ。

【注釈】

（1）標題の「隔眼」とは、『漢語大詞典』によれば「表格上の欄目を指す」とあるが、徴収すべき人戸を一覧表にして、その下に徴収額や徴収したか否かの印をつける形式の帳簿であろう。

（6）饒州申備鄱陽県申催科事[1]

通天下使都保耆長催科、豈有須用吏卒下郷之理。若耆保有不伏差使[2]、州県自合追断枷項、伝都号令、孰敢不畏。今州県皆曰、官物不辦、因不差専人之故。去年蔡提刑任内亦禁専人、亦自不妨州県催科。無政事則財用不足、恐有之矣。未聞無専人而財用不足者也。苗絹失限、縁人戸規避和糴、飛走産銭之故、今不覈板籍、併産説、整理失限、而帰咎於不専人、豈不与近日朝旨台諫申請背馳乎。当職旧曾試邑作郡、未嘗専人、亦未嘗闕事。近日雖連被版曹督責、終不肯専人至饒州及徽州・南康。縦使州県力能撼揺、当職不過帰奉宮観。当職生平無意仕宦、決不以浮議輒差専人。案牘帖報州県、仍牒諸司。

【校勘】

［1］『名公書判清明集』巻三、賦役門、催科では「州県催科不許専人」と題す。

［2］『名公書判清明集』では、原文一行目「不伏」を「不服」に、三行目の二箇所の「失限」を「失陥」に(全)、同行「板籍」を「版籍」に、同行「産説」を「産税」に(全)、四行目「近日朝旨」を「近日朝廷詔旨」に、五行目「不遏」を「不過」に(全)、同行「生平」を「平生」に、同行「案牘帖」を「案牒帖」に作る。傍線を附した文字に拠るべきであろう。その他は引用原文に従う。

【訳文】

「饒州が、鄱陽県が申した徴税につき上申した件」

天下を通じて都保*・耆長(1)に徴税をさせており、どうして吏卒《しょり》を郷に下す道理などあろうか。もし耆長や都保が指示に従わないと言うのであれば、州県は呼び出して処罰して首枷をし、伝都(2)して晒し者*にすべきであって、そうすれば誰があえて指示に逆らおうか。

いま州県はみな「官物がきちんと徴収できないのは専人*を派遣しないからです」と言う。去年、蔡提刑(3)の任期内にもまた専人を禁止したが、それでも州県の徴税に妨げはなかった。政治をきちんとやらなければ財賦が不足するということはあるだろう。しかし専人が行われないので財源が不足するということは聞いたことがない。穀物や絹に未納分が生じるのは、人戸が和糴(4)を逃れ避け、税銭を移し替えるからであって、現在、徴税台帳を調査し、産税を併合し、未納分を整理することなしに原因を専人を派遣しないことに帰すことは、近日の朝廷の詔や台諫の申請に背馳しないであろうか。
私はかつて知県・知州を経験したが、専人を派遣したことはなく、またこれまで徴税不足を出したこともない。近日、戸部(左曹)の督促を何度も受けたが、結局、専人を饒州*・徽州・南康(5)に派遣することはしなかった。たとえ州県の官が中央政府を動かし(て私を弾劾でき)たにせよ、私は郷里に帰って宮観職(6)に就くだけである。私は平生から仕官に重きを置いておらず、決していい加減な議論によって妄りに専人を派遣することはしない。担当係*は州県に帖文*で連絡し、なお(路の)諸部局にも牒文*を出せ。

【注釈】

(1)「耆長」とは、北宋代に郷村の戸等が第一・二等戸の者を充てた郷役で、北宋中期の保甲法以降はやがて大保長や都保正副に取って代わられ(それゆえ「耆保」とも言う)、残った地域でも雇傭されるようになった。いずれも当初は治安維持を主要な任務としたが、やがて郷村の行政をも担うように変化した。

(2)「伝都」は、南宋の端平乙未(二年、一二三五)の序を持つ胡太初『昼簾緒論』期限篇第一三にも、期限に違った場合の懲罰として「勘杖若干、枷監追集」などが示され、さらにそれより火急の場合として、「然或恐県道有十分緊急事務、非可以頃刻稽違、断欲必集者、則当給加牌不展引。此牌引違則有大罰、如勘錮、如伝都、皆当先示戒警」とある。それゆえ「伝都」とは「勘錮(勘杖のうえ禁錮であろう)」と並列されるようなこの時期の懲罰ないしは刑罰のように思われるが、なお未詳。あるいは引き回しか。『荒政叢書』巻一・巻四にも「伝都示衆」と見える。

(3)「蔡提刑」は、未詳。

(4)「和糴」とは、本来政府による糧草の買い上げを言ったが、南宋には強制的な割当となり一種の租税と化した。

(5)「饒州・徽州・南康(軍)」は、いずれも劉克荘が提点刑獄公事であった江南東路に属す州・軍名。

(6)原文「宮観」とは、祠禄官名で、某某宮使、某某観使の総称である。多くは単に俸禄を与えられるだけで、実際の職務を伴わない官名であった。

（7）　帖楽平県丞[1]申乞帖巡尉追王敬仲等互訴家財事

楽平県官毎事必欲差巡尉、是一県皆頑民、皆欲差弓手・寨兵追擾之也。長官倡於上、佐官和於下、民何辜焉。帖報、只責隅保追索。再十日、違、将県丞閣俸。

【校勘】

［1］　標題の「帖楽平県丞」の「帖」字は、衍字であろう。

【訳文】

「楽平県丞が、（提刑司に対し）巡尉に帖文を出し、王敬仲等が互いに家財を訴えている案件につき呼び出させるよう上申し要請してきた件」

楽平県*の県官は事ごとに必ず巡検*・県尉を派遣しようとするが、これは一県中がみな頑民なので、毎回、弓手*・寨兵*を派遣し、彼らを召喚して擾害しようということである。長官が上で唱導し、佐官が下で唱和しているが、民に何の罪があるというのか。帖文*で連絡し、ただ隅保(1)に調査させよ。今後、十日以内に限り、違反すれば県丞を給与停止とする。

【注釈】

（1）「隅保」とは、隅官（城市）と保正（郷村）の連称。「隅官」とは、南宋代に大きな都市を隅という行政区画に分け、その防火を担当した官。以前の廂が隅となった場合もある。後には警察業務をも兼ねるようになった。詳しくは、曾我部静雄『中国および日本における郷村形態の変遷』（吉川弘文館、一九六三年）第五章「都市区画の成立」を参照。

（8）　黟県申本県得熟即無旱傷尋具黟県雨暘帳呈

九十日内止有十来日得雨。所謂雨者、止是二□□[1]、或不及分、止有七月初九日雨及五分、則黟県之旱甚矣。古人謂県令字民之官、不損猶応言損、今者所申、何其与古語背馳也。委権通判審実申。

【校勘】

[1]（全）は文意から「分」の一字を補うが、清鈔本では「三分之数」とある。『四部叢刊』本は二字の欠落なので、あるいは「分許」ないし「三分」と補うべきか。

【訳文】

「黟県(1)が、本県は豊作で旱害はないと上申してきたので、追って黟県の天候記録簿を上呈させた」

九十日内にただ十日ほど雨が降っただけである。雨と言っているのは、ただ二(三分ばかり)、あるいは一分に及ばず、ただ七月九日に雨が五分に及んだだけで、であれば黟県の旱害は甚だしかったのである。古人は「県令は民を慈しむ官であり、損害がなくとも、なお損害があったと言うべきだ」と言っているが(2)、いま上申するところは、何と古人の言と背馳していることか。権通判(3)に委ねて事実を調査して上申させる。

【注釈】

（1）「黟県」は、江南東路徽州管下の県。徽州庁の西部に位置し、現在も黟県と言う。

（2）これは司馬光『資治通鑑』巻二五二、唐紀、代宗大暦十二年十月丁未条の代宗の言である。

（3）「権通判」の「権」字が姓なのか、資序と差遣との関係でついたのか、不明。

【講義】

当時「雨暘帳」というものが各県に置かれていたこと、それによって旱害や豊凶の状況を確認したことが知られる。なお雨を「分」で計測するというのは、容器に溜まった深さであろうし、とすれば一寸(ほぼ三センチメートル)すなわち十分であるから、その何分という数え方なのであろう。なお宋代には県官の成績を何で評価したかが問題である。徴税額も関係したか、人口数か。なお方宝璋「宋代対官吏経済成績的考核」(『中国経済史研究』二〇〇七年一期)を見よ。

（9）　徽州韓知郡申蠲放旱傷事

諸郡率謂旱傷不至於甚、如信州虞守謂晩禾倍熟、与百姓争較蠲放分寸、如割身肉、至於先移文脅制諸村諸邑、不得申旱。今韓寺丞独為徽州六邑百姓従実蠲放、於前守已放之外、再放一万六七千碩、可謂不負牧養之寄者矣。安得結輩参錯分布乎。備榜本州、仍牒諸司諸州。

【訳文】

「徽州の韓知州が、旱害による減額徴税につき上申してきた件」

諸州ではおおむね「旱害はそれほどひどくはありません」と言い、信州の虞知州のごときは「晩稲は例年の倍の収穫がありました」と言って、百姓と減税額の割合を言い争うことは、まるでわが身の肉を割くがごとき惜しみようで、事前に諸村・諸県に移文*し、脅迫して旱害を申告させなかった。

いま韓寺丞は一人だけ徽州六県の百姓のために実情に応じて減税し、前任の知州が減税した額に加えて、再度、一万六七千頃を減じたが、民を養えという天子の付託に背かない者と言うべきである。どうすれば元結のような（有能な）官吏を得て天下に配置することができようか。(1) 本州に（減税に関する）榜文*を出し、なお諸司・諸州に牒文*を出せ。

【注釈】

（1）「得結輩十数公落落然参錯天下」とは、杜甫の詩「同元使君舂陵行」の序文に見える言葉。

（10）戸案呈委官検踏旱傷事

当職更歴州県、毎見検旱官吏、所至与豪富人交通、凡所蠲放、率及富強有力之家、而貧民下戸鮮受其恵。又逐郷逐里、各有姦猾之人、与所差官庁下吏卒計嘱欺偽、雖賢官員聡明有不能察。加以民田万頃、極目連接、主家郷老、或不能指定其孰豊孰歉。況見任官素与土俗不相諳、一覧之頃、又何以得其実耶。不過在轎子内咸憑吏卒里胥口説、遂筆之於案牘耳。僉聴将本司分得三郡十五県、各差官与各県知県同契勘、今年旱未[1]截長補短、通収及幾分、聯御[2]□罪保明、申。如饒州餘干県今年旱禾、当職訪之士人与過往官員、皆言今年通牧[3]七分之類、却於三分損内斟酌普放一番。庶幾実恵及民、貧富均霑、免使官司有検放之名、豪強受検放之実、貧弱反不在検放之列。更以此意措置、立武[4]行下。

【校勘】

[1]「未」は、「禾」の誤記（名）（全）。従うべきであろう。

[2]「御」は、「銜」の誤記（名）（全）。従うべきであろう。また「□罪保明申」の欠字は、（全）は「結」あるいは「同」と推定するが、「結」とすべきであろう。

[3]「牧」は、「収」の誤記（名）（全）。従うべきであろう。

[4]「武」は、「式」の誤記か（全）。従うべきであろう。

【訳文】

「戸案(1)が、官に委ねて旱害の実地検分を行わせた結果を上呈してきた件」

私は州県官を何度か経てきたが、常に旱害を検分する官吏は至る所で豪富の人と懇ろになり、およそ租税を減額するところはおおむね富強で有力の家であり、貧民・下戸はその恩恵を受けることが少ないのを見てきた。また郷村のすべてに狡賢い悪人がいて、派遣される官庁の吏卒*と賄賂を授受して偽情報を捏造しており、賢明な官員でも察知できないことがある。加えて民田はあまりに多く、はるか遠くまで連なっており、持ち主や郷老でも時にはどれが豊作か不作か指定できないことがある。ましてや現任官はもとより土地の事情を理解しておらず、一見しただけでどうして実際を把握できようか。駕籠の中にいてみな吏卒・里胥(2)が語るところに従い、結局はこれを書面に書き記すだけなのである。

僉庁*は本司が責任分担している三州十五県(3)につき各々官吏を派遣し、各県の知県とともに、今年の旱害による作物のできの良いものでできの悪いのを補い、平均すると何分になるかを調査し、肩書きを書き並べて結罪保明(4)せよ。例えば饒州餘干県(5)の今年の旱害による稲(の作柄)は、私がこれを地元民と以前に実地検分した官員とに尋ねると、みな「今年は平均七分作です」と言っているが、その時には三分の不足分を斟酌してあまねく税を放免するのである。そうすれば実恵は民に及び、貧富はみな潤い、官司には検放(6)の名があり、豪強の者は検放の実を受け、貧弱な者はかえって検放の列に入らないという事態を免れよう。改めてこの意向をもって措置し、式を立てて下し送る。

【注釈】

（1）「戸案」とは、府・州・軍・監の六曹(士・戸・儀・兵・刑・工)の中の戸曹に同じ。

（2）「里胥」とは、郷胥手や保正・戸長などを言うのであろう。

（3）「三州十五県」は、おそらく饒州六県、信州六県、南康軍三県と思われる。
（4）「結罪保明」とは、誤りがあれば罪に充てられてもよいという誓約書を言う。
（5）「餘干県」は、饒州管下の県で鄱陽湖の南岸部に位置する。現在も餘干県と言う。
（6）「検放」とは、「検踏触放」、「検災放賑」の略であろう。

（11）安仁県妄攤塩銭事

呉興四父子乃制牒所不追究之人、本県憑何追擾。可見縦甲攤乙、又縦乙攤丙。為民父母、寧忍之乎。帖具因依、申。

【訳文】
「安仁県(1)が不法に塩銭(2)を割り当てた件」
呉興四父子は制牒(3)では追究しない者なのに、安仁県は何を根拠に召喚して擾害したのか。甲を免じて乙に割り当て、さらに乙を免じて丙に割り当てている様が見てとれる。民の父母たる知県(4)はどうしてこうした事態に手を拱いておれるのか。帖*文を出し、事情を書いて上申させよ。

【注釈】
（1）「安仁県」は、江南東路饒州管下の県、現在の鷹潭市餘江県。
（2）「塩銭」とは、塩の割り当て代金を言う。宋代に塩は専売品とされ、政府が強制的に割り当てて国庫収入としていた。
（3）「制牒」とは、未詳。
（4）民衆と直接に接する官を古くから父母官と言うが、宋代以降は知県をこう呼ぶことが多い。

（12）　浮梁県申余震龍等不伏充役事

（前缺）

豈有八都皆是頑民之理。如此是忿嫉百姓也。帖県将八都合差役戸、開具鼠尾単、仍勒郷司、重責罪罰申、三日。

【訳文】

（前缺）

「浮梁県[1]が、余震龍等が役に当たることを承知しないと上申してきた」

八都[2]の者はみなが頑民だという理屈があるか。こうした言い様は百姓を怒り憎むものである。

県に帖文*を出し、八都の役に差充すべき戸を鼠尾単[3]に書き出し、なお郷司[4]に（不実があれば）重い罪責を甘んじて受けるという誓約書[5]を書かせて上申せよ、三日以内に。

【注釈】

（1）「浮梁県」は、饒州管下の州の北西部に位置する県。

（2）「八都」とは、都保制によって戸数編成された農民の編成単位で、第八番目の都を指すのであろう。

（3）「鼠尾単」とは、鼠の尻尾のように資産額を大から小へ並べた帳簿。

（4）「郷司」とは、郷村部に置かれた県の代理事務職で、帳簿や行政文書を作成した。もと郷書手と呼ばれて職役の一種だったが、やがて専業化し、ゆえに「郷司」と役所の部局風な名称となった。

（5）原文「責罪罰」とは、第二部（10）条に出てきた「結罪保明」に同じで、責罪状とも言われ、間違いや誤魔化しがあれば罪責に充てられても構わないという誓約書ないし保証書である。官僚の上奏文などには多く見られる。

（13）　鄱陽県申差甲首事

当職累歴郡県、所在義役詞訟絶少、惟此間義役之訟最多。蓋義役乃不義之役、而義冊乃不義之冊、或六文産、或三文産、不免於差、則役首之罪反甚於郷書手矣。帖権県、照所擬行、如役首不公、可将其人解来。切待懲一戒百。

【訳文】

「鄱陽県が、甲首[1]を差充することに関し上申してきた件」

私は何度も州県官を経てきたが、どこでも義役に関する訴訟は絶えて少なかったのに、ただ鄱陽県だけは義役に関する訴訟が最も多いのである。と言うのは、（ここでは）義役はすなわち不義の役で、義役の簿冊は不義の簿冊となっており、あるいは六文の産あるいは三文の産でも差充を免れず、役首[2]の罪はかえって郷書手*よりも甚だしいのである。権県に帖文*を出し、県の提案どおりに施行し、もし役首が不公正なら、その身柄を提刑司に送り寄こせ。切に一罰百戒を期待する。

【注釈】

（1）「甲首」とは、義役を実施するに際し民戸を甲に編成し、その代表者となった者を言う。なお「義役」とは、南宋代に職役が重いことから都保などを単位に田土を共同購入し、その収益で役に充てられた者を援助するという制度・組織を言う。詳しくは、伊藤正彦『宋元郷村社会史論』（汲古書院、二〇一〇年）第二章「〝義役〟——南宋期における社会的結合の一形態——」を参照。

（2）「役首」とは、義役を組織し実施する責任者・指導者を言う。

（14）析[1]門県申許必大乞告示兄必勝充隅長事

若必勝当充、它人糾論可也、官司定差亦可也、惟以弟糾兄則不可。帖県照已判行。

【校勘】

［1］「析」は「祁」の誤記(名)。従うべきであろう。

【訳文】

「祁門県[(1)]が、許必大が兄必勝に告示して隅長[(2)]に充てるよう願ってきたことを上申してきた件」

もしも必勝が(隅長に)充てられるべきならば、(そのことを)他人が糾問してもよく、官司が充当を命じてもまたよいが、ただ弟が兄を糾問するのは駄目である。[(3)] 県に帖文*を出し、以前に命じたとおりに施行せよ。

【注釈】

（1）「祁門県」は、徽州管下の西部に位置する県。現在も祁門県と言う。

（2）「隅長」とは、第二部（7）条【注釈】(1)に既出の「隅官」に同じ。

（3）弟が兄を糾問することは、礼の教え(悌友)に反するゆえに不可と断じたのである。

（15）鉛山県申場兵増額事

当職旧在江上、見戎師招刺新軍、必経総所。蓋有衣糧然後可以養兵、豈有但知増額、而不思衣糧何処擘劃之理。都大司収刺猶可、今検踏官亦得以自刺自添、原額五百、今増三百、県道何以不収壊[1]。百姓何以不焦熬。備牒都大司、更請参攷旧制、立為定額、毎刺一名、須下本県取会、如無闕額、不許検踏官員自増自刺。庶幾凋県稍可支吾。

【校勘】

［1］「収」は「敗」の誤記(全)。従うべきであろう。

【訳文】

「鉛山県*が、場兵(1)の増額を申請してきた件」

私が以前、長江周辺にいた時(2)、指揮官が新軍を抽出して編成する時には、必ず総領所*へ申し出るのを見てきた。と言うのは、衣糧があってはじめて兵を養えるのだから、どうして増額だけを言い立て、衣糧をどこから調達するかを考えない理屈があろうか。都大司(3)が兵士を指名して選抜するのはまだよいが、いまは検踏官(4)もまた自ら指名して添増しており、原額五百人であったものに、現在、三百人を増額したが、これでは県(財政)はどうして崩壊せずにおれようか。百姓はどうして身が焼け焦げるほど苦しまずにおれようか。

都大司に詳細に牒文*を送り、改めて旧制を比べて定額を立て、一名を指名するごとに必ず本県に照会し、もし欠員がなければ検踏官が自分で指名して増額するのを許さないようにしていただく。そうすれば凋落した県もややもちこたえられよう。

【注釈】

（1）「場」とは、務とともに専売品や商税の徴収、官用品の調達などを行う官庁の末端組織で、そこには護衛のための兵士も置かれていた。それを「場兵」と言う。鉛山県はその名が示すように鉛を産出することから、五代から宋代にかけて鉛場が置かれていたことが、嘉靖『鉛山県志』巻二、山川に見える。

（2）劉克荘は江東提刑に就任する前に真州の官に就いたことがあった。

（3）「都大司」とは、都大提点坑冶鋳銭司。江南東西路や荊湖南北路など東南九路の鉱物産品およびその場務などを領し、銅鉄銭などを鋳造した。
（4）「検踏官」とは、都大司の属官で鉱脈の探索や、場務の巡視および治安維持、課利の徴収などに当たった。

（16）饒州宗子若璹訴立嗣事

為人後者、為人之子也。若璹既欲為知郡之子、則李安人、其母也。若藻・昌僧、其弟也。今若璹乃与李安人互相詞訟、是得罪於母矣。又欲自受遺沢、是不友愛其弟矣。上則李安人不安、下則若藻・昌僧不安、然則若璹雖欲過房、其誰容之。人情孰不愛其親生之子。今以遺沢与若璹、而使若藻為白丁、知郡有霊、豈以為然。蔡大卿所判、已得允当。但所論撥穀一事、若璹係李安人親姪、又知郡在時、曾有過房之議、閨門之内、以恩掩義、行下本県、住行。

【訳文】

「饒州*の皇族の子弟である(趙)若璹が立嗣につき訴え出た件」

人の後継ぎとなる者は、その人の息子となるのである。(1) 若璹は知州の息子となろうとしている以上、李安人*はその母である。若藻・昌僧はその弟である。いま若璹は李安人と互いに訴え合っているが、これは罪を母に得ていることである。さらに自ら恩蔭(2)を手に入れようとしているが、これはその弟を友愛していないことである。上はすなわち李安人が安んぜず、下はすなわち若藻・昌僧が安んぜず、そうであれば若璹が過房(3)したくとも、誰がそれを受け容れようか。人情として誰が実の息子を愛さないであろうか。

いま恩蔭を若璹に与えて若藻を白丁《しょみん》としたとして、知州に霊魂があれば、決してそれでよいとするはずがない。蔡大卿[4]の判決はすでに正鵠を射ている。ただ問題となっている(若璛が)穀物を搬出したとの一件は、若璛は李安人の実の姪《おい》であり、知州が生きていた時に過房するとの話があったことでもあり、家内のことは恩が義に優先する[5]から、当該県に命令を出して追究を止めさせよ。

【注釈】

(1)『春秋公羊伝』成公十五年に、「為人後者為之子也」と見える。

(2) 原文「遺沢」とは、ここでは恩蔭を言う。蔭補、補蔭、奏補、任子、世賞などとも言われるが、文武官や命婦など一定の資格に達した者はその子孫や親族また異姓を推薦して入仕させることができた。詳しくは、梅原郁『宋代官僚制度研究』(同朋社、一九八五年)第五章「宋代の恩蔭制度」を参照。

(3)「過房」とは、甲の家から乙の家に移って養子となることを言う。

(4)「蔡大卿」は、未詳。

(5) 原文「閨門之内、以恩掩義」とは、家内では恩が義に優先し、家外では義が恩に優先するという考え方。『宋大詔令集』巻四五、宗室五、封拝五「皇伯祖前彰化節度判大宗正事宗晟起復制」に、「漢唐之旧、礼有奪情。矧予藩屏之親、実兼臣子之重。雖閨門以恩掩義、而公侯以国為家。伯臣司宗、職不可曠」と見えるし、明の王肯堂『王肯堂箋釈』巻一、名例律、「親属相為容隠」には、「門内之治、以恩揜義、而門外之治、以義断恩」とある。

【講義】

宗子とは一般に皇族の子弟を言い、宋代には皇帝の嫡長子や庶子(嫡長子以外の息子たち)の後裔で、宗枝属籍に登録された者を言う。もとより姓は趙である。ここでは知州が宗子であったと思われ、若藻兄弟が生まれる前に知州の妻李安人(安人は封号)が実の姪である若璛を過房して嗣子としたのである。それゆえ標題で「宗子若璛」と記すから、すでに嗣子として宗子の資格を得ていたのであろう。やがて若藻と昌僧が生まれたが、昌僧はその名から推し量るに、おそらく僧侶となったのであろう。若璹と知州の実子である若藻とは一族の同一輩行(世代)であることを表す「若」字が共用されているが、昌僧には若字が用いられていないからである。また本文で「遺沢」を争うと言われているのは、知州の恩蔭による任官の権利を誰が相続するかを争っているのである。若璹に与えれば若藻は白丁となるというのは、白丁すなわち徭役負担者となるということ、官戸としての特権が得られないことを言う。なお宋代の宗室制度に関しては、汪聖鐸「宋朝宗室制度研究」(『宋代社会生活研究』人民出版社、二〇〇七年、所収)を参照。

(17)　上饒県申劉熙為挙掘祖墳事

劉熙若以墳山不利為説、当別辨棺槨衣衾、可以[1]改葬高燥可也。今乃発冢取其棺中之物、以至甎石・棺釘・墓山、皆行売銭、又将大父遺骸用小板両片安磚遮蓋、埋在浅土、孝子仁人之掩其親、恐不如此。法司検坐条令呈、奉判。為人子孫、輒将祖父冢墓発掘、尸骨焚毀甎石出売、亦可謂之悖逆矣。帖県験視其人有無疾患、幷要見本人母別有無児女供贍申、十日。

【校勘】

[1]（全）によれば、清鈔本には「可以」の二字がない。従うべきであろう。

【訳文】

「上饒県(1)が、劉熙が祖墳を掘り起こしたと上申してきた件」

劉熙がもし墓にする山(の風水)がよくないことを理由とするのであれば、当然、別途、棺や死装束を整えて、高く乾燥した場所に改葬すれば、それでよいのである。いましかるに墓を発き棺中の物を取り出し、煉瓦石・棺釘・墓山に至るまですべて売り払い、さらに祖父の遺骸を小板二枚で囲って覆い、浅い地中に埋めたのであるが、孝行息子や仁愛ある人がその親を葬る場合はおそらくこうではない。

法司(2)が関係法規を調査して上呈してきたので、以下、言い渡す。人の子孫たるものが妄りに祖父の墳墓を発いたり、遺体を焼いたり、墓に用いた煉瓦や石を売ったりすれば、これを悖逆と言わねばならない(3)。県に帖*文を出し、その人に疾患があるかないかを検査し、ならびに本人の母親に別に面倒を見る息子や娘がいるかどうかを見定めて上申せよ、十日以内に。

【注釈】

（1）「上饒県」は、信州管下の県で、信州庁所在の県である。現在も上饒県と言う。

（2）「法司」とは、吏職名で司法関係の職務に当たる者。

（3）『宋刑統』巻一九、賊盗律、「発冢」に「諸発冢者、加役流、《発徹即坐。招魂而葬、亦是》已開棺槨者、絞、発而未徹者、徒三年」とあり、また、「其冢先穿及未殯、而盗屍柩者、徒二年半、盗衣服者、減一等、器物甎版者、以凡盗論」と見える。

【講義】

疾患の有無や、他に児女の有無を調査するのは、疾患があれば罪が減免されるからであり、他に児女がいなければ母親の侍養者が欠けるからである。『宋刑統』巻四、名例律、「老幼疾及婦人犯罪」に、「諸年七十以上十五以下及廃疾、犯流罪以下収贖《犯加役流・反逆縁坐流・会赦猶流者、不用此律、至配所免居作》。八十以上十歳以下及篤疾、犯反逆・殺人応死者、上請」と見え、同書巻三、名例律、「犯流徒罪」に、「諸犯死罪非十悪、而祖父母・父母老疾応侍、家無周親成丁者、上請。犯流罪者、権留養親《謂非会赦猶流者》。不在赦例《仍准同季流人未上道、限内会赦者、従赦原》、課調依旧。若家有進丁及親終周年者、則従流計程、会赦者、依常例。即至配所応待、合居作者、亦聴親終周年、然後居作」と見える。詳しくは、滋賀秀三訳註『訳註日本律令五　唐律疏議訳註篇一』（前掲）の一四九頁以下、および一七四頁以下を参照。精神病の場合は、中村茂夫『清代刑法研究』（東京大学出版会、一九七三年）第三章「精神病者の刑事責任」を参照。

（18）　貴渓県毛文卿訴財産事

文卿姓祝、不父其父、而欲認姓毛人為父。彦明居於貴渓三十年、文卿居於衢州江山。彦明自立二子、各已娶婦。文卿既為彦明之子、三十年間不与父同居、不与兄弟相往還、此何等父子也。彦明以負盎頭起家、賤微之甚、文卿所執契簿、如毛教・毛恵、皆是白丁、非有官閥可考、文帖尤為謬妄。彦明身後有妻有子、不可以白撰無干渉契簡文帖、求其産業。文卿勘下杖一百、再詞留断。如欲姓毛、一任其便、但不可求分別人物業耳。

【訳文】

「貴渓県*の毛文卿が財産につき訴えた件」

文卿の姓は祝であるが、その（祝姓の）父を父とはせずに姓が毛の人を父としようとしている。毛彦明は貴渓県に居住して三十年、文卿は（そこから東に百キロメートルほど離れた）衢州江山県(1)に居住している。彦明には実子二人がおり、各々すでに妻を娶っている。文卿は彦明の息子だと言いながら、三十年間、父と一緒に住まず、兄弟と行き来していないが、これでは一体どんな父子だというのか。彦明は盎頭(2)を背負って（商売し）生計を立てていたが、しかし甚だ貧しく、文卿が持ってきた契約書や帳簿では、毛教・毛恵はみな白丁で、官僚の家だという証拠はなく、証拠文書は最もいい加減で出鱈目である。彦明が死んだ後には妻や息子が生きており、関係のない契約や手紙等(の証拠文書)を偽造してその財産を要求してはならない。

文卿は杖一百を科し、再度訴えれば身柄を(官司に)留めて執行する。もし姓を毛にしたいのなら好きに任せるが、別人の財産を分割するよう求めることだけは不可である。

【注釈】

(1)「江山県」は、江南東路衢州管下の南西部に位置する県。現在も江山県と言う。

(2)「盝頭」とは、おそらく「盝子」と同じで方形の背負う箱であろう。盝子を『漢語大詞典』は「古代小型妝具。常多重套装、頂蓋与・体相連、呈方形、蓋頂四周下斜。多用作蔵香器或盛放璽印・珠宝」と説明する。

【講義】

川村康「宋代折杖法初考」(『早稲田法学』六五巻四号、一九九〇年)は、「勘杖」は即時執行されないのではないかと論じるが、そのことは「文卿勘下杖一百、再詞留断」という箇所からも知られる。「勘杖」は言い渡した後に一定期間執行が保留され、執行すべしとの判断が下された際に執行されるという性格のものだったように思われる。

つぎに、ここで「起家」したとあるのは生計を立てたということで、官僚となったという意味ではなかろう。文卿は彦明が官僚の家であったと申し立てたようであるが、その理由は祝姓では官閥と詐称し難く、かつ毛姓の財産を入手しようとしたからなのであろう。

（19）持服張輻状訴弟張載張輅妄訴贍塋産業事

張提幹既称長弟之賢明、知叔季二弟之不能皆賢、則分財之際、二兄取其少、二弟取其多可也。今乃惓惓於母氏之遺金田利、則所見何以異於二弟哉。此金若転帰於它人則不可、今為二弟取去、如以左手所持、付之右手、何為未能忘情乎。人家一子仕宦、一家一族孰不望其庇蔭、況同父同母之人哉。前輩尚有為義荘者、今贍塋田土、乃祖先捌置、弟兄皆有分者。若恐諸弟不能保守、則経官立約、花利輪収、祭享之餘、以助伏臘、通天下之成法也。若曰、我嫡長、我仕宦、我賢、汝庶幼、汝白丁、汝不賢、贍塋祖[1]利由我不由汝、則二弟必至紾臂鬩墻而後已。又祖先田産、子孫不使均霑、乃欲捨以入院、則張氏之鬼餒矣。提幹豈未之思乎。牒洪郎中、請提幹兄弟四人、将贍塋田業開具田段・坐落・畝歩・産銭、専置一簿、開載契簿、長位拘収、別立贍塋関約、並経印押、毎位各収一本。自淳祐五年為始、租課長房先収、以後輪流掌管、周而復始。庶熄争訟。

【校勘】

［1］（全）は文意から「祖」を「租」に改める。従うべきであろう。

【訳文】

「喪に服している張輻が、弟張載・張輅が出鱈目に祖先祭祀の財産につき訴え出たことに関し訴状で訴えた件」

張提幹[1]はすでに「長弟が賢明で、その下と末の弟はみな賢明ではないと分かっているので、財産分けの時に二人の兄は少なく、二人の弟は多くを得れば、それでよい」と言っていた。

いましかるに（提幹は）母親の残した現金や田土の利益に恋々としており、見たところ二人の弟と異なるところがない。この金は転じて他人に帰せばそれは駄目だが、いま二弟が持ち去れば、左手で持っていたものを右手に移すようなもので、どうして（財産に対する）情を忘れることができないのであろうか。人家で一人の子が仕官すれば、一家一族でその庇護を望まない者はいないのであり、ましてや父母を同じくする人ならなおさらである。前輩《そせん》にはなお義荘を作った人がいるが、いま祖先祭祀の田土は祖父が先に置いたもので、兄弟はみな持ち分権がある。もし諸弟が保守できないことを心配するのなら、官に届けて約束を立て、収益は輪番で行い、祭祀の餘りで伏臘(2)の助成とすれば、天下に通じる法となろう。もし「私は嫡子で長男であり、私は仕官しており、私は賢く、お前は庶子で幼く、お前は白丁で、お前は賢くなく、祖先祭祀の田土の利益はお前ではなく私が管理する」と言うとすれば、二弟は必ず兄弟争いをするであろう。また祖先の田産は子孫が均等に利益に与らず、寺院に喜捨すれば、張氏の鬼《れいこん》は飢えるであろう。提幹はどうしてこのことを思わないのであろうか。

洪郎中(3)に牒文*し、提幹の兄弟四人に要請して祖先祭祀用の田段・場所・面積・産銭を書き出し、それのみに関わる簿冊を置いて契約や砧基簿*を書き入れ、長男が収益を管理し、別に祖先祭祀用の資産に関する取り決めを立て、すべて官司の印を押して押字を書き、各位が一本を持つ。淳祐五年（一二四五）から始めて、租課は長男の房が先に収め、以後、輪番で管理し、一周したらまた最初から始める。こうすれば訴訟を終息できよう。

【注釈】

（1）「提幹」とは、ここでは提挙常平司幹辦公事、提挙常平茶塩司幹辦勾事、都大提点坑冶鋳銭司幹辦公事の略称。各司の属官でもと勾当公事と言ったが、ここではどれか、未詳。

（2）「伏臘」とは、夏と冬に行う祖先の祭祀を言う。

（3）「郎中」とは、尚書省六部二十四司に置かれた各司の長官たる郎中を言う。洪郎中はおそらく張提幹の家の姻戚であろう。

【講義】

張家の四人の兄弟はおそらく通常の家産分割を経ており、残されたのは張提幹とそのすぐ下の弟（嫡子）の実母の持参金および祖先祭祀用の田産だったと考えられる。すでに本書でも述べたが、正妻の持参財産を嫡子と庶子にどう分配するかは、宋代では微妙な問題であったようである。

（20）　徳興県董党訴立継事

台牒所謂引誼帰宗以明一本、不刊之言也、如此則無訟矣。惟其訟久未熄、合為折衷。董党見逐於母雖久、然自始至終、止訟其僕、未嘗帰怨於其母、況嘗為所養父承重、別無不孝破蕩之迹、向来之逐之也。其罪其情之可諒一也。補中綾紙、既作所養父三代、今則進退両難。其情之可諒二也。但此事当以恩誼感動、不可以訟求勝。帖両県、請董・許二士、亦以台牒及当職此判、請二士更為調護。趙氏若能念董党乃夫在日所立、幡然悔悟、復収為子、則子無履霜在野之怨、母無毀室取子之誚矣。蓋見行条今[1]、雖有夫亡従妻之法、亦有父在日所立不得遣逐之文、趙氏若不幡然悔悟、它日続立者恐未得安穏。豈如及今双立、求絶争訟、保守門戸乎。董党亦宜自去転懇親戚調停母氏、不可専靠官司。

【校勘】

［1］（名）は「今」を「令」に改める。従うべきであろう。

【訳文】

「徳興県[1]の董党が立継につき訴えた件」

台牒に言うところの「誼に従い宗に帰して一血脈を明らかにする」とは不滅の言であり、こうであれば訴訟はなくなる。ただ訴訟が長い間終息しないだけであれば、まさに(利害を)折衷すべきである。

董党は母に追い出されて久しいとはいえ、はじめから終わりまでただその僕を訴えただけで、これまで怨みをその母に帰したことはなく、ましてやかつて養父のために承重(2)しており、別に不孝や財産の蕩尽といった形跡はないのに、以前、これを追い出したのである。その罪とその情の許すべき第一の点である。任官する際の綾紙《じれいしょ》には、すでに(先祖として)養父の三代が書いてあり(3)、いまとなっては進退ともに難しい。その情の許すべき第二の点である。

ただこのことはまさに恩誼でもって感動させるべきであり、訴訟で勝ちを求めるべきではない。両県に帖文*し、董・許の二士に頼んで、台牒および私のこの判決に従い、二士に改めて調停してもらいたい。趙氏がもし董党は夫が生きていた時に立嗣したことに思いを致し、翻然と悔悟し、再び収養して子とすれば、すなわち子の側には霜を踏んで野にいたという怨みは消え、母の側には室を毀して子を取ったという謗りもなくなるであろう(4)。

現行の法令では「夫が死ねば妻の意向に従う」という法(5)があるけれども、また「父が生きていた時に立てた嗣子は追い出してはならない」という法文(6)もあり、趙氏がもし翻然と悔悟しなければ、将来、続いて立てた者もおそらくは安穏としてはおられまい。いまこそ二人を立てて、訴訟を終わらせようとし、それで門戸を保守するのがよいであろう。董党もまた宜しく自ら親戚に懇請して母親との仲を取りなしてもらうべきであり、もっぱら官司を頼みにしてはならない。

【注釈】

(1)「徳興県」は、江南東路饒州管下の県。現在も徳興県と言う。

(2)「承重」とは、高祖に先立って曾祖以下が、曾祖に先立って祖と父が、祖に先だって父が早世した場合に、嫡玄孫、嫡曾孫、嫡孫が高祖、曾祖、祖のために、父に対するのと同じく斬衰の喪に服することを言う。詳しくは、滋賀秀三「承重について」(『国家学会雑誌』七一巻八号、一九五七年)を参照。ここで「養父のために承重した」と言うのは、養父に替わって養祖父の喪に服したことを言うのであろう。

(3)　三代を書くことについては、例えば『宋会要輯稿』職官一一―七三、官告院、淳熙十三年正月二十七日条に、「吏部言、吏部侍郎兼太子詹事余端礼奏、告身必書三代・郷貫・年甲、所以辨同異也」とある。

(4)　この部分、何を典拠にするか、未詳。

(5)　この法は、『名公書判清明集』巻七、戸婚門「倉司擬筆」等に見える。

(6)　この法については、第一部(16)条の【注釈】(2)を参照。

(21)　坊市阿張状述年九十以上乞支給銭絹事

高年之人、支給些小銭絹酒米、此朝廷曠蕩之沢也。奈何以郡計艱窘之故、而廃格上恩乎。牒州、限一日、取交領申。

【訳文】

「坊市《まちずみ》の阿張が、九十歳以上なので銭絹を支給してくれるよう訴状で要請してきた一件」

高年の人には些少の銭絹・酒米を支給するが、これは朝廷の広く行きわたるべき恩沢であり、(1)どうして州県財政の困窮を理由に陛下の恩沢を廃してよかろうか。州に牒*文を出し、一日以内に阿張の受領書を取って上申せよ。

【注釈】

(1)　高齢者に対する政府の恩賞に関しては古くから事例があるが、宋代には例えば『宋史』巻一七、哲宗本紀、元祐四年(一〇八九年)九月辛巳条に、「大饗明堂、赦天下、百官加恩、賜賚士庶高年九十以上者」と見える。

（22）信州申解胡一飛訴劉惟新与州吏楊俊栄等合謀誣頼乞取公案赴司

所在頑民、平白揑造致死公事、以害善良、以報仇怨、固亦有之。未有民間初無詞状、而自州刑案作勘会、単称上饒県石橋郷三十一都李乙身死、至今未申呈覆為事祖[1]者、至於追逮二十餘人、累累繋獄、既無事実。為太守者、亦可以少悟姦吏之売弄、而自悔聴訟之不明矣。今刑案吏人止杖一百、則是太守与刑案為告訐追擾騙挟之宗主、此二十餘人者之家已破、而生事之人与作過之吏、罰不傷其毫毛。度虞守之意、必以為李乙生死未見分暁之故。今李乙已獲在官、此事合照不以赦原之法定罪。牒東通□□追上楊俊栄決脊杖二十、刺配一千里牢城、劉惟新勘杖一百、折徒、編管五百里、鄭百九・徐千四・鄭松年・潘千四、各杖一百訖申。案発下。

【校勘】

［1］（名）は、「祖」は「祖」の誤記であろうとする。従うべきであろう。

【訳文】

「信州が、胡一飛が劉惟新と州の吏人楊俊栄等が共謀して誣頼したと訴えた件で、一件書類を取り寄せ（書類と関係者を）一緒に提刑司に送ってきた件」

各地の頑民は根拠もなく致死の訴訟を揑造して善良な民を迫害し、仇や怨みの報復を行うが、当地でももとよりそうしたことはある。しかし民から全く訴状が出ていないのに、州では刑案（刑事担当部局）が調査を行い、上饒県石橋郷三十一都の李乙が死亡したと称するだけで、いまに至るも呈覆して事祖(1)となすべきものはなく、二十餘人を連行して累々と獄に繋ぐに至ったが、すでにそうした事実はなかったのである。

太守《ちしゅう》たる者は、あくどい吏人*の揑造に気づき、自ら裁きの不明を悔やむべきである。いま刑事担当部局の吏人は杖一百を科されただけだが、これは太守と刑事担当部局とが出鱈目な告訴や召喚の宗主《げんきょう》だということであり、この二十餘人の家はすでに破産しているのに、問題を起こした人と過ちを犯した吏人には全く罰が及んでいない。虞太守(2)の意向を推測するに、きっと李乙の生死がまだはっきりしていないと思っているからなのであろう。いま李乙はすでに官衙に身柄を拘束しており、この事案は恩赦による減免の法を適応しないというやり方で罪を定めるべきである。(3)東通(判庁)に牒文*を出し、楊俊栄を拘引して脊杖二十に処し、一千里の牢城軍*に刺配*し、劉惟新は杖一百を科して徒罪に代え、五百里外に編管*し、鄭百九・徐千四・鄭松年・潘千四は各々杖一百に処して終われば上申せよ。一件書類は下し送る。

【注釈】

(1)「事祖」とは、事案のもととなる証言や報告などの文書や証拠物件。

(2)「虞太守」とは、李之亮『宋両江郡守易替考』(前掲)によれば、嘉熙二年(一二三八)から嘉熙四年(一二四〇)まで信州の知州であった虞復であろう。「虞復、字従道、務州義烏人、嘉定十六年進士。知信州、嘉熙中任。亦知瑞州」と見える。『宋元学案』等にその事跡が見える。

(3)原文「照不以赦原之法定罪」とは、会赦猶流に該当すると述べているのではない。会赦猶流は、蠱毒を造蓄することと、小功の尊属・従兄弟の殺害、および謀反・大逆の場合に適用されるからである。

【講義】

「劉惟新勘杖一百、折徒、編管五百里」の箇所は、川村康「宋代折杖法初考」(前掲)によれば、宋代の折杖法では徒一年は脊杖十二だが、杖一百は臀杖二十で脊杖十に相当するので、不足分の脊杖二は免除するという方法であると説明される。

（23）　饒州州院申徐雲二自刎身死事

豪家欲併小民産業、必捏造公事、以脅取之。王叔安規図徐雲二義男徐辛所買山地為風水、遂平空生出斫木盗穀之訟。本県受詞、当酌量軽重施行。縁有王枢密府一状、便判牒寨究実、将緊要人解来赴此、則一郷一境、無非当追会之人。此乃寨官寨卒之所楽聞、而県吏之所以求其所大欲也。長官為民父母、何忍下此筆哉。知県所申、以為所論乃是犯盗、今体究官到地頭、王叔安山与徐雲二山既隔渉、又地頭却無倉屋、斫木盗穀二事皆虚。而徐雲二者、不堪吏卒追擾、貧家惟有飯鍋、亦売銭以与寨卒、計出無憀、自刎而死。知県聞此、亦須自悔元判軽易、今反自謂所判甚軽。不知当来重判、則又当何如。殺一不辜、非惟犯先聖謨訓、亦非累奉御筆詔書謹刑之意。当職毎苦与郡県争執、勿遣吏卒下郷、属部多相体者。楽平距本司僅百餘里、豈得擅差寨卒下郷生事。王叔安恃其豪強、妄訟首禍、致人於死、徒三年。以其為名家之後、索告辦験。朱栄為人家幹人、挟勢妄作、県吏鄧栄、舞文妄覆、寨卒周発・周勝、受賕擾民、各決脊杖三十[1]、編管五百里。朱百四妄辞報説、安知其禍之至此。勘杖一百。葉文二・李華、並在其間助虐、各杖六十。知県在任三年、亦廉謹無過、但此等事、累盛徳、害陰隲、亦不少矣。帖報、今後聴訟更須子細。読訖、並押下饒州断。

【校勘】

［1］「脊杖三十」は、「脊杖二十」の誤りであろう。折杖法は脊杖であれ臀杖であれ、最大二十である。

【訳文】

「饒州州*院*が、徐雲二が自ら首を切って死んだことを上申してきた件」

豪家が小民の田産を併呑する際には、必ず裁判沙汰を捏造して脅し取るのである。王叔安は徐雲二の義男徐辛が買った山地は風水がよいため、ついに木を切り穀物を盗んだという訴えを根拠もなく捏造した。本県は訴状を受理したのであるから、まさに軽重を酌量して措置すべきであった。王枢密府(1)から一枚の書状があったことで、軽率にも寨に命令を書いた牒文*を出して事実を究明させ、密接な関係者を連れて寨に赴かせたので、郷の区画内で呼び出しに遭わない者はいない事態となった。これはすなわち寨官・寨卒が喜び、県吏が大いに欲望を満たそうとする所以である。

県の長官(知県)は民の父母*であり、どうしてこうした命令を書くことに忍びようか。知県が申するところでは、問題になったのは盗罪を犯したことだと言うが、いま実地検分の官が現場に行ってみると、王叔安の山と徐雲二の山とは隔たっており、また現地には倉庫がなく、木を切ったことと穀物を盗んだことの二事はみな出鱈目であった。しかるに徐雲二は吏卒*の金品要求と擾害に堪えられず、貧家にはただ飯釜があるだけなのに、それを売って銭を寨卒に与え、どうしようもなくなり自ら首を切って死んだのである。知県はこれを聞いてもとの判決が軽率だったと悔やむべきなのに、いまは逆に判じたところが甚だ軽かったと思っている。よいか、以前に重い判決を出したとすれば、さらに一体どうなっていたというのか。一人の無辜の人間を殺すことは先聖の謨訓(2)を犯すのみならず、何度も出された御筆(3)の詔書の刑を謹めという意向にも反するではないか。

私はいつも州県と、吏卒を郷村に下すなと言い争うことに悩まされているが、本司所属の州県は多くこの意向を体している。楽平県*は本司からわずか百餘里離れているだけで、どうして好き勝手に寨卒を郷村に派遣し、問題を起こしてよいであろうか。

王叔安はその豪強に恃み、妄りに告発して陥れ、人を死地に追いやったので、徒三年とする。彼は名家の後裔であることから、告勅を出させて実物かどうかを調べる。朱栄は人家の幹人だが、勢力を笠に着て問題を起こし、県吏の鄧栄は勝手に文書を作って出鱈目な報告を行い、寨卒の周発・周勝は賄を受けて民を擾害したので、各々脊杖二十に決し、五百里に編管*する。朱百四は妄りに言説をなしたが、どうして禍がここまで至ると知っていようか。杖一百を科す。葉文二・李華はその中にいて虐待を手助けしたので、各々杖六十とする。知県は在任すること三年、清廉・謹厳で過ちはなかったが、ただこれらのことは盛徳に累を及ぼし、陰徳を害することが少なくない。*帖文を出し、今後、裁判は仔細に行わせよ。この判決を読み終われば、すべて饒州に護送して執行せよ。

【注釈】

（1）「枢密府」とは、枢密院を言うが、ここは人物につくので枢密院の長官たる枢密使の敬称。軍事や武官の選抜除授を掌った。王枢密院なる人物は王叔安の一族であろう。

（2）原文「先聖謨訓」とは、宋人の言う「祖宗の法」を指すのであろう。

（3）「御筆」とは、皇帝が中書や三省を経ずに宮中から直接関係する執行機関に出す決裁や命令を言う。

（24）饒州州院推勘朱超等為趯死程七五事

此獄経渉四年、屢勘屢翻。当職采之道途之言、参之賢士大夫之説、多以為冤。連日披閲案牘、引上一行人反覆研究。先令朱公輔父子指陳冤状。如謂程七五自被主家打死毒死、詰問服何毒、何人打、何人見、則不能答。又謂程七五若果被踢傷肋、当死於地頭、何由能帰其家、越両日而死。当職遂取本司大辟公案、被打傷肋十餘項以示之。或両三日而死、或八九日而死、或二十餘日而後死。況辜限有二十日、越両日而死、無足怪者、則又無答。又謂初検両手拳、後検拳内有灰、以為換屍、且検験全憑致命痕痏、今肋上一痕、四検皆同、乃以拳内有灰為換屍、其説尤謬。又謂程七五母妻不出、今追到阿凌・阿張、其詞与本中・以寧、如出一口、公輔等語塞、已認為真屍矣。外間以為冤獄、非也、却是疑獄耳。蓋治獄者、前休寧宰趙師□、貪吏也。主程七五之訟者、程以寧、[1]匡醜也、大猾也。貪宰明知係朱氏之人踢死、却併本中・公輔[2]牧禁。二家皆饒於財、本中怯懦、既入囹圄、然後為勘、係朱超踢死、係公輔喝打。州獄所勘、不過祖述県案、前提刑蔡都承察知本中非辜、本中雖得清脱、而家業已蕩於獄、且為以寧所併呑矣。以寧乗危急、而収卞荘子之功、貪宰左右望、而售伯州犂之手。其事略見於漕臣按章。既而公輔之家訟於内台、改送漕司、蔡提刑具申朝省、取回人案、未及竟而召、諸囚翻異。当職委官別推、一路官員之多、無敢承当者。毎奉省箚・台牒・部符催趣、常有愧色。大凡大辟之罪、高下軽重、決於証[3]証人之口。向使争打之時、有一行路之人在傍知見、必能実供。今州県獄司止憑一李八、然李八者、見住本中之屋、為本中之僕。犬各吠非其主。両家既為血讎、乃使程氏之人証朱氏之罪、此一大可疑也。当職嘗為獄官、毎以情求情、不以箠楚求情。初謂饒州羅司理頗以惺惺、委以此獄、切切丁寧、勿恃箠楚、隔得数日、抛本官取稟、先将公輔小童程六絣吊悶絶、用水灌醒、終不肯証其主之喝打。及令勘程以寧、事不千[4]己、而主訟一節、則垂頭喪気、自称不敢。当職察其情状、悪其酷毒、急檄出院、不免日詣獄戸、自行推問。始喟然而嘆曰、鞠獄如羅司理惨矣、終不能使一小童証其主、而州県之獄能使朱超・朱社・朱六一・朱十八数健夫俯首帖耳、聯名証其主之喝打、豈非絣吊箠楚、有甚於羅司理者乎。在法、諸相容隠人不得令為証。而州県案公然逼僕証主、此一大可疑也。貪宰謬糾、急於獄成。県上之州、州上之憲。惟恐断之不速、而不暇尽両造之情。自来大辟必有体究状、在検験格目之前、今有検験而無体究。令尉各呑其餌、終於不体究而止。此一大可疑也。自来罪因例須押款。今公輔在県獄供款、毎自書姓名之下、必草書一屈字準花押。州獄供款、則姓名之下楷書一屈字準花押、大者如折二銭。是公輔在州県獄雖認喝打、而未嘗不番異也。何待結録而後番異哉。官吏急於獄成、[5]遂鹿而不見山、提刑司亦只見録本、所以蔡提刑信為獄成。当職初亦信之、今索到州県獄款蘭亭真本、然後知獄未嘗成、囚未嘗伏。自始至終、若官若吏、類為物所使者。此一大可疑也。平心論之、程七五・李八為本主程本中差使、来朱十八家取課銭。朱十八留二人飲、皆酔臥不去、又譊其妻拏。曲在程・李矣。朱十八所住、公輔之屋也。公輔行過適見、令群僕趕二人并朱十八出外、欲鎖其門、因此争打。李八先出、故傷軽。程七五不肯出、故傷重、二十六日被打、二十七日帰家、二十八日身死。当時別無外証。若使李八真見公輔喝打、猶当以偏詞曲証為疑。今李八自始至終、只言被朱超等趕打而出、落在門前坎水中、聞得程七五叫打殺人。然則聞也、非見也。此時李八酒猶未醒、酔人之語、又足憑乎。果使真聞其声、佐也、非証也。此又一大可疑也。引上朱超等再三鞫問、拠其供吐、肋上之傷、委是朱超用脚踢傷、而公輔則称、群小争鬨之際、実曾喝令不得相打。州県獄不容実供、所以番訴、心欲至近上司官然後吐実。此雖主僕一套之詞、然既無端的証佐、則其言亦不容尽廃。今若欲李八証公輔之不喝打、欲朱超等証公輔之喝打、不過於木索加功、一日可以成獄、却恐非公朝謹刑、及聖上付耳目於憲臣之意。窃謂殺人無証、法有刑名疑慮之条、経有罪疑惟軽之訓。況去歳夏秋亢旱、今春日食、三奉減降之詔。又経明堂赦宥、内三項皆有闘殺情軽者減一等之文。若朱超打殺、公輔喝打、証佐明白、不過是闘殺之情軽者、一減為流、再減為徒、三減為杖、四減咸赦除之。雖律文死罪減至徒而止、然為有証而情重者設、非為無証而情軽者設也。当職忝任平反之寄、当奉赦条従事。朱超斃人於一踢、已行招認、雖已赦免、然死者不可復生、決脊杖十五、刺配本城、以謝死者。朱社・朱六一係同打人、照赦原罪。朱汶監倉不平之鳴雖切、訟冤之詞多虚。然父子至情、有足諒者。本中因護地客、家業尽為以寧呑併、終始堕其術中、可謂愚人。併干連人朱十八・程六童、見人李八、血属三名並放。公輔祖為太守、父為命官。不自愛重、群小酔鬨、輒入閙籃、身貫木索、辱及門戸。其不死於州県之獄、而累該赦降、亦云幸矣。所謂喝打、一則無証、二則不伏。既不可用深文而定罪名、亦不可援徳音而尽清脱。以寧擁不貲之富、操不仁之術、大為閭里患苦、環四境之人、聞其姓名如毒蛇鷙獣、近則噬人如瘟神太歳、触之立有凶禍。郡県小官受其服役、吏卒供其輿隷。当職備聞之日久矣。姑以此事言之、被打死者、本中之僕也。以寧之与本中、別籍異財、又非同居、奮臂磨牙、主宰此訟。公輔之家、毎状必訟以寧行巨賂。当職謂死者小民、自有血属、安得巨賂、初不之信、見之前後書判、未幾以寧果抹過州県監司、驀経内台陳詞。謂之不主訟可乎。兼此獄始委羅(下缺)

【校勘】

［1］（全）は、清鈔本によって「匡」を「巨」の誤記とする。従うべきであろう。
［2］（名）（全）は、「牧」を「収」の誤記とする。従うべきであろう。
［3］（名）（全）は、一「証」字を衍字とする。従うべきであろう。
［4］（名）（全）は、「千」を「干」の誤記とする。従うべきであろう。
［5］（名）（全）は、「遂」を「逐」の誤記とする。従うべきであろう。

【訳文】

「饒州*州院*が、朱超等が程七五を蹴り殺した事件を審理・究明した件」

この案件は四年にわたって何度も審理し、何度も翻異(1)した。私はこれを道端の人々に聞き、これに賢士大夫の考えを交えたが、多くの人は冤罪と言った。連日、一件書類を参閲し、関係者を召喚し、繰り返し検討した。まず朱公輔父子に冤罪である事情を指摘させた。例えば「程七五は自ら主家に殴り殺され毒死させられました」と言うが、「どんな毒を飲んだか。誰が叩き殺し、誰がそれを見たか」と問うと、すなわち答えることができないのである。また「程七五がもし本当に脇腹を蹴り上げられてその場で死んだのなら、どうして自分の家に帰ることができ、二日後に死んだのでしょうか」と言うので、私はついに本司が扱った殺人事件で、肋骨を打ち殺された十餘件を取り出し、これを示した。ある者は二三日後に死に、ある者は八九日で死に、ある者は二十餘日後に死んでいる。ましてや保辜(2)の期限は二十日あり、二日後に死んでも怪しむには足りないと言うと、また答えはなかった。また「両手の拳を最初に検査しましたが、後で検査した時には、拳の中に灰があったので、屍体を取り替えたのです」と言ったが、検験*はすべて致命の傷跡に基づくのであって、いま脇腹の傷跡は、四度の検査でもみな同じで、拳の中に灰があるから屍体を取り替えたというその言い様は全く出鱈目である。また「程七五の母と妻は出頭しておりません」と言うが、いま阿凌・阿張を呼び出すと、その供述は本中・以寧と全く同じで、公輔等は口ごもってしまい、すでに本物の屍体だと認めた。

外部の者が冤罪だと言うのは誤りであり、むしろ疑獄なのである。おそらく本件を担当した者である前の休寧県知県趙師珺(3)は貪吏である。程七五に関する訴訟を主唱した者である程以寧は醜悪な者で、大いなる悪人である。貪婪な知県は明らかに朱氏の者が蹴り殺したことを知っていながら、本中・公輔を併せて収禁した。二家はみな財産家だが、本中は惰弱な人間で、すでに囹圄《ろうごく》に入れられ、その後の調査の結果、朱超が蹴り殺し、公輔が殴打を命じたことになったのである。

州獄の審理はただ県の判断を祖述しただけで、前の提刑蔡都承(4)は、本中は罪人ではないと察知し、本中は罪から脱することができたとはいえ、家の財産はすでに裁判のために使い果たし、かつ以寧に併呑されてしまっていた。以寧は危急に乗じて卞荘子の功(5)を収め、貪婪な知県の取り巻きは様子を眺めて伯州犂の手(6)を買おうとした。そのことはほぼ転運司の属官の弾劾文に見える。やがて公輔の家は内台に訴え、改めて転運司へ回され、蔡提刑は朝廷に具申し、関係者と書類とを取り求めたが、それが終わらないうちに(朝廷に)召され、諸囚は翻異したのである。私は官に委ねて別途審理させようとしたが、一路には官員が多いけれど誰も担当しようとはしなかった。省箚・台牒・部符(7)の督促を奉ずるごとに、常に恥ずかしい思いをしている。

およそ殺人事件の罪の高下・軽重は証人の供述によって決まる。先に争い殴った時、一人の道行く人が側らにいて見たならば必ず事実に基づいて供述するであろう。いま州県の獄司(8)はただ一人の李八なる者の供述に基づいているが、彼は現在、本中の家屋に住んでおり、本中の下僕である。犬はみな主人でない者に吠える。両家はすでに血の仇となっており、程氏の人に朱氏の罪を証言させているが、これは一つの大いなる疑問である。私はかつて獄官*となったが、(9)常に情によって情を求め、鞭打つことで情を求めたことはない。最初は、饒州羅司理は頗る聡明なので、この事件を委ね、懇切丁寧に拷問に恃んではならないと言ったが、数日して本官に上呈してきたところでは、「まずは公輔の小童《こまづかい》の程六を吊り下げて悶絶させ、水をかけて覚醒させましたが、結局、その主人が恫喝・殴打したとは証言しませんでした」とある。また程以寧のことを調べさせたが、「「私には関係ありません」と言い、主人(程本中)が訴えた一件については、頭を垂れ意気消沈して「私には申し上げられない」と言いました」とあった。

私は取り調べの様子を察し、羅司理の酷さを憎み、急ぎ檄文を出して彼を司理院*から出させようとしたが、彼が毎日獄に到り、自ら訊問を行うのを止められなかった。はじめ、私は唖然として嘆いて「案件審理は羅司理のように残酷であっても、ついには一人の小童にその主人の証言をさせることができなかったのに、州県の獄は朱超・朱社・朱六一・朱十八のような頑健な男たちに首を垂れて言われるがままに、主人が殴打を命じたことを連名で証言させたが、(ならば)吊し上げて鞭打つことは羅司理より甚だしかったに違いない」と言った。法では「すべての互いに容隠すべき人は証人としてはならない」とある。(10)州県の事件で公然と下僕に逼って主人のことを証言させたのだが、これは一つの大いなる疑問である。

貪婪な知県は糾明を誤り、決着をつけることを急いだ。県はこれを州に上げ、州はこれを提刑司に上げた。ただ決着をつけるのが速やかでないことだけを恐れ、原告・被告の情を尽くすことに暇がなかった。これまで殺人事件は必ず実地検分の書面が検験格目*の前にあるのだが、いま検験はあるが実地検分はない。知県・県尉は各々その利益を実地検分しないことに求めただけなのである。これは一つの大いなる疑問である。

従来、罪囚は例として書面に押字してきた。いま公輔は県獄で供述書を作ったが、姓名を自書した下には必ず草書で「屈」の一字を書き花押に準じてきた。州獄の供述書では姓名の下に楷書で「屈」の一字を書き花押に準じており、大きいもので折二銭(11)ほどである。これは公輔が州県の獄で殴打を命じたことを認めたとはいえ、いまだかつて翻異しないというわけではなかった。だがどうして結審を待って翻異したのであろうか。官吏は結審を急ぎ、鹿を追って山を見ず、提刑司もまたただ録本(12)を見ただけだが、蔡提刑が獄は決着したと信じた所以なのである。私もはじめはそう信じたが、いま州県から本物の一件書類を取り寄せてみると、案件はまだ決着しておらず、囚人はまだ罪を認めていないことを知った。はじめから終わりまで官も吏も勝手に捏造したのである。これは一つの大いなる疑問である。

冷静な心で論ずれば、程七五・李八は主人の程本中に差配され、朱十八の家に来て課銭を取り立てた。朱十八は二人を留めて酒を飲ませたが、みな酔い臥して帰らず、またその妻子をからかった。落ち度は程・李の側にある。朱十八が住んでいるのは公輔の家である。公輔は前を通り過ぎ、下僕たちに二人と朱十八を外に追い出させ、門に鎖を掛けようとしたので、殴り合いとなったのである。李八は先に出たので傷は軽かった。程七五は外へ出ようとしなかったので傷は重かった。二十六日に殴られ、二十七日に家に帰り、二十八日に死んだ。当時、外には証人はいなかった。もし李八が本当に公輔が殴打を命じるのを見たとしても、なお偏った証言として疑うべきである。いま李八ははじめから終わりまでただ「朱超等に殴られて追い出され、門前の池の中に落ちました。程七五が「人殺し」と叫ぶのを聞きました」と言うだけだが、そうであれば聞いたのであって見たのではない。この時、李八は酒がまだ醒めておらず、酔っぱらいの言うことは信頼できるであろうか。もし本当にその声を聞いたにせよ、傍証であって（真の）証人ではない。これまた一つの大いなる疑問である。

朱超等を呼び出して再三訊問したが、その供述では肋骨の傷は本当に朱超が足で蹴ったもので、公輔は「多くの者が争っていた時に、実際に「殴るな」と怒鳴ったのです。州県の獄では事実に基づく供述を許さず、それゆえ何度も訴え、皇帝に近い上司の官に到った後に事実を言おうと思っていました」と言う。これは主と僕との一まとまりの供述であるが、そうであっても真の証人がいなければ、その言もすべて廃棄すべきではない。いまもし李八に公輔が殴打を命じなかったと証言させ、朱超等に公輔が殴打を命じたと証言させようとすれば、もとより拷問を加えればよいだけで、一日で案件に決着をつけることができるであろうが、しかしそれでは中央政府が刑を謹しむように要請し、また聖上が提刑司に自らに替わって耳目を与えていることにそぐわないであろう。

窃かに思うに、殺人に証人がいなければ、法律には刑名疑慮の条文があり、経典には罪が疑わしければ罰を軽くするという訓えがある。ましてや去年の夏・秋は旱害があり、今春は日食があって、三度、刑を減ずるという詔があった。また明堂の恩赦(13)があり、そのうち三項目にはみな闘殺で情状の軽い者は一等を減ずるという文がある。朱超が殴り殺し、公輔が殴打を命じて、証拠が明白であれば、これは闘殺の情状が軽い者にすぎないのであり、一度減じて流とし、さらに減じて徒とし、三度減じて杖とし、四度減じてみなこれを赦免とする。律文に死罪は減じて徒に至れば止むとあるが(14)、しかしこれは証拠があって情が重い者のために設けられたのであり、証拠がなくて情が軽い者のために設けられたのではない。私は忝なくも平反(15)の責務を与えられたので、まさに恩赦の条文を奉じて事に当たるべきである。

朱超は他人を蹴り殺したが、すでにそれを認めており、すでに赦免にあったとはいえ、死者はまた生き返らないので、脊杖十五とし、顔に入れ墨をして本城軍*に配し、そうして死者に謝罪させる。朱社・朱六一はともに殴ったものだが、恩赦に照らして罪を赦す。朱汶は拘置されて無罪を切に言い立てているが、冤罪だという供述の多くは嘘である。しかし父子の至情は赦すに足るものがある。本中は地客を護ったことから、家業は尽く以寧に併呑され、終始その術中に嵌ったのであり、愚者と言うべきである。関係者の朱十八・程六童、証人の李八の血族三名と、併せて放免する。公輔は祖父が太守で父は命官であった。自重せずに群小が争って殴り合う時に、その中に身を投じ、結果、首枷をして晒され、恥はその門戸に及んだ。州県の獄で死なずに何度か恩赦にあったのは幸いと言うべきである。殴れと命じたということは、一つには証拠がなく、二つには認めていない。死罪ということで罪名を定めることはできないが、徳音(16)を援用して全く無罪とすることもできない。以寧は莫大な資産を擁して不仁の術を交え、大いに地元の害悪となり、周囲の人はその姓名を毒蛇か悪獣のように聞き、近づけば疫病神や太歳(17)のように人を嚙み、これに触れればたちどころに凶禍がある。州県の小官はその指図を受け、吏卒*はその駕籠かきをする。私は久しくこれを聞いていた。しばしこのことで言えば、殴られて死んだのは本中の僕である。以寧は本中と別籍・異財で、また同居の関係ではないのに、奮い立ち牙を磨いてこの訴訟を主宰した。公輔の家は訴状を出すごとに必ず以寧が巨額の賄賂を用いていると訴えた。私は死者の小民にも自ずと血族があり、どうして巨額の賄賂などできようかと思い、最初はこれを信じなかったが、(この案件の)前後の書判に見ると、ほどなく以寧は本当に州県・監司*を無視して内台に直接投訴していた。このことから訴訟を主宰したと言わないわけにはゆかない。兼ねてこの獄ははじめは羅司理に委ねて(下缺)

【注釈】

（1）「翻異」とは、もとの供述を翻して冤罪を言い立てることを言う。

（2）殴傷の後、一定期限内にそれが原因で死亡すれば殺人罪を適用する。これを保辜と言い、その期限を辜限と言う。『宋刑統』巻二一、闘訟律、「闘殴故殴故殺」に、「諸保辜者、手足殴傷人、限十日、以他物殴傷人者、二十日」と見える。

（3）康熙『休寧県志』巻四、職官表によれば、淳祐二年(一二四二)から知県職にあった趙師珺か。

（4）「蔡都承」は、誰であるか未詳。「都承」とは、枢密院の属官の長である枢密院都承旨の略称。

（5）「卞荘子」は、魯の大夫で、二匹の虎が互いに争い弱るのを待って易々と虎を獲たという逸話がある。『史記』巻七〇、張儀伝等に見える。

（6）『春秋左氏伝』襄公二十六年条に、次のように見える。楚と鄭が戦い、楚の穿封戌が鄭の皇頡を捕虜としたが、公子囲（後の霊王）が功を争い判断を伯州犂に委ねた。伯州犂は捕虜皇頡に尋ねようと言い、手を上げてこちらは王子の囲である、ついで手を下げてこちらは県尹の穿封戌である、あなたを捕らえたのはどちらかと問うと、皇頡は王子であると答えたとある。それゆえ「伯州犂の手」とは、好都合な結果を誘導することを言う。
（7）「省箚」とは、尚書省の箚子、「台牒」とは、御史台の牒文、「部符」とは、刑部の符（文）であろう。
（8）「獄司」とは、県では県尉司、州では司理参軍と録事参軍を指す。
（9）劉克荘は、嘉定十五年（一二二二）に真州の録事参軍となっている。
（10）この法に言う「相容隠人」とは、『宋刑統』巻六、名例律、「有罪相容隠」の一節に、「部曲・奴婢為主隠、皆勿論」とあり、宋代にはこの部曲・奴婢が「人力・女使」に読み替えられたのであろう。
（11）「折二銭」とは、一枚で銅銭二枚すなわち二文相当の銅銭で、小平銭より大きく、およそ直径が三センチメートル、重さが七グラム前後であった。
（12）「録本」とは、決着した案件の要点を記した文書であろう。
（13）宋代には三年に一度天を祭る郊祀が行われその際に明堂で大赦が発せられた。『宋史』の本紀によれば淳祐五年（一二四五）九月に大赦があった。
（14）この法、他に関連する史料がない。
（15）「平反」とは、現在でも用いるが、いったん有罪とされた者を無罪とする、あるいは名誉を回復する、あるいは罪状を訂正することを言う。
（16）「徳音」とは、皇帝が下す恩赦の一種で、刑罰の減免を与える詔である。
（17）「太歳」とは、木星を指し、また中国の民間信仰では有名な凶神を言う。詳しくは、宗力・劉群『中国民間諸神』（河北人民出版社、一九八七年）の「太歳」を参照。

【講義】

朱公輔と朱汶が父子、その手下が朱十八・朱超・朱社・朱六一・程六。一方は、程以寧・程本中は近親であり、彼らの手下が程七五(死亡)・李八で、程七五の母親が阿凌、妻が阿張である。

文中に「一等を減ずる」と見えるが、何等を加え、あるいは減ずるという方法は、五刑のランクに基づく。ただしこれには例外ないし特例があって、流罪から死罪へ入れる(加える)際には「加えて死に至る」という文言がなければならず、また死罪と流罪を減ずる際には、各々をまとめて一等と数える。すなわち斬罪も絞罪も一等を減ずれば流三千里となり、流三千里も流二千里も一等を減ずれば徒三年となるのである。

（25）饒州司理院申張惜児自縊身死事[1]

大辟公事合是的親血属有詞、張惜児之死、張千九其父也、阿楊其母也、張千十其叔也。此三人自始至終無詞、而事不干己之人王百七・王大三、輒経県以為死有冤濫。本県察見、已将両名勘下杖責。有張世行者、輒経州、経本司、告訐弟婦姜氏閨門陰私、以致惜児冤死。当職[2]今画宗支、見得世行与姜氏夫服紀甚疏、却而不行。不謂、本州已有委官体究之判、県尉纔得此事、以為奇貨、牽聯枝蔓、必欲造成一段公事。当職引上張千九面問、拠称其女実以病風妄罵、於初三日、主母姜氏喚阿楊教誨、阿楊用柴条打惜児両下。至初五日張千九・張千十各在姜氏家、見惜児発熱妄語。其父煮粥未熟、惜児忽於厠屋自縊。親莫親於父子、再三審詰、其詞堅確如此。女使妄罵、主母呼其母訓責、此亦人之常情。及其自縊、則有出於人意表、在姜氏未見有可論之罪。本州雖判体究、知県執申、可也。県尉拠実事回申、亦可也。今撰造公事人、各端坐于家、而姜氏一家倶就囹圄、惜児父母亦遭係累。外人反為血属、血属反拘官司。憲臣置司之所、獄事不得其平如此、則耳目何以及遠哉。張伯圭因立嗣之怨、欲覆叔母之家。張世行亦疏族、王百七・王大三以外人而白撰大辟之獄。帖県并巡尉、専人解来、一日。姜氏・添福・張千九・劉紗雲乙並放。呉夔出入孤児寡婦之家、略無瓜李之嫌、又与其嫂探梅有姦、各照減降旨揮、勘杖八十、令呉夔責状、今後更登張氏之門、定行追断編管。県尉昨対移鉛山県、誤勘大辟公事、以平人為凶身、已免按劾。今茲所為如此帖問、仍閣俸。牒州、今後此等詞状、非的親血属勿受、違追都吏。推司累日不申入門款、帖司理勘杖一百、断訖申。

【校勘】

［1］『名公書判清明集』巻一三、懲悪門、告訐では「自撰大辟之獄」と題す。

［2］『名公書判清明集』では、原文三行目「当職今」を「当職令」に(全)、五行目「張千九・張千十各」を「張千九又」に、八行目「血属反拘官司」を「反打官司」に、九行目「張伯圭」を「王子才」に、十行目「劉紗雲乙」を「張千十」に(全)、十一行目「勘杖八十」を「従軽勘杖八十」に、十二行目「已免按劾」を「已既按劾」に作る。傍線を附した文字に従うべきであろう。その他は引用原文に従う。

【訳文】

「饒州*の司理院*が、張惜児が自ら縊死した案件を上申してきた件」

殺人事件は実の親や血族が訴えを出すべきであり、張惜児の死に関しては、張千九が父であり、阿楊は母であり、張千十は叔父である。この三人ははじめから終わりまで訴えがなく、事が己に関わらない人間である王百七・王大三が県へ訴えてこの死には疑わしいところがあると言っている。本県はその実際を調べて、すでに二人を杖罪とした。

張世行なる者がおり、妄りに州へ訴え、本提刑司へ訴え、弟の妻姜氏は貞操に関して隠しごとがあり、それゆえに惜児が恨みを抱いて死んだと告発した。私は宗枝図《かけいず》を書かせたが、世行と姜氏の夫とは親族関係が甚だ遠いことが分かったので、却けて受理しないことにした。(ところが)思いがけず、本州はすでに官に委ねて究明せよとの命令を出し、県尉はこの命令を得るや、それを奇貨として(関係者を)芋蔓式に連行し、必ず一段の裁判沙汰に仕立てあげようとした。

私が張千九を呼び出し、面と向かって問い質すと、その娘が実は瘋癲を患って(主母を)面罵したので、初三日に主母の姜氏が阿楊を呼んで説諭したが、阿楊は木の枝で惜児を二回打ち据えた。初五日に至り、張千九・張千十は各々姜氏の家で惜児が発熱し、囈言を言うのを見た。（惜児の）父はお粥を作り、まだ出来上がらないうちに、惜児は突然、厠で首を括って死んだと言った。親は父子以上の親はなく、再三訊問したが、その供述は堅くこうであった。女使が妄りに罵れば、主母が実母を呼んで訓責するのはまた人情の常である。惜児が自ら首を括って死んだのは人の意表を突いた行為で、姜氏には論ずべき罪は見あたらない。本州は実地に究明せよとの命令を出したが、知県が上申すれば、それでよいのである。県尉は実情によって報告すれば、またそれでよいのである。いま裁判沙汰を揑造した人は、各々家に端坐し、姜氏の一家はともに獄に繋がれ、惜児の父母もまた関係者として累を被っている。外の人間がかえって血族のようにし、血族は官司に拘束されている。提刑司が置かれているところで、裁判沙汰が不公平であることがこうであれば、耳目はどうして遠くまで及ぼうか。

　張伯圭は立嗣の怨みから叔母の家を覆そうと思ったのである。張世行はまた疏族で、王百七・王大三は外の人なのに殺人案件を揑造した。県ならびに巡検*・県尉に帖文し、専人*を用いて身柄を送らせよ、一日以内に。姜氏・添福・張千九・張千十はすべて釈放する。呉夔は孤児・寡婦の家に出入りして、ほぼ人目を憚ることがなく、また婢女の探梅と姦通したが、罪を減ずるという指揮に照らして杖八十を科し、呉夔から誓約書を取って、今後、張氏の門に入ったなら、きっと呼び出して刑を執行し編管*とする。県尉は先ごろ鉛山県*に対移*したが、殺人事件を誤って審理し、無実の人を殺人犯としたのに、すでに弾劾を免がれている。いまここにこのように帖文*で問責し、なお給与を一時停止する。州に牒文*し、今後こうした訴状は、実の親や血族でなければ受理してはならず、この指示に違ったならば都吏(1)を召喚する。推司*は何日も門款を上申しなかったので、司理参軍に帖文を出し、杖一百を科して、執行し終わったらその旨を上申せよ。

【注釈】

（1）「都吏」とは、胥吏の頭目を言う。

【講義】

本件は明清史でかつて広く深く検討された「威逼人致死」の問題と関連する。威逼人致死とは、精神的に脅し圧迫することを原因として、相手を自殺という結果に追い込んだ場合、その行為を犯罪と見る考え方である。中村茂夫氏の『清代刑法研究』（前掲）第四章「自殺誘起者の罪責」は清代の状況を研究したもの。明清以降では他に三木聰『明清福建農村社会の研究』（北海道大学図書刊行会、二〇〇二年）、泥棒研究会編『盗みの文化史』（青弓社、一九九五年）第三章「死骸の恐喝——中国近世の図頼——」、上田信「そこにある死体——事件理解の方法——」（『東洋文化』七六号、一九九六年）といった研究があり、現代中国刑法へ連続する側面に関しては、滋賀秀三「法制史の立場から見た現代中国の刑事立法——断想的所見——」（『中国法制史論集——法典と刑罰——』創文社、二〇〇三年、所収）がある。私もまた明律以降に出現するという通説を批判して、漢代以降こうした犯罪観、刑罰規定が存在したことを論じたことがある。拙著『宋代中国の法制と社会』（前掲）第十章「明律「威逼人致死」条の淵源」を参照。

張惜児の自殺に関し、ここでは劉克荘によって、主母姜氏が惜児の実母を呼んで訓責させたことが自殺の原因ではないと断じられているが、この判決以前は、疏族の張世行や王大三・王百七が威逼人致死に当たる行為として訴えた結果、主母の姜氏、実父の張千九等が被疑者として身柄を拘束されていたのであった。また先掲の(23)条「饒州州院申徐雲二自刎身死事」も「威逼人致死」に相当するかに見える案件だが適用法が明確でないので、ここでは断言を避けておく。

なお、この威逼人致死のような自殺と何らかの原因とを結びつけ、それを刑事事件として扱うような考え方は中国史(ひいては現代中国刑法)以外には見られない独特なものであることに注意すべきである。

(26) 建昌県鄧不偽訴呉千二等行劫及阿高訴夫陳三五身死事

以獄案考之、軍県初勘李保同火共盗、蓋甚分明。只因移獄建康、慮囚官引問、始有李保不入火之説。頑囚久禁、苟欲番異、何患無詞。此不過引上衆証、立談可定。然此獄所以難決者、以陳三五・周四四二人之死未明故也。今詳案牘、群盗行劫之時、皆在陳三五店内、分贓之際、又在陳三五屋後、案内亦有引入行劫之供。窩蔵指引、罪名不軽。此等人執而帰之有司、罪何所逃。今鄧不偽乃私下捉去、[1]扛縛困篤、然後解官、未及県門而斃。被劫主打縛窩家、情理本有可察、以已経赦、亦若無甚刑名。而鄧不偽於被劫一日、[2]陳三五已死半月之後、旋興周四四身死之訟、則是為蛇添足、其意欲以一僕之死、加諸賊之罪、且欲自出脱打縛陳三五致死之刑名。然賊罪卒不能加、而自於罪上添罪、可謂拙謀矣。方周四四之開検也、其血属伏墓欄検、使果負冤、何為而然。後来雖検出痕瘏、外議皆謂鄧氏家饒於財、初検聚検官吏[3]受賂。今若追一行官吏推鞫、則鄧氏被劫之憤未伸、反為僕死所累、官司勘賊之外、又興殺人之獄、株連枝蔓、何時而已。当職以為陳三五有取死之道、周四四無可疑之冤。合以此両句蔽両屍致死之由、以赦文定呉千二等強盗与鄧不偽殺人之罪、以周四一之欄検情節、定周四四身死之非冤、及以獄案定陳三五之有以取死、則此獄可得而決矣。帥司発回此獄、以為新検法明習法理、請検法詳閲元案、幷蔡大卿・趙制置・当職所判、参酌擬呈。続拠検法官書擬呈。再奉判。強盗贓満、死罪也。殺也[4]拘執不拒捍之人、亦死罪也。鄧不偽始以被劫之憤、欲致賊人於死、安知失手殺人、自陥於死哉。検法原情定罪、引律援赦、纖悉詳備、別無未尽。鄧不偽亦幸而遇赦耳、否則与賊皆当論。一朝之忿、豈可不深戒乎。呉千二・李保、各免杖脊、内呉千二刺面配二千里、李保配一千里。鄧不偽等並照赦原罪。但江湖間強劫縦横、目今諸処見捕劫賊、未嘗一件敗獲、而呉千二等罰不傷其毫毛、向後必是覆出為悪。刺訖、呉千二押下饒州、李保押下南康軍、並土牢拘瑣。鄧不偽家被劫、有官司在、而殴殺就捕之人、又一僕之死不明、又行賂検験官吏。罪雖該赦、亦合遠徒、[5]以其被劫之主、姑与編管隣州、少謝死者。此事惟覆検官定周四四為縊死、差得其実。聚検官南宮靖一、已遭除勒、初検官喩県尉首先検験失実。雖已脱去、行下本軍、追庁吏丞吏等人根勘取受、申。仍先備申省部・御史台、幷牒報帥司。

【校勘】

［1］（全）は、後文から「扛」を「打」に改める。従うべきであろう。

［2］（全）は、文意から「日」を「月」に改める。従うべきであろう。

［3］「聚検」は、「覆検」の誤記であろう。「聚検」という手続きおよび用法は宋代には見られない。原文後ろから三行目の「聚検」も同じく「覆検」の誤記。

［4］（全）は、清鈔本によって「也」を「已」に改める。従うべきであろう。

［5］「遠徒」は「遠従」の誤記であろう。

【訳文】

「建昌県*の鄧不偽が呉千二等が劫略したと訴え、および阿高が夫陳三五の死亡につき訴えた件」

本案件の一件書類で考えるに、軍と県は最初、李保が仲間と一緒に盗みを行ったことを取り調べたが、それは甚だ明白であった。ただ建康府*に案件を移し、罪人を取り調べる官が訊問した時、はじめて李保は仲間に入っていないという主張を行った。頑固な囚人が長く収禁され、かりに主張を翻すのであれば、何も別人の訴えがないのを患うことはない。これは衆証(1)を呼び出せば、たちどころに決定できるのである。しかしこの案件が決し難いのは、陳三五・周四四の二人の死亡がいまだ明らかでないためである。

いま一件書類を検討してみると、群盗が劫奪を行った時はみな陳三五の店内におり、盗品を分ける時もまた陳三五の建物の後ろにいたのであり、書面の中にもまた「手引きして劫奪を行いました」との供述がある。盗品を隠し手引きした罪は軽くはない。こうした者が捕らえられて有司に帰せば、罪はどうして逃れられようか。いま鄧不偽は自ら犯人を捕まえて過剰に縛り上げ、その後で官に送ってきたのだが、（犯人は）いまだ県門に到らないうちに死んでしまった。劫奪に遭った者が泥棒を打ち据えて縛ることとは、情理からして理解できることであるが、すでに恩赦を経ていることから、どんな刑罰もないように見える。しかし鄧不偽が劫奪に遭って一ヵ月、陳三五が死んで半月後に、周四四が死んだという訴訟を起こしたのは蛇足を加えるものであり、その意図は一僕の死をもってこれを賊の罪に加え、かつ自ら陳三五を打ち据えて縛り、死に至らせたという罪を逃れようとするものである。しかし賊の罪は加えることができず、自ら罪の上に罪を添えるとは拙い謀と言うべきである。周四四の墓を開いて検査するに際し、その血族は検査を阻止したが、もし（殺されたという）恨みがあるのならどうしてそんなことをするのであろうか。後に傷跡を検出したが、外部の者はみな鄧氏の家は金持ちだから、初検官・覆検官は賄賂を受けたのだと言う。いまもし関係した官吏を呼んで訊問すれば、鄧氏の強盗に遭った憤りは晴らせず、かえって下僕が死んだことの累が及び、官司は賊を取り調べること以外にまた殺人の案件を抱え、次々と関係者を取り調べて、いつになったら決着するのであろうか。

私は、陳三五は死ぬべきことになっており、周四四には疑うべき恨みはないと考える。この両句によって二人が死亡した理由を覆い、恩赦によって呉千二等の強盗と鄧不偽の殺人の罪とを定め、周四一が検屍を阻んだという状況によって周四四が死んだことの恨みはないと定め、さらに一件書類によって陳三五は死ぬべき理由があったと定めれば、すなわちこの案件は決着できるであろう。安撫使*がこの案件を私のところに送り寄こしたが、新任の検法官(2)は法理に通暁しており、検法官に、もとの一件書類ならびに蔡大卿・趙制置使と私が判じたところを詳しく検閲し、斟酌して原案を上呈するよう求めた。

続いて検法官が原案を書いて上呈してきた。以下、言い渡す。強盗は盗品が法の定めた満額に達すれば死罪である。拘束した後に抵抗しない人を殺せば死罪である。鄧不偽は、最初は強盗に遭った憤りから賊を殺そうと思ったが、過失で殺してしまい自ら死罪に陥るとは思いもしなかったであろう。検法官は情を尋ねて罪を定め、律を引いて恩赦を援用し、きわめて詳細に検討しており、別に漏れ残したことはない。鄧不偽もまた幸い恩赦にあったが、そうでなければ賊とともに罪を論ずべきである。一時の憤りは深く戒めねばならない。呉千二・李保は各々脊杖を免じ、そのうち呉千二は入れ墨をして二千里に配軍し、李保は一千里に配軍する。鄧不偽等はみな恩赦に照らして罪を免ずる。ただ世間では強盗が横行し、現在、至る所で強盗が捕まえられ、一件も取り逃しはないのに、呉千二等が全く罰を受けないのでは、今後また出てきて悪をなすであろう。入れ墨をした後、呉千二は饒州に護送し、李保は南康軍に護送して、ともに土牢に拘禁する。鄧不偽の家は強盗に遭ったが、官司があるにもかかわらず、殴り殺され捕まえられた人と一人の下僕の死とは不明であり、また検験の官吏に賄賂を贈っている。罪は恩赦に遭っているとはいえ、まさに遠くへ追放し、強盗に遭った者をしばし隣州に編管*して、少しく死者に謝罪させるべきである。このことはただ覆検官が周四四は縊死したと定めただけで、その実態を捉えていない。覆検官の南宮靖一(3)はすでに除名・勒停(4)となっており、初検官の喩県尉は最初に検験したのに実態を把握していなかった。すでに罪を逃れているとはいえ、本軍に命令を出し、庁吏・丞吏等の人を召喚して(賄賂の)遣り取りを徹底調査し、上申せよ。なお先に省部・御史台へ詳細に上申し、ならびに安撫司へ牒文*で報告する。

【注釈】

（1）「衆証」とは、三人以上の証人ないし証言を言う。議、請、減といった特権を持つ階級や七十歳以上、十五歳以下、および廃疾の者には拷問してはならず、自白が得られない場合は衆証によって罪を定めることとされていた。『宋刑統』巻二九、断獄律、「不合拷訊者取衆証為定」を参照。ただしここで「頑囚」に対しても衆証が語られていることからすれば、南宋にはそうした方法が採用されたのであろうか。

（2）「検法官」とは、提点刑獄司検法官を言い、提刑を補佐し刑獄に関する書状を審閲・訂正した。

（3）「南宮靖一」の「南宮」は復姓である。

（4）「除名」とは官僚身分の剝奪、「勒停」とは現職の強制解任である。詳しくは、梅原郁『宋代司法制度研究』(創文社、二〇〇六年)第二部第一章「宋代官僚の処罰」を参照。

（27）　鄱陽県申勘餘干県許珪為殴叔及妄訴弟婦堕胎驚死弟許十八事[1]

阿閔[2]所堕之胎、月数已満、非驚堕也。許十八自以病死、非驚死也。有隣有証、一一分明。許珪為人之姪、輒将弟婦堕胎妄論叔父許三傑、又敢将自死之弟重畳誣執叔父、又敢将叔父殴打、験傷有尖物痕。見之県案、又扛許十八屍首、入叔父房、打砕叔父門窓戸扇什物之属、又将屍首扛入叔家寿木之内。許三傑父子不堪其擾、煮湯潑出、致傷許珪母阿姜頭面。原情定罪、許珪不可勝誅、況撰造致死公事。騙挾平人、尚不可恕、今乃騙挾叔父、此何理哉。許珪妄以弟及弟婦致死誣人、自合反坐、兼殴傷叔父、合於徒三年上加一等。雖已経赦、而赦後妄訟不已、本合断配、縁許珪之父日新自始至終、不曾出官。可見猶有愛弟之意、但不能教訓悖逆之子耳。今若将許珪断配、則許三傑与兄日新同居、共門出入、兄弟自此何以相見。然此等凶悪之人、亦不可恕。許珪勘下脊杖十五、編管五百里、枷項押下本県、限十日。監賠寿木一具、并修整打壊門窓戸扇什物、還許三傑、取領状申。切待為減罪名、如恃頑不伏賠還、解来引断押発。許三傑潑傷兄嫂、照赦勿論。直司部決民訟、不論道理、以為黒、以曲為直、有如此者、書擬官奪俸一月、追吏人問。

【校勘】

［1］『名公書判清明集』巻一三、懲悪門では「妄以弟及弟婦致死誣其叔」と題す。

［2］『名公書判清明集』では、原文一行目「阿閔」を「阿周」に、同行「許珪」を「許佳」に、九行目「部決」を「剖決」に、同行「以為黒」を「以白為黒」に作る。傍線を附したものに従う。その他は引用原文に従う。

【訳文】

「鄱陽県が、餘干県*の許珪が叔父を殴った件、および弟の妻が堕胎し、弟許十八を驚死させたと妄りに訴えたことを審理・上申してきた件」

阿閔の堕胎は月数がすでに満ちており、驚きのあまり堕胎したのではない。許十八は病気で死んだのであって、驚きのあまり死んだのではない。隣人がおり、証人がおり、一つ一つが明白である。許珪は人の姪《おい》の身でありながら、弟の妻が堕胎したことで叔父の許三傑を妄りに告訴し、また自ら病気で死んだ弟のことで重ねて叔父を誣告し、さらに叔父を殴打したが、受けた傷を調べてみると先が尖った物の痕跡があった。この案件を県の一件書類で見てみると、さらに許十八の遺体を担いで叔父の家に入り、叔父の門や窓・扉・家具を叩き壊し、また遺体を叔父の寿木《かんおけ》の中に投げ入れた。許三傑父子はその擾害に我慢できず、熱湯をまき散らして許珪の母親阿姜の顔面に傷を負わせた。情を尋ねて罪を定めれば、許珪は誅しても誅しきれないし、まして殺人の訴訟沙汰を捏造するとはさらに許せない。無実の人を騙すのはなお許せないが、いま叔父を騙すとは何の道理があろうか。

許珪は妄りに弟および弟の妻が死んだことで他人を誣告したので、自ずと反坐*の罪に当たり、そのうえ叔父を殴って傷つけたので、徒三年にさらに一等を加える。(1) すでに恩赦を経たとはいえ、恩赦の後も出鱈目な訴えを止めないので、本来ならば配軍刑にすべきであるが、許珪の父日新ははじめから終わりまで官司に出頭しなかった。それは、なお弟を愛する気持ちがあり、ただ悖逆の息子を教訓できないだけなのが分かる。いまもし許珪を配軍刑にすれば、許三傑と兄日新とは同居しており、同じ門から出入りしているが、兄弟はこれからどうして顔を合わせられよう。しかしこうした凶悪な者はこれ以上寛恕すべきではない。許珪は脊杖十五を科して五百里に編管し、首枷をして本県に連行せよ、十日以内に。寿木一揃いを賠償させ、併せて壊した門や窓・扉・家具を修理して許三傑に還させ、(許三傑の)受領書を取って上申せよ。切に罪名を減じることを願うが、もし頑固に賠償に応じなければ、召喚して刑を執行し護送する。許三傑が熱湯を投げて兄嫁を傷つけた件は、恩赦によってお構いなしとする。直司(2)が民の訴訟を裁くに際し、道理を論ぜず、白を黒とし、曲を直としたが、こうしたことがあったので書擬官(3)は俸禄一月を減じ、担当の吏人を召喚して訊問する。

【注釈】

(1) 『宋刑統』巻二二、闘訟律、「夫妻妾媵相殴並殺、殴詈内外親属並殺」によれば、叔父を殴れば徒三年、傷つければ流三千里だが、この部分、劉克荘がどのような法によってこうした刑罰を導き出したのか不明である。

(2) 「直司」とは、「当直司」の略称。府州に置かれた判官や推官の胥吏の部署で、裁判の訊問を行う獄も置かれ、また判決の原案も作成した。

(3) 「書擬官」とは、ここでは右の当直司の官を指し、一般には「書擬」すなわち判決の原案を書く者を言う。判決は州・県レベルでは長官たる知州や知県のみ、路では提刑司や転運司といった部局の長官のみしか出すことができなかったが、一方でその原案を書く者が必要とされたのである。

(28)　饒州州院申潜彝招桂節夫周氏阿劉訴占産事[1]

置買産業、皆須憑上手干照。潜彝所買桂仔貴荒田、契内明言文約[2]被兄蔵伉、後来仔貴備銭贖回。則是以贖回干照為拠矣。及以贖回之契考之、則地名青石橋也、荒地也、売与潜彝者、地名鉄炉塘也、田也。□歩・坐落・東西南北四至、並無一同。蓋青石橋地契係別項廃干照、鉄炉塘田契乃鑿空架虚、不可行用之物。桂節夫所執砧基両葉、以節夫姪景顔家書傍批、可見桂氏族人自以同祖荒山推巽、人情法意之所可行、且於潜彝何預。今乃撰造淳祐三年買仔貴田契、以梗節夫、使之不得葬兄、此何理哉。縁潜彝父子嫌其銅臭、仮儒衣冠、平時宛転求乞賢士大夫詩文、文其武断豪強之跡、前後騙人田産、巧取強奪、不可勝計。前提刑趙中書任内、拒追年歳、卒致漏網。然趙書刑之書判、案牘具存。如挟取周氏・阿劉孤児寡婦之業、已経官司定奪、尚執契書、不肯還人、及送有司鞫実、僅還両契、猶有退不尽者。当職所至、未嘗罪及士人、然潜彝倚赦拒追、三両月而後出、其守執違法契字、不伏賫出、皆在赦後。士行如此、若使向来所贈詩文之賢士大夫為監司、為太守、亦当痛治。況已納粟為小使臣、輒作潜監酒戸、輒用幹人越経内台、可謂小人之無忌憚者矣。本合勘断枷項、押下本県号令、但已与引赦免断。所買無上手、不可行用契二紙、拘毀入案。桂節夫照砧基管業、放。仍榜貴渓県市。

【校勘】

[1]『名公書判清明集』巻四、戸婚門、争業上では「干照不明、合行拘毀」と題す。

[2]『名公書判清明集』では、原文一行目「契内明言文約」の「文約」を「文字」に、二行目「□歩」を「畝歩」に、三行目「係別項廃干照」の「係」を「乃」に、四行目「家書傍批」の「批」を「照」に、五行目「求乞賢士大夫詩文、文其武断豪強」を「求乞賢士夫詩文以文其武断豪覇」に、六行目「趙書刑之書判」を「趙書形之書判」に（(全)は「趙中書形之書判」と「中」字を補う）、七行目「退不尽者」を「還不尽者」に、八行目「罪及士人」を「罪一士人」に、十行目「但已与引赦免断」の「但已」を「姑」に作る。傍線を附した文字に従うべきであろう。その他は引用原文に従う。

【訳文】

「饒州*州院*が、潜彜が桂節夫・周氏・阿劉が田産を占拠したと訴えた案件に関し供述した件を上申してきた」

不動産を買う時には、みな上手契*という証拠文書に拠らねばならない。潜彜が買った桂仔貴の荒田は、契約書内に「上手契は兄にしまい込まれているが、（この土地は）後に仔貴が銭を揃えて回贖した」と明言している。ということは（仔貴の）回贖の際の証文を証拠としていたのである。（そこで仔貴の）回贖の際の証文で考えてみると、地名は青石橋で荒地であるが、潜彜に売与したのは地名が鉄炉塘で田である。面積、坐落《しょざいち》、東西南北の四至とも、一つとして同じものがない。おそらく青石橋の土地の契約書はすなわちこの取引とは関係のない反古証文であり、鉄炉塘の田地の契約書はすなわち（潜彜が）捏造したもので、依拠できないものであろう。桂節夫が証拠とする砧基簿*二枚は、節夫の姪の景顔の家書が傍証とされており、（そこからは）桂氏の族人たちが先祖伝来の荒山を（節夫に）贈呈したものであることが知られ、それは人情・法意からしても行うべきことであって、かつ潜彜には何の関係もないことである。いましかるに淳祐三年（一二四三）に仔貴の田を買ったという契約書を偽造し、それで節夫の邪魔をして、彼に兄を葬らせないとは、こんな道理があろうか。

潜彜父子はその経済力に恃んで、儒者の衣冠を身につけ、平時はあちらこちらの賢者とされる士大夫の詩文を乞い求め、その武断・豪覇の足跡を粉飾し、これまで人の田産を騙して巧みに入手し、不法に奪取したことは計り知れない。前任の提刑使趙中書(1)の任期内に、召喚を拒むこと一年に及び、結局は法網を逃れたのである。趙中書はこれの判決をしたためたが、その一件書類はしっかりと残っている。周氏・阿劉や孤児・寡婦の業を奪い取ったことなどは、すでに官司が決定を下しているが、なおも契約書を根拠に人に還すことを承知せず、有司に送って事実を調査するに及んで、わずか二枚の契約書分の業を還したが、まだ還し終わっていないものもある。

私は任地として赴いた先で、いまだかつて一人の士人*も罪に充てたことがないが、しかし潜彜は恩赦を盾に召喚を拒み、二三ヵ月して出頭してきたが、彼が持っている違法な契約書は提出しようとせず、そうしたこともみな恩赦が出た後のことであった。士人としての行いがこうであれば、もしこれまで詩文を贈った賢士大夫が監司*となり、州府の長官となったとしても、また重く罰するはずである。ましてや納粟して小使臣(2)となりながら、潜監酒戸(3)となり、幹人《しつじ》を用いて中央政府に訴え出るとは、忌憚のない小人であると言うべきである。

本来、枷項《くびかせ》の刑とし、本県に護送して号令*すべきであるが、しばし恩赦によって処罰を免除する。買ったとする上手契がなくて行使できない契約書二枚は、官に没収して無効の印をつけて一件書類に入れておけ。桂節夫には砧基簿どおりに管業させ、釈放せよ。なお貴渓県*の目抜き通りに(この判決を)掲示*せよ。

【注釈】

(1)「中書」とは、中書舎人を指す。なおここに「前提刑趙中書」と出てくるが、前任の提刑司は淳祐三年(一二四三)から淳祐四年(一二四四)まで趙如騰であった。李之亮『宋代路分長官通考』(前掲)一六〇五頁以下を参照。彼は後に中書舎人となっている。

(2)「納粟」とは、金銭・穀物の納付によって官職を買うこと、すなわち買官である。「小使臣」とは、武臣の寄禄官のランクを表し、従義郎以下の八段階を総称したもの。

(3)「監酒戸」とは、当時専売であった酒の製造と販売を監督する官職名。

(29) 鄱陽県東尉検校周丙家財産事[1]

在法、父母已亡、児女分産、女合得男之半。遺腹之男、亦男也。周丙身後財産合作三分、遺腹子得二分、細乙娘得一分。如此分析、方合法意。李応龍為人子壻、妻家見有孤子、更不顧条法、不恤幼孤、輒将妻父膏腴田産与其族人、妄作妻父妻母標撥。天下豈有女壻中分妻家財産之理哉。県尉所引張乖崖三分与壻故事、即見行条令女得男之半之意也。帖委東尉、上周丙戸下一宗田園干照幷浮財帳目、将磽腴美悪匹配作三分、喚上合分人、当庁拈鬮。僉庁先索李応龍一宗違法干照[2]、毀扶附案。

【校勘】

［1］『名公書判清明集』巻八、戸婚門、分析では「女婿不応中分妻家財産」と題す。

［2］『名公書判清明集』では、「毀扶」を「毀抹」に作る。従うべきであろう。

【訳文】

「鄱陽県の東尉が周丙の家の財産を検校した件」

法では「父母が死亡し、（幼）児と女《むすめ》が家産を分ける場合は、女は男《むすこ》の半分を得る」と定めている。[1] 遺腹の子（父が死んだ時、母の腹にいた子）も男である。死んだ周丙の財産は三分割し、遺腹の子は二分を得、細乙娘は一分を得ることとする。このように分割してはじめて法意に合する。李応龍は婿であるが、妻の家に現に孤児がいるのに、法律を顧みず、幼い孤児を恤まず、妻の父の肥沃な田産を族人に与え、妻の父母が標撥したものだと言いつくろっている。天下に女婿が妻の家の家産を中分するなどという道理があろうか。県尉が引用している張乖崖が家産の三分を婿に与えたという故事[2]は、現行の条令で女が男の半分を得るという意味である。東の県尉[3]に書面を送って、周丙名義の田畑の権利証書と動産の目録を取り寄せ、価値が等しくなるよう配分して三分割し、分割に与りうる者を呼び出して官の面前で籤引きさせよ。僉庁*は、それに先立って李応龍の違法な権利証書を取り寄せ、無効の印をして一件書類に添付せよ。

【注釈】

（1）この条文の解釈、およびそこから派生するところの南宋期の女子の財産継承権をめぐって、論争や様々な見解の提出が行われてきた。そうした問題については、後掲（33）条の【講義】を参照。

（2）張乖崖すなわち張詠（九四六～一〇一五）の故事は、『宋史』巻二九三、張詠伝に「有民家子与姉壻訟家財。壻言、妻父臨終、此子裁三歳、故見命掌貲産、且有遺書、令異日以十之三与子、餘七与壻。詠覧之、索酒酹地曰、汝妻父智人也、以子幼故託汝、苟以七与子、則子死汝手矣。亟命以七給其子、餘三給壻。人皆服其明断」と見える。なお、田況『儒林公儀』巻上には右の壻を「贅婿」と記す。おそらく、李応龍もまた周丙生前に男子がいないことから招婿されていた可能性がある。

（3）原文「東尉」とは、当時県によって東西の二名の県尉が置かれたところがあり、その東の一半を担当する県尉という意味である。したがって、宋代史料には「西尉」ないし「両尉」という語も当然出現する。例えば、『名公書判清明集』巻一、官吏門「責罰巡尉下郷、後拠両尉回府具析」、同書巻一二、懲悪門「母子不法同悪相済」を参照。

（30）鉛山県禁勘裴五四等為頼信溺死事

致死公事至検験而止、検験有疑至聚検而止[1]。頼信身死、拠聚検官所申、痕瘡惟左眉一擦痕、両膝各有一磕痕、両手十指指甲倶砕、験是溺水身死。一船二三百人、不能泅者皆不死、而両渡子独溺死、可見平日稔悪、鬼得而誅。此去年三月二十七日事也、其日都保弁買撲人与地分各不曾申、亦無血属之詞、却係本県自行挙覚。然単内明言渡子不量渡船力勝、只要乞取焼香客人銭、攬載既多、船遂平沈、亦足以見両渡子身死之由。頼進者、乃死人頼信之父、自厥子溺死、了無一字経県、経隔一月、至四月二十三日始経州行下、而枝蔓之獄興矣。騒擾本県之人可也、又擾及隣境之人、将及一年。頼進之訟愈健、県吏之訐愈行、始則謂丘班子用石拋打頼信下水、継又謂裴丙用拳打頼四左眉[2]。以聚検格目考之、拳痕擦痕、要自不同、豈可捏合遷就、以擦為拳。当職白首州県、見此等事多矣。頼信溺死分明、頼進受役勢家、買撲人渡、交通県吏、妄于子死一月之後、旋生枉死情節、致興大獄。知県明不能察、受教於吏、本司隔遠、止憑血属偏詞。当職若非親履両県、亦未知上件曲折。頼進従軽勘杖一百、編管五百里。一行人並放。榜県門、推吏送饒州根勘、帖問知県及検験官失実之罪。

【校勘】

［1］「聚検」は、「覆検」の誤記であろう。続く原文一行目下の「聚検官」、六行目の「聚検格目」の「聚」もまた「覆」の誤記であろう。

［2］「頼四」は、「頼信」の誤記であろう。

【訳文】

「鉛山県*が、裴五四等を頼信溺死の件で拘束して取り調べた一件」

致死の案件は検験に至って終わり、検験に疑いがあれば覆検に至って終わる。頼信が死んだが、覆検官の報告では、傷跡はただ左眉に一つの擦り傷、両膝に各々一つの打ち身傷、両手の十指の爪がみな砕けていたのみで、検死の結果は溺死であるとのことであった。

一船の二三百人の中で泳げない者もみな死ななかったのに、二人の船頭だけが溺死したということは、平日の悪行に鬼が誅殺したということだ。これは去年三月二十七日のことであるが、その日、都保*ならびに買撲人(1)と地分(2)は誰も報告せず、また血族の訴えもなかったのに、かえって本県が自ら事件として取り上げたのであった。しかし書面には、「船頭は渡船の積載能力を考えずに、焼香に行く客の船賃を多く取ろうとしたので過積載となり、船は結局沈んだのだ」とあり、両船頭が死んだ理由は十分知られよう。

頼進という者は死亡した頼信の父親で、息子が溺死してからも一字も県に訴えることなく、一ヵ月が過ぎた四月二十三日になってはじめて州へ訴え、（州の）命令が下り、多くの人を巻き添えにする裁判が起こったのである。本県の人を擾害するのはまだよいとして、さらに迷惑が隣県の人にまで及ぶこと一年になろうとしている。頼進の訴訟はいよいよ激しく、県吏の悪事もますます行われ、はじめは「陸上の係が石を頼信に打ちつけて水に落とした」と言い、ついでまた「裴丙が拳で頼信の左眉を殴った」と称した。

覆検格目*でこのことを考えてみると、拳の傷と擦り傷とは同じであるはずはなく、どうして両者を一緒くたに結びつけ、擦り傷を拳で殴ったものとすることができよう。私は高年になるまで州県で仕事をしたが、こうした事件を多く見てきた。頼信が溺死したのははっきりしており、頼進は勢力のある家に召し抱えられ、渡し場を請け負い、県吏に贈賄し、息子が死んで一ヵ月後に、不法に死んだという理由で妄りに重大案件を起こしたのである。知県は明確に事情を察知できず、胥吏に教唆され、本司（提刑司）は遠く離れているため、ただ血族の一方的な言い分に依拠するのみであった。私がもし自ら両県に赴かなかったなら、この案件の委細を知ることはできなかったであろう。

頼進は軽きに従って杖一百とし、五百里に編管*する。関係者はみな釈放せよ。県門に榜文*を出し、推吏*は饒州*へ送って徹底審理し、帖文*を出して知県および検験官の失実の罪(3)を問え。

【注釈】

（1）「買撲人」とは、一般に請負人のことを言うが、ここでは渡し場での渡船業務の請負人を言う。

（2）「地分」とは、『宋元語言詞典』（前掲）によれば、「地方」と同じで里正や地保の類を言う。

（3）「失実の罪」を問うという例は少なく、また刑事罰ではなくしてせいぜい行政罰に止まるのであろうが、この刑事案件ではそれが現れる。

（31）　饒州司理院申勘到徽州都吏潘宗道違法交易事[1]

身為本州都吏、違法強買同分人見争田産、罪一也。挾都吏之勢、号令歙県官吏、曲断公事、罪二也。本司先勒令分析、再行下詰責、有追上決配之文。意欲使之退田還人、免致紊煩。而公然占呑、陽為責退之辞、陰行謀算之計、致使詞人嘵嘵不已、罪三也。為勢家望青斫木、患苦郷里、罪四也。被追久而不出、罪五也。免尽情根勘、従軽次脊杖十五[2]、配徽州牢城。

【校勘】

［1］『名公書判清明集』巻一一、人品門、公吏では「都吏潘宗道違法交易五罪」と題す。

［2］「従軽次脊杖十五」は『名公書判清明集』では「従軽決脊杖十五」と作る。「決」字が正しい。

【訳文】

「饒州*司理院*が、徽州の都吏*潘宗道の違法な取引を調査した結果を上申してきた件」

自身は本州の都吏でありながら違法に同分*の人が現に争っている田産を無理やり買ったことは、罪の第一である。都吏の勢力を笠に着て歙県(1)の官吏に号令《めいれい》し、不当に判決を出させたことは、罪の第二である。本司(提刑司)には、先に強制的に分析を行わせ、重ねて命令を出して(潘宗道を)譴責し、(彼を)召喚して配軍刑*に処すとの文書がある。それは田土を権利ある人に返還させ、官司に面倒をかけさせないようにしたいと思ったからである。しかるに公然と併呑し、表向きはきちんと還すと言いながら、裏では計略を用いており、原告に何度も訴えを続けさせたことは、罪の第三である。勢力ある家のために多くの木を切り(2)、郷里に患苦を与えたことは、罪の第四である。召喚されても長く出頭しなかったことは、罪の第五である。

犯情を徹底調査することは免じてやり、軽きに従って脊杖十五に処し、徽州の牢城軍*に配属する。

【注釈】

（1）「歙県」は、江南東路徽州の附郭の県で、現在も歙県と言う。

（2）原文「望青斫木」とは、例えば『歴代名臣奏議』巻三一六、営繕、葉夢得の上奏中に、臨安城の建設に関して「一邑而率甎灰土木之費、以二十万計者。置窯焼甎而望青斫木者、甚有至於取平江府朱勔家之巧石、以備玩設」とあるから、木材の切り出しといった意味であろう。

（32）　饒州州院申勘南康軍衛《ママ》前都吏樊銓冒受爵命事[1]

樊銓為都吏日、将本軍已申朝廷椿下修城見銭参万貫、妄以賑荒為辞[2]、将銭変為会、会変為米、既而曰米、曰会、皆羽化不存。遂使前人之椿積一空、本郡之緩急無備。朝廷発下進武校尉綾紙、与人抽拈、衆人各出銭物、樊銓輒為暗鬮、称是自己拈得。所積不義之財既富、遂有仕宦之想、径将綾紙三部、公部作進士書填、且冒注吉州安福税監、赴任摂職、冒請俸禄。其居郷、自称税院、轎馬出入、前呵後殿、恣為威風、置買膏腴、跨連隣境、庄田園圃、士大夫有所不如。生放課銭、令部曲擒捉欠債之人、綳吊拷訊、過於官法。当職引上被傷之人、当庁験視、追送県獄、又以財力買嘱官吏、欲反坐詞人以罪名。以一吏之微、盗用府庫銭物、冒受朝廷爵命、憑恃豪富、侵削貧弱、一郡之巨蠹也。聞其志得意満、侍妾悉皆道装、陰設鈎致之術、濁乱衣冠之家、干名犯分、闔郡切歯擢髪、不足数罪。今且以本是胥吏、而冒称進士、冒受進武綾紙・監税省箚、従条脊杖二十、刺面配二千里州軍牢城。牒饒州、只令取上、引断押発。仍将冒受綾紙省箚、繳申朝省、乞行毀抹。估到家業、催申帳目、候到、撥付本軍、為今歳捄荒之備。仍榜本軍。

【校勘】

［1］『名公書判清明集』巻一一、人品門、公吏では「南康軍前都吏樊銓冒受朝廷爵命等事」と題す。

［2］『名公書判清明集』では、原文三行目「綾紙三部、公部」を「綾紙参部、公然」に、六行目「侵削」を「侵剝」に、九行目「乞行毀扶」を「乞行毀抹」に作る。傍線を附した文字に従うべきであろう。その他は引用原文に従う。

【訳文】

「饒州*州院*が、南康軍の前の都吏樊銓*が不当に爵命を受けたことを調査した結果を上申してきた件」

樊銓は都吏であった日に、南康軍が以前に朝廷に申文して城壁を修築するために封印・保管していた銅銭三万貫を、妄りに飢饉対策を口実にして銅銭から会子*に換え、会子を米に換え、やがて米と言い、会子と言うものはみなどこかへ消え去ってしまった。結局、前人の蓄えは一空と化し、本軍の緊急事態には備えがなくなったのである。

朝廷が進武校尉（1）の綾紙*を下し、人々の間で抽選させたが、多くの人が銭物を出したのに、樊銓は勝手に秘かに籤引きをして「自分が引き当てた」と称した。貯め込んだ不義の財はすでに大量となり、ついには仕官の思いを抱き、ただちに綾紙三部に公然と「進士」と書き込み、かつ不当に吉州安福の税監（2）に任命され、任に赴いて仕事に就き、不当に俸禄を受けた。

故郷にいる時は自ら税院（3）と称し、駕籠や馬に乗って出入りし、前後に人払いのかけ声を出させ、思いのままに威勢を示し、肥沃な土地を買い取って隣境まで連ね、庄田・園圃は士大夫も及ばないほどであった。金貸しをして銭を取り立て、手下の者に欠債の人を拘束させ、縛り吊して拷問を加えることは官のやり方よりもひどかった。私は傷を負わされた者を呼び出して、自分で検視を行い、県獄（県の法廷）に送ったが、また財力で官吏を買収し、訴えた者に反坐*の罪を着せようとした。

小物の吏人*の身でありながら府庫の銭物を盗用し、不当に朝廷の爵命を受け、豪富に恃んで貧弱な者から掠め取り、一州の巨悪となっている。聞いたところ得意満面で、手下や妾は道教風の装いをし、陰で取り込みの術を使って衣《かん》冠《りょう》の家を混乱させ、名分を犯しており、全州の者たちが切歯扼腕しているが、その罪は数えても数え切れない。いまはもとより胥吏でありながら進士を冒称し、不当に進武校尉の綾紙や監税の省箚*を入手したのであるから、法に従って脊杖二十とし、顔に入れ墨をして二千里離れた州軍の牢城軍*に配す。饒州に牒文*を送り、すぐに身柄を取り抑え、連行して刑罰を執行し、配所へ護送せよ。なお不当に受けた綾紙・省箚は朝廷の省部へ返納し、無効の印をつけていただく。家の財産を計算して評価し、帳簿に書き付けて上申するようにさせ、報告が来たなら本軍に引き渡して、今年の飢饉救済費用とする。なお本軍に榜文*を出せ。

【注釈】

（1）「進武校尉」とは、無品の武階の官名。

（2）「安福（県）」は、江南西路吉州管下の北西部に位置する県で、現在も安福県と言う。「税監」とは、そこに置かれた商税徴収担当の監当官である。

（3）樊銓が地元では「税院」と称したとあるが、税院は南宋では行在（国都臨安府）に置かれた都商税院の略称であって、地方の税監が用いる呼称ではなかった。

【講義】

当時宋政府は財政不足を補填するために官職を売り出すという政策を採用していた。これは宋代に限らず見られたことで、いわゆる売官・買官である。見られるように、ここでは進武校尉の綾紙が売り出され、それを人々が銭を用意して抽選するという方法が採用されている。

（33）　建昌県劉氏訴立嗣事[1]

田県丞有二子、曰世光登仕、抱養之子也、曰珍珍、親生之子也。県丞身後財産、合作両分均分。世光死、而無子、却有二女尚幼。通仕者、丞公之親弟、珍珍其猶子、二女其姪孫。男方丱角、女方孩提、通仕当教誨孤姪、当拊恤二女、当公心為世光立嗣。今恤孤之誼無聞、謀産之念太切、首以己子世徳為世光之後、而撰蔵世光遺嘱二紙、以為執手。世俗以弟為子、固亦有之、必須宗族無間言而後可。今争訟累年、若不早知悔悟、則此遺嘱二紙、止合付之一抹。何者、国家無此等条法、使世光見存、経官以世徳為子、官司亦不過令別求昭穆相当之人。況不繇族衆、不経官司之遺嘱乎。通仕所以不顧条令、必欲行其胸臆者、不過以県丞与世光皆不娶、而姪与姪孫皆幼孤、可得而欺之耳。在法、諸戸絶人所生母同居者、財産並聴為主。同居者且如此。況劉氏者珍珍之生母也、秋菊者二女之生母也。母子皆存、財産合聴為主、通仕豈得以立嗣為由、而入頭干預乎。度通仕之意、欲以一子中分県丞之業。此大不然。攷之令文、諸戸絶財産尽給在室諸女。又云、諸已絶而立継絶子孫、於絶戸財産、若止有在室諸女、即以全戸四分之一給之。然則世光一房若不立嗣、官司尽将世光応分財産、給其二女、有何不可。通仕有何説可以争乎。若劉氏・秋菊与其所生児女、肯以世徳為世光之子、亦止合得世光全戸四分之一、通仕雖欲全得一分、可乎。往往通仕亦未暁法、為人所誤、此通仕之謬也。劉氏自丞公在時、已掌家事、雖非礼婚、然憑恃主君恩寵、視秋菊輩如妾媵。然観其前後経官之詞、皆以丞妻自処、而絶口不言世光二女見存、知有自出之珍珍、而不知有秋菊所生之二女。所以蔡提刑有産業聴劉氏為主之判、而当職初覧劉氏状、所判亦然。是欲併世光一分帰之珍珍、此劉氏之謬也。通仕・劉氏皆縁不暁理法、為囚牙訟師之所鼓扇、而不自知其為背理傷道。当職反覆此事、因見田氏尊長鈐轄家書数紙、亦以昭穆不相当為疑。又云族中皆無可立之人、可憐、可憐。又云登仕与珍郎自是両分、又云登仕二女使誰擡挙、又云劉氏後生婦女、今被鼓動出官、浮財用尽、必是売産、一男二女断然流下、又云老来厭聞骨肉無義争訟、須与族人和議。書中言語、無非切責通仕、而通仕不悟、乃執此書以為証験。豈通仕亦不識文理耶。当職今亦未欲遽繩通仕以法、如願依絶戸子得四分之一条令、可当庁責状、待委官勧諭田族幷劉氏・秋菊母子、照前日和議、姑以世徳奉世光香火、得四分之一、而以四分之三与世光二女。方合法意。若更紛拏、止得引用尽給在室女之文、全給与二女矣。此立嗣一節也。劉氏、丞之側室、秋菊、登仕之女使。昔也行有尊卑、人有粗細、愛有等差、今丞与登仕皆已矣、止是両箇所生母耳。尽以県丞全業付劉氏、二女長大、必又興訟、劉氏何以自明。兼目下置秋菊於何地。母子無相離之理。秋菊之於二女、亦猶劉氏之於珍郎也。人情豈相遠哉。県丞財産合従条令検校一番、所為二分、所生母与所生子女各聴為主。内世光二女且給四之三、但児女各幼、不許所生母典売。候検校到日、備榜禁約違法交易之人。案呈本軍見任官、選委一員奉行。尋具呈、再奉判。裘司理居官公平、委本官喚上田族尊長《制属頗有私意干請、司理可以義理暁之》与通仕夫婦・劉氏・珍郎幷秋菊・二女当官勧諭、本宗既無可立之人、若将世光一分財産尽給二女、則世光不祀矣。通仕初間未暁条法、欲以一子而永世光全分之業、所以劉氏不平而争。今既知条法、在室諸女得四分之三、而継絶男止得四分之一、情願依此条分析。在劉氏・珍郎与秋菊・二女亦合存四分之一、為登仕香火之奉。取聯書対定状申。大凡人家尊長所以心忿者、則欲家門安静、骨肉無争。官司則欲民間和睦、風俗淳厚、教唆詞訟之人則欲蕩析別人財産、離間別人之骨肉、以求其所大欲。通仕名在仕版、豈可不体尊長之教誨、官司之勧諭、而忍以父祖之門戸、親兄之財産、饜足囚牙訟師無窮之谿壑哉。案録当職前後所判三本、一付通仕、両付裘司理、喚上劉氏・珍郎及秋菊母子、各給一本。所有検校一節、司理獄官、不可至外県。帖都昌王県尉赴司理庁、共議一定之説、前去検校、申。如此区処、劉氏必又与秋菊有争。婦人無知、但云我是丞妻、汝是登仕之婢、而不自知其身之亦妾也。在法、惟一母所生之子不許標撥。今珍郎劉氏所出、二女秋菊所出、既非一母、自合照法標撥、以息日後之訟。再拠劉氏訴立嗣事、奉判。前此所判、未知劉氏亦有二女。此二女既是県丞親女、使登仕尚存、合与珍郎均分、二女各合得男之半。今登仕既死、止得依諸子均分之法。県丞二女合与珍郎共承父分、十分之中、珍郎得五分、以五分均給二女。登仕二女、合与所立之子共承登仕之分。男子係死後所立、合以四分之三給二女、以一分与所立之子。如此区処、方合法意。但劉氏必謂登仕二女所分反多於二姑、兼登仕見未安葬、所有秋菊二女、照二姑例、各得一分、於内以一分充登仕安葬之費。庶幾事体均一。通仕者、既欲以子継登仕之後、当拊恤劉氏・秋菊母子、当避嫌不得干預県丞位下之事。劉氏・秋菊亦宜念通仕是県丞親弟、所分之業、僅得八分之二、与其立疏族、不若立近親。帖司理勧諭通仕、使責状在官、除立嗣子上分之外、不得干預兄位財穀。仍責諸幹佃知委状申。日前欺主侵盗之罪、姑照減降旨揮、並免追究、再犯追上、重作施行。併帖司理・王県尉、将県丞財産内珍郎与二妹作三分、登仕一分、各均分分析申。準判。当職雖如此書判、尚恐教唆者煽動劉氏、欲為二女求添。縁県丞身後浮財籠篋、皆是劉氏収管、即不在検校分張之数。劉氏若果念県丞篤愛児女、自当以此浮財貼助男女婚嫁、比之登仕位下止得田産、而並不得浮財、已不勝其多矣。併将司理勧諭、尋呈押拠帖。再奉判。拠劉氏詞、県丞有二子二女、除長子登仕係長子、已身故外、見存一子珍郎及二女、皆劉氏所出外。以法言之、合将県丞浮財田産、並作三大分均分、登仕・珍郎、各得一分、二女共得一分。但県丞一生浮財籠篋、既是劉氏収掌。若官司逐一根索検校、恐劉氏母子不肯賫出、両訟紛拏、必至破家而後已。所以今来所断、止用諸子均分之法、而浮財一項、並不在検校分張之数。可以保家息訟。僉庁更開諭劉氏、取願状呈。尋責拠劉氏供状呈。奉判。以法論之、則劉氏一子二女、合得田産三分之二、今止対分、餘以浮財准折。可謂極天下之公平矣。帖司理照所判奉行。劉氏乃父之側室、秋菊乃子之女使、珍郎与二女乃叔行也、姑行也、秋菊所生之二女、姪行也、自是合有分別、除浮財外、所有田宅、並照今来所判、検校分析、申。併帖王県尉照応。続拠劉氏等訴家産事、奉判。此事当職累判千百言。可謂明白。訪聞所委官裘司理、母妻之家皆在都昌、意有牽掣、遂使已明白之事尚未予決。牒新知郡、索一宗案巻、子細披閲、別委無干礙清強官、照元判監劉氏等分析、申、十日。続拠都昌王県尉申、品搭分析田[2]□県丞田宅財産事、奉判。田氏田産、本司已請都昌県尉就本司分作八分、牒軍喚劉氏母子并秋菊同赴本司、拈鬮均分。所有田通仕欲以子世徳継登仕之後、昭穆不順、本不応立、以其係親房、姑令継絶。仰本軍喚田世徳与本生父通仕前来拈鬮。如不肯来、径将此一分県尽給諸女条法行。悔之無及。仍従本軍取通仕願状申、併帖司理照応。牒内再奉判。如各人願就本軍拈鬮分析、請備詞申。続抛田柏年状、昨与阿劉至争亡姪立嗣、奉判、田通仕執留登仕喪柩在家、以為欺騙孤幼、占拠産業之地。此何理哉。今生者各已有分析、惟登仕喪柩、合為理会。東尉喚上劉氏・秋菊、就両位児女衆財之内、截撥一項銭物、為登仕葬送之費。切待行下軍・県、責令族衆如法営辦、通仕不得干預。所有劉氏・秋菊両分、母子自要相依而居、於通仕者何干預。兼通仕之子本不得立、所有見撥一分産業、行下本県拘留、候登仕葬訖、劉氏・秋菊幷児女各安居訖、通仕別無窺図、方得以其子承此一分。継抛甲頭雷先・幹人余徳裕状、催訴上件事。奉判。此事甚不難決、而淹延数月、田制属死於旅邸、余徳裕又以疾告。使提刑司有累月不決之訟、亦本司之恥也。人案並押下羅司理、照已行監分析、申、五日。余徳裕係幹人、本非家長、豈有官司不為予決、却使幹人宰制主家之理。請司理詳前後所判、介意早為分析、申。続抛羅司理解到分析関書共八本、赴司乞印押、責付各人請令。奉判。令各人領関訖、僉庁対定、此一節呈。如劉氏・秋菊母子与通仕和允已定、仰責状人案、却将田允懃一分関書併行給付、如未対定、合候葬訖、経本司請給。僉庁尋責抛劉氏・秋菊等、与田通仕和允供状、僉庁官書擬呈、奉判行。仍牒軍、更請照本司已行、催建昌県趣了葬事訖、申。

【校勘】

［1］『名公書判清明集』巻八、戸婚門、立継類、「継絶子孫止得財産四分之一」は、原文二十八行目の「取聯書対定状申」まであり、(名)はそれ以降を校勘の後に附す。なお『名公書判清明集』では、原文三行目「撰蔵世光遺嘱」を「宝蔵世光遺嘱」に、六行目「可得而欺之耳」を「可得而欺凌耳」に、七行目「同居」を「戸絶」に、二十三行目「所為二分」を「析為二分」に、二十六行目「永世光全分之業」を「承世光全分之業」に、三十七～三十八行目「以一分禿登仕安葬之費」を「以一分充登仕安葬之費」に、後ろから三行目「責状人案」を「責状入案」に作る。傍線を附した文字に従うべきであろう。その他は引用原文に従う。

［2］　一字の欠字があることになっているが、本来欠字はなかったのではないか。清鈔本には空欄はない。

【訳文】

「建昌県*の劉氏が嗣子を立てることにつき訴えた件」

田県丞には二人の息子があり、登仕郎(1)で世光と言うのは養子であり、珍珍と言うのは実の息子である。県丞死後の財産は二つに均分すべきである。世光は死んで息子がおらず、まだ幼い二人の女《むすめ》がいる。通仕郎(2)なる者は県丞の実の弟で、珍珍はその姪《おい》、二女はその姪孫《おいのこ》に当たる。男のほう（珍珍）はやっと角髪《つのがみ》をする年頃で、女のほうは二三歳であるから、通仕郎は父のいない姪を教育し、二女を扶養し、公平な心で世光のために嗣子を立ててやるべきである。しかし現在、孤児を憐れむという誼は聞こえてこず、財産を手にしようとの思いが甚だ切実で、最初は自分の息子の世徳を世光の嗣子とし、世光の遺言書二枚を大事にしまい込んで証拠としていた。世間では弟を養子にするということはもとよりあることだが、必ず一族内に異論がなくして行えることである。いま訴訟は長年に及び、もしすぐに悔い改めなければ、この遺言書二枚はただ抹消するほかない。なぜなら、国家には弟を養子に立てるという法律がなく、もしも世光が生きていて、官へ届けて世徳を養子にしたならば、官司は別に昭穆相当の者をさがさせるのみだからである。まして一族の者たちが支持せず、官司に届けていない遺言書ではないか。通仕郎が法律を顧慮しないのは、自分の思いを遂げたいからであって、県丞と世光がともに妻を娶らず、姪と姪孫がみな幼く親がいないので抑圧できるからなのである。

法律では「諸て戸絶の人で、実の母親(3)が同居していれば、財産はすべてその母を持ち主にする」とある。同居ですらこうなのである。ましてや劉氏は珍珍の実母であり、秋菊は二女の実母である。母子がみないれば、財産は当然彼女らが持ち主となるのであり、通仕郎はどうして立嗣を理由に割り込んで関与できようか。通仕郎の意図を考えると、一人の息子でもって県丞の家産の半分を得ようとするものである。しかしこれは全く成り立たない。このことを令文で考えてみると「諸て戸絶の財産は尽く在室の諸女に給付する」とある。また「諸て戸絶して継絶の子孫を立てた場合は、戸絶した家の財産から、もし在室の諸女がいるだけなら、（継絶の子孫に）全体の四分の一を与える」とある。そうであれば、世光の一房がもし立嗣しなければ、官司は世光が受け継ぐべき財産を二女に給付するのであり、それで何の不都合があるというのか。通仕郎はどんな言い分で争うことができるというのか。もし劉氏・秋菊と彼女らの児女が世徳を世光の嗣子とすることに同意したにせよ、世光の全財産の四分の一を得られるにすぎず、通仕郎が一半をすべて手にしたいと思ってもできることではない。往々にして通仕郎は法律が分かっておらず、他人の計略に乗せられているが、これは通仕郎の間違っている点である。

劉氏は県丞が生きていた時から、家事を取り仕切り、正式の結婚ではなかったが、主人の恩寵を頼りに、秋菊の輩を妾媵《はしため》のように見なしていた。しかしこれまでに官に提出した訴状を見ると、すべて己は県丞の妻であると自認し、世光に二女がいることには固く口を噤み、自分には珍珍がいると言うだけで、秋菊に二女がいることには言及しなかった。それゆえ蔡提刑(4)は家産は劉氏が持ち主になることを許すという判決を出したのであり、さらに私も劉氏の訴状をはじめて見た際にそうした判決を出した。そうしたやり方は世光の相続分を併せて珍珍に帰属させようとするものので、これは劉氏の間違っている点である。通仕郎・劉氏はともに道理と法律を理解していないがために、悪質な仲介人や訴訟ゴロ(5)に扇動され、道理に悖り人道を損なっていることを認識していないのだ。

私はこの件を繰り返し考え、田氏の尊長鈐轄(6)の手紙数通を見てみたが、そこでも昭穆相当ではないことに疑問を呈している。また「一族内には立てるべき人が全くいない。可哀想だ、可哀想だ」と言い、また「登仕郎と珍郎は自ずと家産を二分すべきだ」と言い、また「登仕郎の二女は誰に後見させようか」と言い、また「劉氏は年若い女で、現在、扇動されて官に出頭しているが、動産を使い果たせば必ず家産を売るに違いなく、一男二女はきっと流浪の身となるに違いない」と言い、「年老いてから骨肉が義を失って訴訟沙汰をしていることは聞きたくない。族人たちと和解すべきである」と言っている。手紙の中の言葉は切々と通仕郎を責めているのに、通仕郎は悔悟することなく、逆にこの手紙を（主張を支える）証拠としている。通仕郎はどうして言葉の意味が分からないことがあろうか。

私はいまにわかに法律で通仕郎を取り締まろうとは思っておらず、もし「戸絶の家を継絶した者は四分の一を得る」という法律の適用を願うのであれば、官の面前で誓約書を書かせ、官に委ねて田氏の一族および劉氏・秋菊母子を説得するのを待って、前日の和議のとおりしばらく世徳に世光の祭祀を行わせ、（彼に家産の）四分の一を与え、四分の三を世光の二女に与えよう。そうすれば法の意図に合致する。もしさらに紛糾するようなら、「すべてを在室の女に給付する」という法律を引用し、二女にすべてを与える。これが立嗣に関する一節である。

劉氏は県丞の側室であり、秋菊は登仕郎の女使《めしつかい》である。以前は序列に尊卑があり、人間関係には親疎があり、愛情には違いがあったが、現在、県丞と登仕郎とはみな死に、二人の子を生んだ母親がいるだけである。県丞のすべての財産を劉氏に与えれば、（秋菊の）二女が大きくなってから必ずまた訴訟を興すであろうし、劉氏はその時どうして自分の立場を辯明できようか。さらに当面、秋菊をどのように扱おうとしているのか。母子が離ればなれになるという道理はない。秋菊の二女に対する立場は、劉氏の珍郎に対する立場と同じである。（二人は）人の情としてどうして遠くかけ離れていると言えようか。県丞の財産は法律に従って一度検校し、分けて二つとし、実母と実の子女とを各々持ち主とする。そのうち世光の二女にはしばしば四分の三を給付するが、子供たちは幼いので、実母が典売することは許さない。検校が終わった日を待ち、＊榜文を出して違法に取引する者に禁止の命令を出す。＊担当係(7)は本軍の現任官にこの判決を上呈し、一人を選び委任して執行させよ。

ついで担当係が文書を提出してきた。再度、以下、言い渡す。裘司理参軍は公正廉潔な官吏であり、彼に委ねて田氏一族の尊長たち《制属[8]は頗る勝手な干渉・請求があるので、司理は義理をもって彼を説得せよ》と通仕郎夫婦・劉氏・珍郎ならびに秋菊・二女を呼び集め、官の面前で「本宗では別に立嗣すべき人がいない以上、もし世光の相続すべき財産をすべて二女に与えれば、世光は結局、祭られなくなる」と説得して欲しい。通仕郎は当初、法律を理解しておらず、一子をもって世光の全財産を相続させようとし、それで劉氏が不満を抱いて争ったのである。いまはすでに在室の諸女が四分の三を得、継絶の男が四分の一を得るという法律を理解し、この法律によって家産を分けることに同意している。劉氏・珍郎と秋菊・二女ともまた四分の一を残して登仕郎の祭祀の元手とすべきである。署名を書き連ねた財産分け確認書を取って上申せよ。

およそ人家の尊長がなぜ怒るかと言えば、家内が安静で一族が争わないことを願ってのことである。官司は民間が和睦し、民間の気風が醇良で厚いことを願っているが、訴訟を教唆する者は他人の財産を破産・分割させ、他人の一族が仲違いすることによって自分の大きな欲望を追求しようとする。通仕郎は名が官僚の名籍にあるのに、どうして尊長の教誨や官司の説得を聞き入れず、父祖の門戸や兄弟の財産を悪質な仲介人や訴訟ゴロの飽くなき欲望に供しようとするのか。担当係は私の前後の判決を三通記録し、一通は通仕郎に与え、二通は裘司理参軍に与え、劉氏・珍郎および秋菊母子を召喚して、各々一通を与えさせよ。問題の検校の件については、司理参軍のところの獄官*は外県(=管轄下の県)に行ってはならない。都昌県の王県尉に帖文*を出して司理の庁舎に赴かせ、一緒に議論して統一見解を出し、現地に行って検校して上申させる。このように措置しても、劉氏はきっとまた秋菊と争うだろう。婦人は無知で、「私は県丞の妻で、お前は登仕郎の下女です」と言い張るだけで、自分自身もまた妾だということを認識していない。法律では「一人の母親から生まれた子には標撥を許さない」とある。いま珍郎は劉氏が生んだ者であり、二女は秋菊が生んだ者で、一人の母親でないからには自ずと法律どおりに標撥し、将来の訴訟を終息させよう。

再び劉氏が立嗣につき訴えた件について、以下、言い渡す。先に判決した時には劉氏にも二女があったとは知らなかった。この二女が県丞の実の女であるからには、もし登仕郎が生きていれば登仕郎と珍郎とで均分し、二女は各々男の半分を得べきものである。いま登仕郎はすでに死んでいるからには、ただ諸子均分の法に依るのみである。県丞の二女は珍郎とともに父の財産を承け、その承けるべき分を十分として、そこから珍郎は五分を承け、残り五分を二女に均分する。登仕郎の二女は立てたところの嗣子とともに登仕郎の分を承ける。嗣子は登仕郎の死後に立てたのであるから、四分の三を二女に与え、四分の一を嗣子に与えるべきである。このように処理してはじめて法意に合致する。ただし劉氏は必ず登仕郎の二女の取り分は自分の女たちより多いと言うに違いなく、さらに現在は登仕郎の葬儀も終わっていないことでもあるから、秋菊の二女は二人のおばたちと同じく各人が一分を得ることとし、自分たちの取り分から一分を割いて登仕郎の葬儀費用とする。こうすれば分産は均等となるであろう。通仕郎は息子を登仕郎の嗣子にしようとしているのであるから、劉氏・秋菊母子を援助し、嗣子の実父であることから(この問題への関与を)回避すべきで、県丞の家のことに関与してはならない。劉氏・秋菊もまた通仕郎は県丞の実弟であるが、得るところの財産はわずか八分の二であり、疏族を立てるよりは近親を立てたほうがよいことを思うべきである。司理に帖文を送って通仕郎を説得し、誓約書を取って官に残し、嗣子が受け取る財産以外は兄の財産に関与しないようにさせよ。なお幹佃(9)に承服する旨の誓約書を出させ、上申して寄こせ。以前に主人を騙して盗み取ったという罪は、しばし罪を減免せよとの指揮に照らして、すべて追究を免じてやるが、再犯して召喚されれば、重い処罰を行う。併せて司理・王県尉に帖文を出し、県丞の財産を珍郎と二人の妹が三分、登仕郎が一分とし、各々均等に分けて上申せよ。この判決に従え。

私はこのように判決したのではあるが、なお教唆する者が劉氏を扇動し、二女のために(家産を)増添しようとするのではないかと心配している。県丞死後の動産や品物は、すべて劉氏が管理しており、検校して分割する数には入っていない。劉氏がもし本当に県丞が児女を篤く愛していたことを思うのであれば、この動産でもって男・女の結婚を助けてやるべきで、これを登仕郎の側では田産を得ただけで動産は全く手にしていないのに比べれば、すでにきわめて多くを手にしていると言うべきである。この旨をあわせて司理に説得させ、その後で証文を上呈させる。

再び言い渡す。劉氏の訴えによると、県丞には二人の男と二人の女がおり、長男の登仕郎はすでに死亡し、生きているのは一人の男珍郎と二女で、いずれも劉氏の腹から出たものである。法律によって言えば、県丞の動産と田産を全部集めて大きく三つに均分し、登仕郎と珍郎が各一分を得、二女は二人で一分を得ることになる。ただし県丞のすべての動産は前から劉氏の手のうちにある。もし官司が逐一提出させてすべてを調査しようとしても、おそらく劉氏母子は提出しようとせず、劉氏側と秋菊側は破産に至るまで激しく争うであろう。それゆえ今回はただ諸子均分の法によって断じ、動産については調査して分割する対象とはしない。そうすれば家を保ち、訴訟を終息できよう。僉庁*はさらに劉氏に開示して説得し、そのとおりに願いますとの書状を取って上申せよ。

ついで劉氏に供述書(＝願状)を強制的に上呈させた。以下、言い渡す。法律どおりであれば、劉氏の一子・二女は田産の三分の二を得るべきところだが、いまは均分とし、不足分は動産で穴埋めする。天下にこれ以上の公平はないと言うべきである。司理に帖文を出し、判決どおりに実行させよ。劉氏は父の側室であり、秋菊は息子の女使であり、珍郎と二女は叔・姑の輩行で、秋菊が生んだ二女は姪の輩行であるから、自ずと区別があるべきで、動産を除いてあらゆる田宅は今回の判決に照らし、検校して分割し、上申せよ。併せて王県尉に帖文を出し照合させよ。

続いて劉氏等が家産につき訴えた件につき、以下、言い渡す。この件は私が何度も判決を出し、千百言を費やした。すでに明白と言うべきである。委任した官の裘司理によれば、母妻の家はみな都昌県にあり、思うに誰かが牽制していて、すでに明白な事柄がなおまだ決着していない。新知州に牒*文を出して一件書類を取り寄せ、仔細に閲覧し、別に利害関係にない清廉・屈強の官に委ねて、もとの判決どおりに劉氏に強制して家産分けさせ、上申させせよ、十日以内に。

続いて都昌県の王県尉の上申を承けて、田県丞の田宅・財産を区分けして分割する件について、以下、言い渡す。田氏の田産については、本司がすでに都昌県県尉に頼んでその庁舎で八つに分割し、軍に牒文を出して劉氏母子ならびに秋菊をその庁舎に赴かせ、籤を引いて分割させた。問題の田通仕郎は息子世徳を登仕郎の嗣子にしようとしているが、世代が合わず本来立てるべきではないが、血筋の近い家系であるからしばらくは継絶させる。本軍に命じて田世徳と実父通仕郎とを召喚して籤を引かせる。もし来なければ、県はただちにこの一分を「尽く諸女に給付する」という法律に従って処理せよ。悔やんでも遅いぞ。なお本軍は通仕郎の判決に従う旨の誓約書を取って上申し、併せて司理に帖文を出して処理させせよ。牒文内に、以下、言い渡す。もし各人が本軍で籤引きによって家産分けするのを願うのであれば、どうかその旨を書いて上申して欲しい。

ついで田柏年の書状では「先ごろ阿劉が、死んだ姪の嗣子問題で争い、判決をいただいたが、田通仕郎は登仕郎の柩を家に留め置き、孤児を騙して、産業を占拠する手だてにしています」とあった。これは何ということか。現在生きている者はすでに各々家産分けしており、登仕郎の柩を何とか処理すべきである。東*尉は劉氏・秋菊を召喚し、二人の児女の財産の中から、一項目の銭物を取り出し、登仕郎の葬送の費用とせよ。切に軍・県に命令を出し、族衆が法の定めるように葬儀を行わせ、通仕郎は関与してはならぬ。問題の劉氏・秋菊の二つの財産は、母子が自ずと助け合って生活すべきで、通仕郎は何で関与できようか。兼ねて通仕郎の息子は本来立てるべきではなく、問題の標撥した一分の財産は、本県に命じて一時預かりとし、登仕郎の葬儀が終わり、劉氏・秋菊ならびに児女が安定した生活をしてから、通仕郎に別にそれを取り込もうとの意図がなければ、はじめて息子にこの一分を承継させる。

ついで甲頭[10]の雷先、幹人《しつじ》の余徳裕の書状では「上件のことを督促しました」とあった。以下、言い渡す。この問題は甚だ決着し難く、延び延びとなって数ヵ月にもなり、田制属は旅先で死に、余徳裕もまた病気だと言う。提刑司に何ヵ月も決着しない訴訟ごとがあるということは、本司の恥である。関係者と一件書類はすべて羅司理のところに送り、すでに出した判決どおり家産を分けさせ、上申せよ、五日以内に。

余徳裕は幹人で、もとより家長ではなく、どうして官司が判決を出さないのに、幹人に主家を管掌させることがあろうか。司理はどうか前後の判決を調査し、鋭意速やかに分割させ、上申して寄こせ。ついで羅司理が家産分割書八本を送ってきたが、これらは担当部局へ行って官印・押字を求め、各人に給付して領収させよ。

以下、言い渡す。各人に家産分割書を受領させたなら、僉庁が突き合わせを行い、この件を上呈せよ。もし劉氏・秋菊母子が通仕郎と和解していれば、その旨の誓約書を取って一件書類に入れ、田允懃（＝通仕郎の息子）の一分の家産分割書を併せて給付し、もしまだであれば、葬式が終わるのを待って、本司を通じて請求させる。僉庁がついで劉氏・秋菊等と通仕郎との和解書を取り立て、僉庁の官が判決原案を書いて上呈し、判決どおりに施行させよ。なお軍に牒文を出し、改めて本司がすでに命じたように行わせ、建昌県に催促して葬儀を行わせて、上申せよ。

【注釈】

（1）原文「登仕」とは、登仕郎のことで、文官（選人）の最下級に位置する官階。

（2）原文「通仕」とは、通仕郎のことで、登仕郎、将仕郎とともに選人の官階。

(3) 原文「生母」とは、ここでは正妻ではなかった者を言う。正妻がいれば戸絶ではないからである。
(4) 「蔡提刑」とは誰か、未詳。
(5) 原文「囚牙」とは、悪辣なあるいは犯歴のある仲介人、「訟師」とは、訴訟の代行や教唆を行う者を言う。
(6) 「鈐轄」とは、路あるいは州に置かれた軍職名で、南宋には多く貴顕の子弟が充てられた。
(7) 「本軍」とは、後に都昌県と建昌県が出てくることから江南東路南康軍であると知られる。なお本件は劉克荘が江南東路提刑の時のものである。
(8) 「制属」とは、制置使を指すようである。「制属」という語句は宋代史料にしばしば見えるが、魏了翁『鶴山集』巻二〇、奏議、乙未秋七月特班奏事の貼黄の一節に、「自故相（趙方）於制置使銜増入安撫二字、由是遂以湖北安撫司職事併帰京湖制置司、湖北安撫既為虚器、江陵太守遂為列郡、事権日削、財力亦殲。比年以来、又自郡守升帥、且兼制属、其為削也滋甚」とある。
(9) 「幹佃」とは、佃戸あるいは「佃」＝耕作を管理する者を言う。
(10) 「甲頭」とは、ここでは北宋中期に始まった保甲制（民戸の戸数による編成）をもとに、租税の徴収を担った徭役担当者を言う。

本条の関係図は次のとおり（×印は死亡者）。

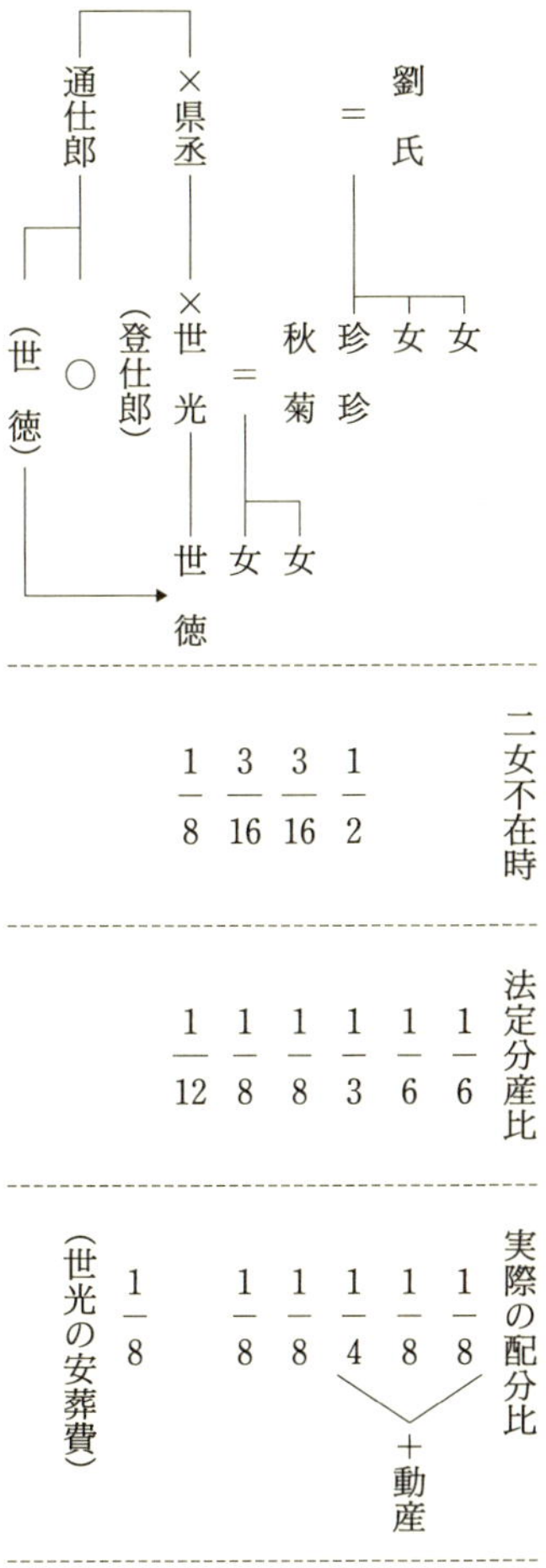

【講義】

本条は、前掲の第二部(29)条とともに南宋代の女子の財産権をめぐる議論の中心をなす史料である。遅くとも三国時代以降民国期までの中国の漢民族社会では、親から見れば男子均分、息子から見れば兄弟均分と呼ばれる家産分割の方法によって財産相続が行われてきた。それは社会における固い原則でもあったし、法の定めるところでもあった。そこでは当然女子は排除される。女子は嫁ぐ際になにがしかの家産を分け与えられたが(すなわち嫁資・粧奩)、そこには一定の比率や固定した額がなく、親兄弟の愛情や世間体また生家の経済状態によっていかようにも変動した。ところが見られるように、(29)条には「在法、父母已亡、児女分産、女合得男之半」と、女子は男子の二分の一を取得すべしという法が引用され、この(33)条でもその法に基づく家産分割が行われているのである。これは長い中国の歴史の中にあって空前絶後の事態である。これをどう理解するかをめぐって長く激しい議論が重ねられてきたのである。関連する研究は内外に多いが、さし当たり、青木敦「南宋女子分法再考」(『中国―社会と文化』一八号、二〇〇三年)、翁育瑄編・大沢正昭監修『唐宋変革期における女性・婚姻・家族の研究 論著目録(稿)』(上智大学文学部、二〇〇三年)、Bettine Birge, *Women, Property, and Confucian Reaction in Sung and Yuan China (960-1368)*, Cambridge University Press, 2002 に附された Bibliography 等を見よ。なおこの問題に対する私自身の見解は、拙著『宋代中国の法制と社会』(前掲)第八章「親を亡くした女たち――南宋期の所謂女子財産権について――」、また同「再考南宋〝児女分産〟法」(台湾法制史学会編『法制史研究』一二号、二〇〇八年)を参照。原文三十四行目の「再拠劉氏訴立嗣事、奉判」以下の部分がとりわけ重要で、その理解が鍵になると思われる。

(34) 都昌県申汪俊達孫汪公礼訴産事

俊達既無親的子孫、則当来売田骨以葬三喪、乃死者之幸也。公礼既是俊達死後過房為孫、所売田骨係為乃祖掩骸、又何訟為。照蔡提刑已判行。

【訳文】

「都昌県が、汪俊達の孫の汪公礼が田産につき訴えた案件を上申してきた件」

汪俊達に実の子孫がいない以上、以前に田骨*を売って三喪(1)の葬儀を行ったということは、死者の幸いである。汪公礼は俊達が死んだ後に過房*して孫になったのであり、売ったところの田骨は先祖の葬儀のためであるから、どうして訴えることがあろうか。蔡提刑が以前に判決したとおりに施行せよ。

【注釈】

(1)「三喪」とは、多くの用例から推すに、身内の三人の葬儀を言うようである。例えば『明実録』太祖巻一、呉元年(一三六七)四月辛亥条に、「太祖曰、往者吾父以是月六日亡、兄以九日亡、母以二十二日亡。一月之間三喪相継、人生値此、其何以堪」とある。拙著『訳注『名公書判清明集』戸婚門』(創文社、二〇〇六年)に『方言辞典』を引いたが、訂正する。

(35) 貴渓県繳到進士翁雷龍公箚訴熊大乙将父死尤頼事

以雷龍公箚、比前日状詞、筆迹濃淡、真草縦横、微有不同、然其実一手所書。兼雷龍前日経県分析之詞、無非諂佞知県。今来公箚、又欲挟朝貴以臨監司。孰謂□公之門而出若而人哉。見識如此、当職深為之差愧。[1]合本合追治、以昔人察見淵魚為戒、姑寝勿問。帖請知県勧諭、今後不宜如此、勿俾小人之計得行。

【校勘】

［1］（全）は、文意から「合」を「今」と改める。従うべきであろう。

【訳文】

「貴渓県*が、進士翁雷龍が公箚で熊大乙が父親の死を口実に誣頼したと訴えた案件を返送してきた件」

翁雷龍の公箚は前日の訴状と比べてみると、筆跡の濃淡、楷書・草書の書き方にわずかに一致しない点があるが、しかし実際は同一人が書いたものである。そのうえ、雷龍が前日、県へ訴えて事情説明した言葉は、知県を陥れ騙すものである。今般の公箚はさらに朝廷の高官を後ろ盾にして監司*に臨もうとするものである。誰が□公の一族からこんな者が出ると思うだろうか。（雷龍の）見識がこうであるとは、私は深くこれを恥じるものである。いま（わが提刑司が）糾問・処罰すべきだが、古の人が他人の過誤を穿り出すことはよくない（1）と言っているので、しばし不問に付す。帖文*で知県に（雷龍を）説諭し、今後はこうしたことにならないようにさせ、小人の謀略を行わせないようにしていただく。

【注釈】

（1）原文「察見淵魚」とは、古代の諺語。他人の過誤を明察し、別人の隠しごとを知ることは不祥であることを言う。『列子』説符に、「周諺有言、察見淵魚者不祥、智料隠匿者有殃」と見える。また省いて「察淵魚」とも言う。

【講義】

この判語は、翁雷龍が、熊大乙が彼の父親が死んだのは翁雷龍に責任があると誣頼してきたと県に訴えたのである。

それは事実ではなかったようである。なお「進士」とあるが、進士科を目指す士人であろう。

（36）　楽平県汪茂元等互訴立継事

死者有児有女、豈有四世再従兄弟欲以其子双立之理。提刑司不比楽平県。汪伯仁押下司理院勘問。仮写除附公拠及過房書帖之人、如実供、当与闊略、或更隠諱、枷勘。及読判、汪伯仁不到。奉判。此必是本司見役公人有与之相為表裏者、楊季和且勘下杖一百。今後呈覆書擬公事、両詞人並仰押在庁前、聴候書判。如已判而無人可読示也、定将当行人送隣州勘。取諸吏知委。

【訳文】

「楽平県*の汪茂元等が立継につき互いに訴えた件」

死者には息子がおり女《むすめ》がいるのに、どうして四世代前に分かれた再従兄弟が自分の息子を実子と並び立てようとする道理があろうか。提刑司は楽平県とは違うぞ。汪伯仁は（饒州の）司理院*に連行して取り調べよ。除附(1)の公拠《しょうめい》と過房*の書帖を捏造した者は、もし誠実に供述すれば刑罰を免じてやるが、さらに隠し立てすれば、首枷をつけ訊問する。

判決文を読み上げる段になっても、汪伯仁は出頭しなかった。以下、言い渡す。これはきっと提刑司の現役の公人の中に彼と結託している者がいるに違いなく、楊季和は杖一百を科す。今後、上呈して判決原案を再審理する案件に関しては、原告・被告ともに命じて庁舎前に連行し、判決(の読示)を待たせる。もしすでに判決を書き終えても読示すべき人が出頭していなければ、本件担当の胥吏を隣州に送って訊問する。胥吏全員の知委状*を取れ。

【注釈】

（1）「除附」とは、一方の戸籍から除き他方の戸籍へ附載することを言う。

【講義】

四世代前に分かれたのであれば再従兄弟ではなく三従兄弟、再従兄弟なら三世とあるべきだが、あるいは立てられるべき子の世代から見て四世と言うか。

（跋）

続稿五十巻、起淳祐己酉、至宝祐戊午、十年間之所作也。余少喜章句、既仕此事都廃。数佐人幕府、歴守宰庾漕、亦両陳臬事、毎念欧公夷陵閲旧牘之言、於聴訟折獄之際、必字字対越乃敢下筆、未嘗以私喜怒参其間。所決滞訟疑獄多矣。性懶収拾、存者惟建渓十餘冊、江東三大冊。然県案不過民間雞蟲得失、今摘取臬司書判稍緊切者為二巻、附於続稿之後。昔曾南豊元豊類稿五十巻、続稿四十巻、末後数巻、如越州開湖頃畝・丁夫、斉州糴米斗斛・戸口、福建調兵尺籍・員数、条分件例[1]、如甲乙帳、微而使院行遣呈覆之類、皆著於編、豈非儒学吏事、粗言細語、同一機梜、有不可得而廃歟。姑存之以示子孫。開慶改元上巳日克荘題。

【校勘】

［1］（全）は、清鈔本によって「例」を「列」に改める。従うべきであろう。

【訳文】

（「跋文」）

続稿五十巻は、淳祐己酉（九年、一二四九）から宝祐戊午（六年、一二五八）までの十年間に書いたものである。(1) 私は古書の章節・句読を分析することが好きだが、仕官してからはこのことはみな止めてしまった。何度か人の幕府の佐僚となり、府州の長官、提挙常平、転運使を歴任し、また提点刑獄公事に二度なったが、いつも欧公陽脩が夷陵で昔の文章を読んだという言葉を思い、(2) 裁判・判決の時には、必ず一字一字全霊を傾けて書き記し、これまで個人的な喜怒をその間に差し挟んだことはなかった。判決したものは決着がつかずに滞留していた案件や疑獄事件が多かったが、性格が収集・保存に怠惰なものだから、残っているのはただ建渓(3)の十餘冊と江東の三大冊のみである。しかし県の案件は民間の些細な得失(4)にすぎないので、いま提刑司の判決でやや緊要で切実なものを摘録して二巻とし、続稿の後に附載する。昔、曾南豊の元豊類稿五十巻・続稿四十巻の末後の数巻は、(5) 例えば、越州開湖の頃畝・丁夫、斉州の糶米の斗斛・戸口、福建の調兵の尺籍・員数を分類・羅列したもので、甲乙帳のようであり、細々したことは使院が行った呈覆の類までみな編録してあるが、しかしそれは儒学と吏事、粗言と細語が同一の発現であって、廃してはならないことだからではなかろうか。しばらく残して子孫に示す。開慶改元（一二五九）上巳の日（三月三日）、克荘題す。

【注釈】

（1）劉克荘の官歴は、呉洪沢・尹波主編『宋人年譜叢刊』（前掲）所収の李国庭編「劉克荘年譜簡編」（『福建図書館学刊』一九九〇年一期、二期原載）によって見ることができる。なお文中の「宰庾漕」は「庾漕に宰たり」と読んで、転運使となったと解せないこともないが、ここでは宰と庾と漕の官を歴守したと解し、庾は提挙の官と理解する。「庾」を提挙官とする用例としては、『宋会要輯稿』食貨六八―一〇九、賑貸二、嘉定一六年（一二二三）正月九日条に、「臣僚言、……専委本路庾臣、……恪意奉行、憲・漕・帥臣協心究画」と見える。

（2）夷陵における欧陽脩のことは、『宋史』巻三一九、欧陽脩伝に、「方貶夷陵時、無以自遣、因取旧案、反覆観之、見其枉直乖錯不可勝数、於是仰天歎曰、以荒遠小邑、且如此、天下固可知。自爾、遇事不敢忽也。学者求見、所与言、未嘗及文章、惟談李事。謂文章止於潤身、政事可以及物。凡歴数郡、不見治迹、不求声誉、寛簡而不擾、故所至民便之」と見える。

（3）「建渓」とは、建陽の別名。劉克荘は右の注（1）前掲年譜によれば、宝慶元年（一二二五）から紹定元年（一二二八）まで福建の建陽県で知県に任じた。

（4）原文「雞蟲得失」とは、取るに足らない些細な得失を言う。出典は杜甫の七言律詩「縛雞行」。

（5）曾鞏の『元豊類藁』につき『四庫全書総目提要』巻一五三、集部六、別集類六に「鞏所作元豊類藁、本五十巻、見于郡斎読書志。韓維撰鞏神道碑、又載有続藁四十巻・外集十巻。宋史本伝亦同。至南渡後、続藁・外集、已散佚不伝」とあり、続藁と外集は南宋代には失われていた。なお曾鞏の官歴は、周明泰『曾子固年譜稿』によれば、熙寧二年（一〇六九）に越州通判、熙寧三年（一〇七〇）冬に知斉州、熙寧十年（一〇七七）に知福州であった。

附　録　文文山の判語

（1）　湖南憲司咸淳九年隆冬疏決批牌判

本司照朝省指揮、見以隆冬、委官諸州県疏決。凡情軽当放釈者、従所委官逐名点対、取判施行。其有情理重悪、累経疏決及恩赦不原、而手足未経槌折、膂力正自精強者、与其幽囚於牢柵之中、駸尋而死、不若駆於極辺、被堅執鋭、庶幾死中求生。此一種人、請所委官令項分剔、作一状指実申来、以憑喚上、赴司審視、発往荊・蜀・淮海。古之強兵猛将、得之於盗賊髡囚者、正自不少、此亦推明国家忠厚之一事也。取各官遵稟申。

【訳文】

「湖南の提刑司が咸淳九年（一二七三）十一月の疏決[1]に対し、指示[2]した判」

本司は中央政府省部の指揮に照らし、現在十一月であることから、官に委ねて諸州県で疏決を行った。およそ情が軽くまさに釈放すべき者は、委ねた官が各人を名前ごとに確認し、判決を取って措置する。情理が重悪で、しばしば疏決・恩赦を経ても許されず、手足がいまだ叩き潰されておらず、膂力が強靭な者は、牢柵の中に幽囚され、まもなく死ぬ者とともに、極辺に追放して兵士とするのがよく、そうすれば死中に生を求めることになろう。こうした種類の人は、委ねた官に項目別に分別[3]し、一状を書いて事実に依って上申してもらい、それによって呼び出し、本司に赴かせて詳しく審査し、荊（湖北）・蜀（四川）・淮海（淮南）に送る。古の強兵・猛将で、これを盗賊・禁囚から得たものも自ずと少なくないので、これまた国家忠厚を広める一事であろう。各官の「仰せのとおりにします」との書面を取って上申せよ。

【注釈】

（1）「疏決」とは、本来未決囚の審理や既決囚で未執行の者の処分促進のための審査を意味したが、やがて恩赦の意味合いが強まり、毎歳の酷暑・酷寒・天候不順の時などに囚人を審査し、謀殺・故殺などの重大な犯罪を除き、その他の雑犯死罪は流罪に、流罪は徒罪に、徒罪は杖罪に減刑し、杖罪以下は釈放することを言う。例えば『宋史』巻二、刑法二、理宗の条を参照。

（2）原文「批牌」とは、批示を記した牌文（下降の公文書）という意味であろう。

（3）原文「令項」とは、他の用例と併せ推すに「項目別に」という意味のようである。

（2）　断配典吏侯必隆判

近世以来、天下以吏奸為病。士大夫臨事惴惴然、惟恐吏之欺己、馭之以束縛、事無大小、一切以法縄之。当職以為不必立的、無罪不必尋、有罪不必恕、為得之矣。本司諸吏、頗似謹畏、従前固有違慢者、当職諒其不及、毎毎止於薄懲。爾輩非但不敢欺、直不忍欺可也。侯必隆何為者。輒敢於呈押之時、脱套花字、於行移之後、揍掇公文、顕然面謾、行其胸臆。此非先有無忌憚之心、而後動於悪乎。送之有司、自称為無他情弊、殊不思情莫悪於脱套、弊莫大於揍掇。豈必計嘱取受、而後謂之情弊哉。看来、此吏於諸吏中頗機警、而胆最大。以小人之小有才、不施之於奉公、而施之於罔上。若以姑息行之、留此人在案中、将来必為司存無窮之蠹。矧所犯関係台綱、雖欲恕之、不可得也。侯必隆決脊杖十五、刺配千里州軍。本当吏揺碎右指、以為箝紙尾作弊者之戒、姑以贓状未明、特免。断訖、長枷台前五日、押発。仍牓。

【訳文】

「典吏の侯必隆を配軍刑に処す判決」(1)

近ごろ、天下は吏人の悪事を弊害としている。士大夫が仕事の際にあれこれ悩むのは、吏人が自分を騙すのではないかと恐れており、これを束縛して支配下に置き、事に大小となく一切法律で取り締まっている。

私はそうせずともよく、罪がなければ訊問する必要はなく、罪があれば寛恕する必要はなくても、彼らを制御できると思う。本司の多くの吏人は、きわめて謹厳で畏まっており、以前はもとより法に違い仕事を疏かにする者がいたが、私はしっかり仕事ができないことは赦してやり、常々軽く懲罰するに止めている。お前たち吏人はあえて欺こうとしないだけでなく、ただ欺くに忍びなければ、それでよいのである。

侯必隆は何たる者であるか。文書を上呈する時に花押を書き換え、文書を送った後に公文書を差し換え、面と向かって侮り、好き勝手を行っている。これは先に忌憚の心がなく、その後に悪事を働くということではないか。(2) これを有司に送ったところ「他の悪さはしておりません」と自ら称したが、よいか、情状には書き換えほど悪いことはなく、弊害には差し換えより大きなことはない。どうして必ず頼み込んで賄賂を遣り取りした後で、これを情弊と言う必要があろうか。

見たところ、この吏人は諸吏の中でもきわめて機転が利き、胆力も大きい。小人で小才がある者は、これを奉公に用いず、これを上司を騙すことに使っている。もし姑息《いいかげん》に処分し、この者を職場に留めておけば、将来、必ず官司の無窮の害悪となろう。ましてやその犯すところは中央政府の綱紀にも関係するのであるから、これを赦そうにも赦すわけにはゆかない。

侯必隆は脊杖十五に決し、入れ墨をして千里の州軍に配する。本来ならさらに右手の指を叩き潰し、文書の花押を書き換えて弊害をなす者の戒めとすべきところだが、しばし贓罪の状況が不明なので特にそれは免ずる。処罰し終われば、長い枷をつけて役所前に五日間晒し、配所に護送せよ。なお榜文*を出せ。

【注釈】

（1）「典吏」とは、事務職の胥吏を表す一般名称である。

（2）この部分、おそらく『春秋左氏伝』桓公、伝二年に、「春、宋督攻孔氏、殺孔父而取其妻、公怒、督懼。遂弑殤公。君子以督為有無君之心、而後動於悪」とあるのを踏まえる。

（3）　委僉幕審問楊小三死事批牌判

使職一日断一辟事。今日看楊小三身死一款、看頗不入、不能無疑。一則当来無大緊要、驟有謀殺、似不近人情。二則殺人無証、只拠三人自説取、安知不是捏合。三則捉発之初、乃因楊小三揣摩而訴三名、何為三名恰皆是兇身。似不入官信。今文字已円、只争一行字、則死者配者、一成而不可変矣。今仰僉庁一看此款、尽夜入獄、喚三名一問。若問得果無翻異、明日便断、如囚口有不然、只得又就此上平反。文字是密封来。忽然而往、人所不覚、則囚口得矣。

【訳文】

「僉幕《ぶか》に委ねて楊小三死亡の件を審問させた結果に対し、指示した判」

使職(1)(たる私)は一日に一件の死刑案件を裁く。今日、楊小三が死んだ一件書類を見たが、頗る納得がゆかず、疑いなしとしない。第一に、これまで大きな問題もなかったのににわかに謀殺(2)があるのは、人情として不条理であること。

第二に、殺人に証拠がなく、ただ三人が自ら口先で言うことに依拠しているにすぎず、どうしてそれが捏造でないと知れようか。第三に、捕捉したばかりの時、楊小三は虫の息で三名を訴えたのだが、どうして三名はあたかもみな凶悪な人間だというのか。官の確信を得られないように見える。

いま判決原案はすでに完成し、ただ一行の文字が問題となっているだけだが、死刑と配軍刑*とは、一度決まれば変更はできないものである。いま僉庁*に命ずるに、一度この一件文書を見て、夜中に獄に入り、三名を呼んで訊問せよ。もし訊問して本当に翻異*がなければ、明日、処断を行い、もし囚人が違うと言えば、ただそれに基づいて平反*するだけである。文書は密封して送り寄こせ。すばやく行って他人に見られなければ、囚人は事実を言うであろう。

【注釈】

（1）「使職」とは、唐代には令外の官として臨時に皇帝から派遣された職を言ったが、宋代には皇帝・中央政府から地方に派遣された官僚に対する一般名称となった。

（2）「謀殺」とは、殺人の予備・陰謀を言う。実行すれば「故殺（故意の殺人）」となる。

（4）平反楊小三死事判

律、諸謀殺人、已殺者斬、従而加功者絞。又律、故殺人者斬。又律、諸同謀、共殴傷人者、各以下手重者為重罪、元謀減一等、従者又減一等、至死者、随所因為重罪。今楊小三之死也、施念一捽其胸、塞其口、顔小三斧其脇、羅小六撃[1]共吭、其惨甚矣。再三差官審究、則三人者於楊小三元無深忿。特其積怨之深、欲伺其間、而共捶打之、則謂之同謀、[2]其殴至死、宜不在謀殺之例。顔小三者、施斧於脇肋之間為致命、是下手重者也。然其不用斧之鋒、而止以斧脳行打、是殆非甚有殺心者。羅小六雖不加之以縊、楊小三亦必以肋断致死、然始也謀殴之、終也遂縊之。是其心処以必死、非独下手重而已。是故以下手論之、顔小三之先傷要害、当得重罪、以誅心論之、羅小六独坐故殺、不止加功。准法、皆当処死、以該咸淳八年明禋霈恩、特引貸命。顔小三・羅小六各決脊杖二十、刺配広南遠悪州軍、施念一於同謀為元謀、於下手為従、合減一等、決脊杖七十[3]、刺配千里州軍。牒州照断訖申。

【校勘】

［1］「共」は「其」の誤記である。熊飛等校点『文天祥全集』(江西人民出版社、一九八七年)に拠る。

［2］「其」は「共」の誤記である。同右書に拠る。

［3］「七十」は「十七」の誤記である。脊杖は最大数が二十だからである。

【訳文】

「楊小三の死亡事件の罪を平反*する判決」

律に「諸て人を謀殺*(殺人を計画)し、すでに殺した者は斬、随従して手助けした者は絞」とある(1)。また律に「諸て一緒に計画し、共に人を殴り傷つけた者は、各々手を下すことが重い者を重罪とし、元謀の者は一等を減じ、随従者はさらに一等を減じ、死んだ場合は、何が原因かによって重罪とする」とある(2)(3)。

いま楊小三の死亡は、施念一がその胸を砕き、その口を塞ぎ、顔小三がその脇に斧を振るい、羅小六が喉を打撃したのだが、甚だ残酷な仕打ちである。再三、官を派遣して審理・究明したところ、三人は楊小三に対してもとよりひどく怒りを抱いてはいなかった。ただに積怨が深かったので、相手の隙を窺って一緒にこれを打ち据えたのであり、ならばこれは「共に計謀し」「共に殴って死に至らしめた」のであって、謀殺の中に入れるべきではない。

顔小三は脇腹を斧で打ち致命傷としたので、「手を下すことが重い者」である。しかし斧の刃の側を用いず斧の先で殴っており、ということは、ほとんど強い殺意があったのではない。羅小六はこれに手助けして首を絞めたのではなく、楊小三は肋骨が折れたことで死んだのであるが、しかしはじめは彼を殴ろうと計画し、最後はついに彼の首を絞めたのであった。ならばその心はきっと殺そうとしていたのであって、彼だけが「手を下すことが重い」ということにはならない。それゆえ手を下すということで論ずれば、顔小三が致命的部分に傷を負わせたので、重罪を得ることになるが、心情から論ずれば、羅小六はひとり故殺に当たり、手助けしたことに止まらない。

法に依ればみなまさに死罪に処すべきだが、咸淳八年（一二七二）の恩赦に該当することから、特にそれによって死罪は免じてやる。顔小三・羅小六は各々脊杖二十に処し、入れ墨をして広南の遠悪の州軍に配し、施念一は共に計画した者の中で「元謀」に当たるが、「手を下すこと」においては随従者なので一等を減ずべきであり、脊杖十七に処し、入れ墨をして一千里の州軍に配する。州に牒文し、判決どおりに措置し終われば上申せよ。＊

【注釈】

（1）『宋刑統』巻一七、賊盗律、「謀殺」を参照。

（2）原文「下手」とは、傷害や殺人において直接にその結果をもたらす行為を言う。

（3）『宋刑統』巻二一、闘訟律、「同謀共殴」を参照。

【講義】

ここには共犯につき「元謀」や「従者」「加功」等やや混乱しやすい概念が用いられている。律における共犯とは、造意した者が元謀で、それに引きずられて犯罪に参加した者が随従であるが、それは計画段階における犯罪意思の形成過程でのことで、実行段階では各人が果たした役割の軽重という別の基準が働く。造意者が実行者である場合もあれば、犯罪の実行に参加しない場合もありうるからである。施念一は殺人の元謀ではあるが、実行段階では随従者として一等が減じられているのはそれを示す。詳しくは、滋賀秀三訳註『訳註日本律令五　唐律疏議訳註篇一』（前掲）二四九頁以下を参照。

（5）門示茶陵周上舎為訴劉権県事判

孟子曰、有人於此、其待我以横逆、則君子必自反也、我必不仁也、必無礼也、此物奚宜至哉。此君子処己法度也。子曰、居是邦也、事其大夫之賢者。子貢曰、礼居是邦、不非其大夫。此君子居郷法度也。今茶陵劉権県申、周監税父子為豪強把持、且謂不法不可枚挙、必非無故而為之辞者。使周監税父子果善人也、則曰、我無是事、何恤人言。閉門遠嫌、人誰得以瞯我。如此、則処己居郷、皆得之矣。今因権県所申、周上舎不勝其忿、訐其短以相攻撃。一則曰劉某、二則曰劉某、自反之君子肯然乎。不非其大夫当如是乎。抑大学曰、有諸己而後求諸人、無諸己而後非諸人。併備詞、帖劉権県、果如所訴、則宜尽与改更、布過失於境内、洗手以勤公、砥行以為。如此而盗賊不畏威、豪強不屏迹、吾不信也。仍門示周上舎、宜知自愛。

【訳文】

「茶陵県[1]の周上舎が劉知県代理のことを訴えた件に関し、門示する判決」

孟子が言っている、「人がいて、その人が私に横逆なことをすれば、君子は必ず反省する。私はきっと不仁である。きっと無礼である。だからこの人はこんなことをするのだ」と[2]。これは君子が己を処する時の規律なのである。孔子が言っている、「この国にいれば、大夫の賢なる者に事える」と[3]。子貢が言っている、「礼の定めに、その国に滞在していれば、その国の大夫を謗ってはいけない、とある」と。[4] これは君子が郷里にいる時の規律なのである。

いま茶陵県の劉知県代理が上申し、周監税父子は豪強で県政を牛耳っており、かつ「不法なことは枚挙に暇がありません」と言うが、きっと理由もなくこうしたことを言うのではないはずである。もし周監税父子が本当に善人なら、すなわち「私にはこうしたことはない。どうして人の言うことを気にしよう。門を閉ざして関わりを持たなければ、人は誰が私を窺おうか」と言うであろう。このようにすれば、己を処して郷里にある時には、みな問題なく生活できるのである。いま知県代理が上申したことによって、周上舎はその怒りに堪えず、知県代理の欠点を告発して攻撃している。一に劉某と言い、二に劉某と言うが、反省している君子はあえてそう呼ぶであろうか。そもそも大学に言う、「己にこれがあって後、これを他人に求める。己にこれがなければ、これを他人に求めない」と。[5] 「その国の大夫を謗ってはいけない」とはまさにこのようにすべきことであろうか。

書き写した訴状と併せて、劉知県代理に帖文し*、本当に訴えられているようなことがあれば尽く改め直し、自らの過失を管轄区域内に宣布し、手を洗って公務に勤め、努力して仕事に励め。そうしてもなお盗賊が県の威厳を畏れず、豪強が跡を絶たないことを、私は信じない。なお周上舎に対して県門に(この判決を榜文にて)示し、自愛するようにさせよ。

【注釈】

(1)「茶陵県」は、荊湖南路(現湖南省)衢州管下の東端に位置する県。現在も茶陵県と言う。
(2)『孟子』離婁章句下に見える言葉。
(3)『論語』衛霊公に、「子貢問為仁、子曰、工欲善其事、必先利其器、居是邦也、事其大夫之賢者、友其士之仁者」と見える。
(4)『荀子』子道篇、『孔子家語』巻一〇、曲礼子貢問などに見える言葉。
(5)『礼記』大学に見える言葉。

『勉斎先生黄文粛公文集』版本対照表

（ゴシック体は、本文中において元刻本以外の字句を採用した箇所）

位置（条）行 ＼ 版本	元刻本（中国国家図書館蔵本）	康熙本（日本内閣文庫蔵本）	四庫全書本（文淵閣本）
（1） 2	「尉司人」	「尉司都」	康熙本に同じ
	「教授不曾」	「教授亦不曾」	康熙本に同じ
4	「幷饒細乙」	「幷細乙」	「饒細乙」
	「供通」	「通供」	康熙本に同じ
8	「陳論被盗」	元刻本に同じ	「陳論被盗始末」
	「以寄居～盗所擾」	元刻本に同じ	脱落す
9	「隣人」	「郷人」	康熙本に同じ
12	「問之以危教授」	「問之危教授」	康熙本に同じ
13	「使人無疑」	「無疑」	康熙本に同じ
15	「再専人」	「再伝人」	康熙本に同じ
17	「而使自誣服」	「使自誣服」	康熙本に同じ
19	「特抵当」	「持出抵当」	「持出当」

21	「不能無疑者」	「不能無疑也」	康熙本に同じ
22	「官司又何以」	「官司何以」	康熙本に同じ
23	「熊祥於囹圄」	「熊祥囹圄」	康熙本に同じ
	「置之囹圄」	「置之囹圄」	康熙本に同じ
25	「侯圏五陳細乙」	「侯圏五陳九細乙」	「其陳九及饒細乙」
26-28	「已具申～判于後」割注とす	本文とす	康熙本に同じ
26	「称父陳九」	「称陳九」	康熙本に同じ
26-27	「宅捉縛打損」	「家捉縛打損」	「家打損」
27	「備詞申～州供対」	「備詞申牒～州県供対」	脱落す
29	「鍛錬之辞」	「鍛錬之詞」	康熙本に同じ
31-32	「又拋艾勝～奉判」割注とす	本文とす	康熙本に同じ
（2）			
1	「□□□神」	「**囚繫而神**」	康熙本に同じ
2	「五両□□□州院」	「**五両之贓在州院**」	康熙本に同じ
	「遂□□」	「**遂未見**」	康熙本に同じ
2-3	「拖照案□□覆参考」	「**拖照案拋又覆参考**」	康熙本に同じ
3	「□□推抵」	「**必待推抵**」	康熙本に同じ
4	「銭銀官告」	「銀官告」	康熙本に同じ
	「阿曾指蹤」	「阿曾曾指蹤」	康熙本に同じ
5	「県獄能使数人」	「県獄既能使数人」	康熙本に同じ
6	「不肯出者」	「不肯自出者」	康熙本に同じ
7	「以十九日至尉司」	「十七日至尉司」	康熙本に同じ

9	「堅執之以盗耶」	「堅執之為盗耶」	康熙本に同じ
10	「今観黄景舒」	**「今観黄景信」**	康熙本に同じ
11	「黄三十男」	「黄四十男」	康熙本に同じ
13	「知後之所告者」	「如後之所告者」	康熙本に同じ
14	「善良数人」	「善良此数人」	康熙本に同じ
16	「真如曾知府」	「真知曾知府」	康熙本に同じ
	「黄四李五」	「黄四李石」	康熙本に同じ
18	「曲徇寄居」	「曲狥寄居」	康熙本に同じ
19	「照得五月初一日承」	元刻本に同じ	「五月初一日」
19-20	「曾知府宅先誣告父黄国材停盗事」	元刻本に同じ	「曾某誣告停盗事」
22	「寘之死地」	「置之死地」	康熙本に同じ
23	「上司旨揮」	「上司指揮」	康熙本に同じ
24	「誣告之志」	「誣告之志矣」	康熙本に同じ
29	「五位艾夫人」	「五位艾氏」	康熙本に同じ
35	「行下本州」	「下行本州」	康熙本に同じ
	「追上自守人」	「追上自首人」	康熙本に同じ
	「妄告為盗之罪」	「妄告者為盗之罪」	康熙本に同じ
38	「申本州及諸司」	「申本府及諸司」	康熙本に同じ
(3) 3-4	「干証之人亦被監繋」	「干証之人之被監繋」	康熙本に同じ
9	「有朱契砧基簿」	「有硃契砧基簿」	康熙本に同じ
13	「是乃知府」	「乃是知府」	康熙本に同じ

15	「豪横健訟之人」	「横豪健訟之人」	康熙本に同じ
18	「省部行下」	「省部下行」	康熙本に同じ
19	「逞其忿憾」	元刻本に同じ	「逞其私憾」
22	「不待刑憲」	「不待形憲」	元刻本に同じ
23	「乃備申」	元刻本に同じ	「仍備申」
(4) 5-6	「不敢与別人交関」	「不得与別人交関」	康熙本に同じ
6	「脱瞞人銭物」	「脱漏人銭物」	康熙本に同じ
9	「已交領訖」	「以交領訖」	元刻本に同じ
(5) 2	「初係白蓮寺」	「係白蓮寺」	康熙本に同じ
5	「亦以其間有不得」	元刻本に同じ	「則以其間不得」
8	「而妄空便行」	元刻本に同じ	「而憑空便行」
18	「取旨揮」	「取指揮」	康熙本に同じ
(6) 2	「劉氏以為其夫」	「劉氏以其為夫」	元刻本に同じ
4-5	「亦安知其尚留」	「亦安知非其苗」	「亦安知非其留」
13	「父一機宜」	「父一機」	康熙本に同じ
15	「責戒励放」	「責戒釈□放」	「責戒釈放」
(7) 1	「古所無有」	「古無所有」	康熙本に同じ
	「不惟不之信」	「不惟不知信」	康熙本に同じ
8	「即未嘗許」	「即未常許」	康熙本に同じ
10	「巋然居中」	元刻本に同じ	「巍然居中」
16	「崇尚道教」	「崇尚教道」	康熙本に同じ

		「取旨揮」	元刻本に同じ	「取指揮」
(8)	標題	「互訴墓田」	「互訴基田」	康熙本に同じ
	1	「置立墓田」	「置立基田」	康熙本に同じ
	6	「一切煎洗」	「一切剪洗」	「一切湔洗」
(9)	4	「日求升合」	「日求昇合」	元刻本に同じ
	7	「中売之理」	元刻本に同じ	「賤売之理」
	14	「追之以弓手」	元刻本に同じ	「迫之以弓手」
	16	「難以偏徇」	「難以偏狥」	元刻本に同じ
	20	「頼人甎瓦」	「甎人甎瓦」	康熙本に同じ
	20-21	「不得禁人」	元刻本に同じ	「不得禁抑人」
(10)	標題	「論謝知府宅」	「謝知府宅」	康熙本に同じ
	12	「謝知府宅」	「謝知府」	康熙本に同じ
	13	「朝廷張官置吏」	「朝廷官置吏」	元刻本に同じ
(11)	2	「近降旨揮」	元刻本に同じ	「近降指揮」
	3	「両魁漕貢」	「両魁漕責」	康熙本に同じ
(12)	標題	「徐少十論」	元刻本に同じ	「徐十論訴」
(13)	標題	「人為告罪」	元刻本に同じ	**「為人告罪」**
(14)	4	「祖父母墓共四所」	「祖父母墓四所」	康熙本に同じ
	4-5	「立契買置」	「立契置買」	康熙本に同じ
(15)	2	「謝知府之形勢」	「謝知府形勢」	康熙本に同じ
(16)	1	「謝知府宅貪併」	「謝知府貪併」	康熙本に同じ

	3-4	「幷申安撫使司」	「幷申按撫使司」	康熙本に同じ
	7	「再申安撫使司」	「再申安撫司」	康熙本に同じ
(17)	1	「根荄不去」	「根荄不去」	元刻本に同じ
	7-8	「奉軍判〜司照会」割注とす	本文とす	康熙本に同じ
(19)	標題	「教唆徐辛哥」	「教唆徐莘哥」	康熙本に同じ
	1	「照対本県」	「照得本県」	康熙本に同じ
		「太半虚妄」	「大半虚妄」	康熙本に同じ
	2	「近拠徐辛哥」	「近拠徐莘哥」	康熙本に同じ
	3	「将徐辛哥送獄」	「将徐莘哥送獄」	康熙本に同じ
		「徐鎧教令」	「徐凱教令」	康熙本に同じ
		「追到出産主」	「追到出産」	康熙本に同じ
	4	「郷民如此」	「郷民此」	康熙本に同じ
(20)	4	「不可付託也」	「不可託也」	康熙本に同じ
(21)	5	「其傍皆従卩」	「其傍皆従耳」	「其偏傍則皆従耳」
	13	「両戸干照」	「両干照」	康熙本に同じ
	14	「再拖照案牘」	「再照□案牘」	「再照案牘」
	16	「惟其不及知」	「惟其不知及」	元刻本に同じ
	18	「則陳安節」	「則安節」	康熙本に同じ
	22	「備銭還鄒司戸宅」	「銭還鄒司戸宅」	康熙本に同じ
	23	「小民不敢」	「小民敢」	康熙本に同じ
	26-27	「兄弟共分田産」	「兄弟分田産」	康熙本に同じ

	34	「使軍旨揮」	元刻本に同じ	「使軍指揮」
（22）	4	「低価行～頼人戸」	脱落す	康煕本に同じ
	9	「則陳希点」	「則希点」	康煕本に同じ
	10	「乃是陳希点」	「乃陳希点」	康煕本に同じ
（23）	3	「学糧鈔」	「学糧銭」	康煕本に同じ
	6	「便以朱鈔」	元刻本に同じ	「便以硃鈔」
（25）	標題	「訴曾巖叟」	「訴巖叟」	元刻本に同じ
	4	「八月取帰」	元刻本に同じ	「八月娶帰」
	5	「則已反目」	元刻本に同じ	「而已反目」
	7	「京宣義於周氏」	「京宣義之於周氏」	康煕本に同じ
	12-13	「曾巖叟安葬」	「曾巖叟安塟」	康煕本に同じ
	13	「取旨揮」	元刻本に同じ	「取指揮」
（26）	2	「徐孟彝之妻」	「徐孤彝之妻」	元刻本に同じ
	3	「父之家猶不可」	「父之家不可」	康煕本に同じ
	4	「而反以其子」	「而反以子」	康煕本に同じ
		「而予之嫁」	「而予之家」	康煕本に同じ
	7	「使伯洪死」	「陳伯洪死」	康煕本に同じ
	9	「反将徐孟彝」	「反将徐孤彝」	元刻本に同じ
	10	「取旨揮」	元刻本に同じ	「取指揮」
（27）	1	「為之後為之子」	「為之子為之母」	康煕本に同じ
	4	「祖父母所立」	「祖父所立」	康煕本に同じ

(28)	1	「自嘉定三年」	「自嘉三年」	「自嘉泰三年」
	3	「出官供責」	「出官供」	康熙本に同じ
	5	「今謝文学」	「謝文学」	康熙本に同じ
	8	「尚不唆改」	「尚不悛改」	康熙本に同じ
(29)	3	「郭氏自随之田」	「母郭自随之田」	康熙本に同じ
	4	「凡十六年」	「凡六十年」	康熙本に同じ
		「蓋畏其兄」	「蓋畏兄」	康熙本に同じ
	7	「劉下班所得」	「劉班所得」	康熙本に同じ
	16	「所断則在子」	「所断□□□則在子」	元刻本に同じ
	19	「引監劉仁愿」	「劉仁愿」	康熙本に同じ
(30)	1	「両房児婦」	「両旁児婦」	康熙本に同じ
	3	「他門便大字」	元刻本に同じ	「他們便大字」
	4	「褻狎情理切害」	「褻狎情理害」	「褻害情理」
	5	「其可貸乎」	「豈可貸乎」	康熙本に同じ
	8	「則既導之」	「既導之」	康熙本に同じ
	9	「而敢於無礼」	「而□敢於無礼」	元刻本に同じ
	11	「自破矣」	「自此破矣」	康熙本に同じ
	14	「則么麼小官」	「則麼麼小官」	元刻本に同じ
(31)	標題	「放寄荘米」	「放寄庄米」	康熙本に同じ
(32)	2	「若非有慊」	「若非有倒」	「若非有碍」
(33)	1	「今乃専事」	「今乃専鶩」	康熙本に同じ

	2	「復欧妓弟」	「復殴妓弟」	康熙本に同じ
(34)	1	「例毎減剋」	「嫌毎減剋」	「輒毎減剋」
(35)	2	「般担至府」	「搬担至府」	康熙本に同じ
	4	「開具所寄銭」	「開具所実銭」	康熙本に同じ
(36)	4	「公庫置暦」	元刻本に同じ	「公庫置歴」
		「送銭五貫省」	「送銭五貫□」	「送銭五貫仍」
		「自七月為頭」	「自自七月為頭」	元刻本に同じ
		「至中路」	「至路中」	康熙本に同じ
(37)	2	「欧打逃走」	元刻本に同じ	「殴打逃走」
	3	「尚敢欧打」	元刻本に同じ	「尚敢殴打」

あとがき

本書は、二〇〇九年三月に急逝された故高橋芳郎氏の筐底に残されていた遺稿である。高橋氏は生前、本書の出版に向けて本文はもとより、標題から使用する図版まで準備されており、原稿としてはほぼ完成の状態にあったと思われる。しかしながら、逝去後、御遺族の承諾を得て遺稿の整理を行う段階に至って、やはり原著者である本人以外にはとうてい確認しえないものがあり、本書には高橋氏が意図した内容とは若干のずれが見られることも事実である。また、氏の告別式が終わって程なく出版のために動き出したにもかかわらず、かくも長き期日を費やす結果となった。校訂者の一人として、もはや問うすべもない高橋氏に御諒恕を乞う次第である。

さて、本書の原稿において唯一完成に至っていなかったのが「あとがき」である。ここにまず、未完のそれを呈示することにしたい。

なぜ黄榦の判語は『名公書判清明集』にないのか。『名公書判清明集』の姓氏欄には朱熹の名が筆頭に収められており、本来の初刻本には彼の書判もどこかの門類中に収録されていたはずだが、現存する静嘉堂文庫蔵の宋版『名公書判清明集』にも『永楽大典』から録出された明版にも見あたらない。何らかの政治的配慮が働いたと思われるが、しかとは分からない。私は先に、『名公書判清明集』は詹師文が編纂し息子の詹夢璧が出版に携わった可能性を指摘しておいた。出版年とおぼしき序文の年月は景定二年夏なので、詹師文その人でなくともほぼ十三世紀前後に生きた人の編纂に係ることは疑いがない。とすれば慶元の党禁が関係するか。党禁が開始されたときにはすでに出版事業が開始されていたが、党禁によって朱熹その他の人の判語が削除されたのではないか。あるいは史弥遠失脚が彼と関係が深かった人々の判決を削らせる要因となったのか。

この後には、数行分の空白を置いて、参考文献がこれまた未完のままにリストアップされているだけである。

高橋芳郎氏は、一九四九年八月三十一日、宮城県一迫町（現栗原市）に生まれ、宮城県築館高等学校を卒業後、六八年に東北大学文学部に入学、七二年に卒業して同大学大学院文学研究科修士課程に進学、七五年に同博士課程を中途退学すると同時に北海道大学文学部助手、八三年には名古屋大学教養学部講師となり、その後、同助教授を経て、八九年に北海道大学文学部助教授に転じ、後に同教授となった。

高橋氏は、二〇〇四年以降、主として科学研究費関係プロジェクトのために毎年、中国において文献収集・現地調査を行い、二〇〇九年の三月も、本務の合間にプロジェクト・メンバーとともに順調に北京での文献収集に従事していた。ところが、三月十八日の夕食後、突然体調をくずされ、北京市内の中日友好病院で入院加療するも、三月二十二日深夜、五十九歳で永眠されたのである。

本書は、高橋氏が一九七〇年代の半ばから継続してこられた『名公書判清明集』に代表される南宋判語研究の、とりわけ訳注という作業の最終段階に位置づけられるものである。氏はこれまで『訳注『名公書判清明集』戸婚門』（創文社、二〇〇六年）および『訳注『名公書判清明集』官吏門・賦役門・文事門』（北海道大学出版会、二〇〇八年）を公刊されているが、これらに大澤正昭氏を中心とする清明集研究会の訳注を併せて、さらには本書の出版を加えると、氏をはじめ誰もが難解な史料として認識していた南宋の判語は、ほぼそれを利用して当該の歴史像を再構成するための貴重な手引を得たことになる。高橋氏は前著の「あとがき」に記すように、自らの訳注はあくまでも「たたき台」であるとみなしており、とりわけ「若い研究者」の活用を期待されていたのであった。本書には整理・校訂の作業によって現れた種々の不備が見られると思われるが、読者にはどうか故高橋芳郎氏の遺志を酌み取っていただきたい。

なお、本書は北海道大学大学院文学研究科の出版助成を受けたものである。出版に御配慮をいただいた北海道大学大学院文学研究科の望月恒子氏・弨和順氏および桜井義秀氏に深く謝意を表する。また、北海道大学出版会の今中智佳子氏および円子幸男氏には編集・校正において御援助いただいた。記して感謝申し上げる。原稿の整理・校訂は、宮崎聖明・小林晃・三木聰が担当した。

二〇一〇年十一月八日

三木　聰　識

索　引

あ　行

か　行

さ　行

た　行

な　行

は　行

ま　行

や　行

ら　行

わ　行

高橋芳郎（たかはし よしろう）

1949年生まれ
2009年　北海道大学大学院文学研究科教授在職中に逝去
著　書　『宋-清身分法の研究』(2001年，北海道大学図書刊行会)
『宋代中国の法制と社会』(2002年，汲古書院)
『訳注『名公書判清明集』戸婚門』(2006年，創文社)
『訳注『名公書判清明集』官吏門・賦役門・文事門』
(2008年，北海道大学出版会)
『伝統中国判牘資料目録』(共編，2010年，汲古書院)

黄勉斎と劉後村　附文文山――南宋判語の訳注と講義

2011年2月25日　第1刷発行

著　者　高橋芳郎
発行者　吉田克己

発行所　北海道大学出版会
札幌市北区北9条西8丁目 北海道大学構内(〒060-0809)
Tel. 011(747)2308・Fax. 011(736)8605・http://www.hup.gr.jp

アイワード／石田製本

ISBN978-4-8329-6743-4

郵便はがき

料金受取人払郵便

札幌支店
承認

1096

差出有効期間
H24年8月31日
まで

060-8788

札幌市北区北九条西八丁目
北海道大学構内

北海道大学出版会 行

ご氏名 (ふりがな)		年齢 歳	男・女
ご住所	〒		
ご職業	①会社員 ②公務員 ③教職員 ④農林漁業 ⑤自営業 ⑥自由業 ⑦学生 ⑧主婦 ⑨無職 ⑩学校・団体・図書館施設 ⑪その他（ ）		
お買上書店名	市・町 書店		
ご購読 新聞・雑誌名			

書　名

本書についてのご感想・ご意見

今後の企画についてのご意見

ご購入の動機

1書店でみて　　2新刊案内をみて　　3友人知人の紹介

4書評を読んで　　5新聞広告をみて　　6DMをみて

7ホームページをみて　　8その他（　　　　　　）

値段・装幀について

A　値　段（安　い　　普　通　　高　い）

B　装　幀（良　い　　普　通　　良くない）

HPを開いております。ご利用下さい。http://www.hup.gr.jp